田园诗魂孟浩然

襄阳市政协文化文史和学习委员会　编

中国文史出版社

《田园诗魂孟浩然》编委会

作　者：曹远超

孟浩然像

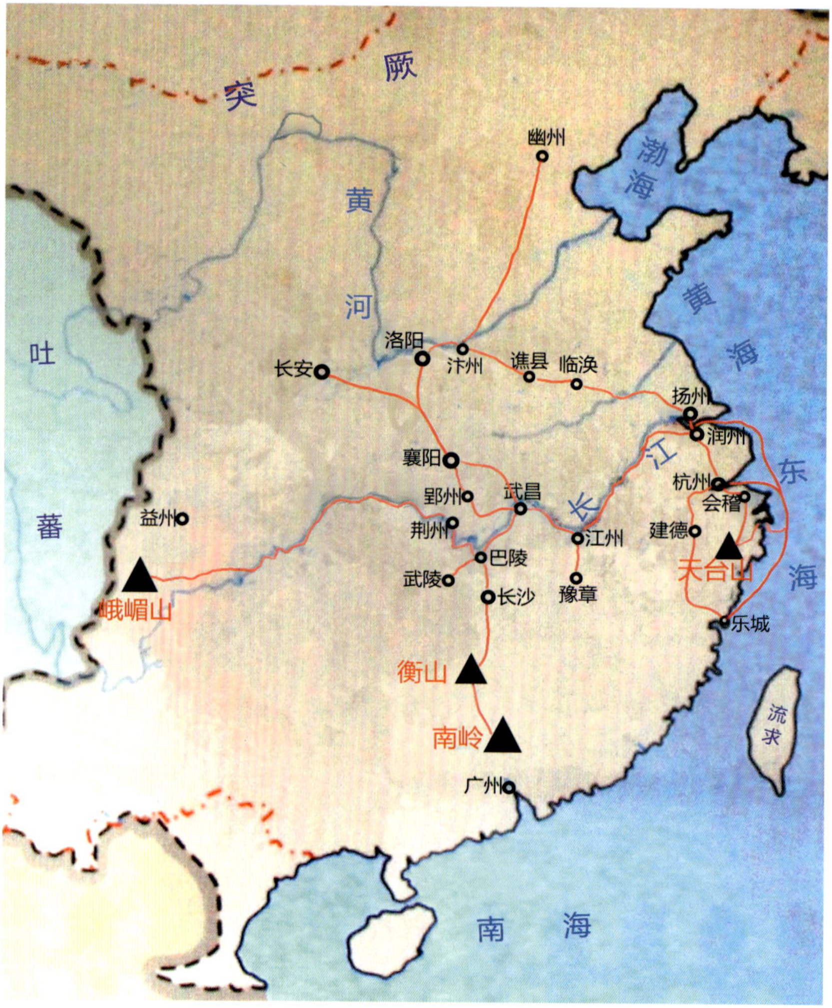
突厥
幽州
渤海
黄河
吐蕃
洛阳
汴州
谯县
临涣
长安
扬州
润州
黄海
襄阳
长江
杭州
东海
会稽
郢州
武昌
益州
荆州
江州
建德
巴陵
天台山
武陵
长沙
豫章
峨嵋山
乐城
衡山
流求
南岭
广州
南海

孟浩然行迹图

襄阳市博物馆孟浩然小像碑

襄阳鹿门山

鹿门寺

鹿门山孟园

襄阳岘山亭（岘首亭）

岘山摩崖石刻孟浩然像

目 录

千古一智圣　诗书两襄阳

文化，是一座城市的永恒财富和核心竞争力。城市，就是写在大地上的文化。襄阳，正是一座文化积淀深厚、文化魅力丰富的“文化之城”。在2800年的建城史中，襄阳没有成为全国政治中心，却依托其秀丽的山川、富庶的城市、便捷的交通、开放的环境，几度成为区域性文化中心，以“一城两文化”（古城文化、三国文化、汉水文化）为代表的文化奇葩，在襄阳这片文化沃土上绽放异彩，以“一圣两襄阳”（“智圣”诸葛亮、“诗襄阳”孟浩然、“书襄阳”米芾）为代表的文化英杰，植根襄阳这片文化厚土，熏育成长，开宗立派，名重天下。

著名历史学家顾颉刚先生曾说“历史如戏剧，地理如舞台”，回望襄阳璀璨的历史，一幕幕精彩大戏，既离不开襄阳得天独厚的地理区位所提供的舞台，更离不开在古往今来的文化英杰在各自领域开疆拓土，其中翘楚者首推“智圣”诸葛亮、“诗襄阳”孟浩然及“书襄阳”米芾。

他们既是襄阳文化的封面人物，也堪称中国文化的封面人物。清代历史学家顾祖禹在《读史方舆纪要》中提出“以天下言之，则重在襄阳”的著名论断，我们认为，襄阳之所以成为“天下之重”，不仅在于扼守南北水陆要冲的军事地位，不仅在于几度成为区域政治中心，更在于拥有“一圣两襄阳”等一大批在中国文化史上举足轻重的杰出人物。

时移世迁，人们对“一圣两襄阳”等历史英杰，虽然名字耳熟能详，但历史中真实的人物故事、道德文章，往往受限于通俗演绎的无意曲解、专业研究的曲高和寡，成为“熟悉的陌生人”。鉴于此，由襄阳市政协文化文史和学习委员会组织编著的这部丛书，立意独辟蹊径，既不做“为研究而研究”的纯学术研究，也不做博人眼球的戏说式演义，而是采用“历史+评论+文学”的方式，以历史的真实底蕴作支撑，以深入浅出的研究作表达，穿越时空，关照现实，为读者呈上一碗地道的“襄阳文化牛杂面”，让今天的读者感到离先贤很近，让襄阳重拾“天下重襄阳”的文化自信。

说起“智圣”诸葛亮，这位家喻户晓的人物，他足智多谋的形象由于《三国演义》的广泛传播而深入人心，本书还原了一个有血有肉、可亲可敬的诸葛亮。“人非生而知之者”，诸葛亮的满腹经纶和过人才智从何而来？本书以此入手，首先阐明诸葛亮学兼百家的知识结构，继而分析襄阳在东汉末期三国初期特殊的文化地位和政治气候，推导出诸葛亮成长为千古智圣的历程，自然解答了读者对诸葛亮隐居襄阳十余年，从一个懵懂少年到名动天下谋士的华丽转身背后的疑惑，并从贯穿蜀国发展的历史高度，解析了“隆中对”三步走战略实施，以及“三顾茅庐”对荆襄人才集团入蜀的深远影响。其对诸葛亮在读书、修身、用人、治军、理政、司法等方面的提炼，足资今人借鉴。

提起“诗襄阳”孟浩然，中国人都不陌生，我国大多数儿童都是被浩然的“春眠不觉晓”所启蒙，初步领略唐诗之美。本书的长处在于以史实为基，以浩然诗歌为经，以浩然的处境为纬，为读者呈现出一个立体的、活泼的孟浩然。透过作者鲜活的笔端，我们看到浩然徘徊在故乡与他乡之间，对襄阳的山川城池倾注一腔热爱，吐成句句清诗；看到浩然踟蹰在“仕进”与“隐居”之间，郁郁不得其志，却意外赢得“白衣卿相”盛名；看到浩然失落在“爱情”与“婚姻”之间，对妻儿极度爱怜，却终究难以逾越传统礼制的鸿沟。这样的浩然，已经从山水田园诗魂的标签中走出来，与今人面面相对，向我们倾诉那些佳作背后的心路历程，使我们不由得对浩然升起一种“理解之同情”。对今天的襄阳市民和襄阳游客而言，在浩然留吟颂赞的襄阳形胜中，颂浩然之诗，读浩然此传，浩然将穿越历史成为最好的导游，带我们领略“襄阳好风日”。

论到“书襄阳”米芾，书法爱好者一定不会忽略米芾书法落款的“襄阳米黻（米芾）”，从这个处处可见的落款中，可以体会到米芾对襄阳故乡的认同和依恋，本书作者向上追根溯源，论证了米芾将门儒子的家世出身和书法师承，向下探究就里，点明了米芾多年壮志难伸的苦闷。“官场失意书场得意”，作者并不讳言米芾生命中的双重矛盾，一方面要在宦海的最下层沉浮，另一方面又在艺术的巅峰高视阔步，如此反差，正好可以解释米芾何以“颠不可及”，也只有了解米芾何以痴癫佯狂，我们才能真正走进米芾的世界，悉心领会“天下第一等人——米元章”的“迈往凌云之气、清雄绝世之文、超妙入神之字”（苏东坡语）。一本小书是难以将“书襄阳”米芾书尽的，但米襄阳“超古耀今”的形象已经跃然纸上。

修史之难，古来已然。明代大才子张岱对此有名言：“国史失诬，家史失谀，野史失臆”。这套丛书所选择的“一圣两襄阳”，对襄阳而言属于乡邦名士，为他们作传相当于修撰“家史”，但本书难能可贵处在于，能够述论平实而富有深情，传承经典而抒发新意，赞美先贤而不溢美失谀，展卷读之，彷佛感觉到先贤复生，让读者易于接受，让识者乐于传播，让有心人从中获得历史的启迪。

不忘历史才能开辟未来，善于传承才能开拓创新。这套襄阳人文历史丛书，为我们重识文化先贤打开了一扇窗，而面对襄阳厚重的文化积淀，我们在重现文化景观，重视宣传表达，重拾文化气质，重塑文化重心等方面，依然任重道远。在中国特色社会主义迈入新时代的今天，用心对优秀传统文化进行“创造性转化”和“创新性发展”，大力实施文化“双创”行动，以“一圣两襄阳”为代表的优秀文化，就能化为襄阳坚定文化自信的源泉，为推动襄阳高质量发展贡献源源不断的文化力量。

是为序。

编委会

2020 年 12 月

前　言

孟浩然是中国最著名的山水田园诗人之一，与王维并称王孟，开辟并形成了盛唐山水田园诗派，成为盛唐山水田园诗歌创作的一代宗师。尽管孟浩然和他的诗歌在中国家喻户晓，但是，由于他终身布衣，“未禄于代，史不必书”，所以，历史资料对他生平事迹的记载并不详尽，从而让人们对他的身世际遇知之甚少。

虽然有关孟浩然生平的历史资料不多，但是，孟浩然一生写下的两百多首诗歌，被宜城人王士源整理成集并保存下来，留传到了今天。孟浩然的诗中，有不少写到人名、地名和叙述事情的经过，这些为我们了解他的人生经历打开了一扇窗口。

孟浩然是孟子后人，早年受孔孟思想影响，以天下为己任，满怀为国家、为社会奉献自己的凌云之志。但当时从武周向盛唐过渡时期混乱的政局，却让他的壮志雄心得不到施展，从而让他的思想时常徘徊在

“仕”与“隐”的矛盾之中。所以，他的诗如同飘逸在蓝天与碧海之间的云朵，心向仕途时，他的诗是“未能忘魏阙”，“金门诏不忘”；归寂山水间，他的诗又是“渐通玄妙理，深得坐忘心”。他两游吴越，又两入帝京，“伏枕嗟公干，归山羡子平”，他的思想和他的理想在与现实的碰撞和矛盾中起起落落。

在多数人的印象里，孟浩然被定位为一个隐士，更有人认为他自命不凡，有着可以不食人间烟火的脱俗和清高。而本书以《孟浩然集》和《资治通鉴》作为基础，以《旧唐书》《新唐书》《唐才子传》《唐摭言》《唐诗纪事》《文苑英华》《诗话总龟》等与孟浩然相关的历史资料作为补充，以唐代诗人在诗文中对孟浩然的有关记述作为依据，觅迹寻踪，力求展现出一个有血有肉的、有着真实情感和朴素情怀、有着丰富人生和曲折经历的诗人形象。

全书以十四节的篇幅，从孟浩然出生时的家庭环境，到他饱受儒家思想熏陶的少年成长；从他青年时的文不为仕、爱情婚姻，到他中年时的应试不第、吟咏山水，成为盛唐山水田园诗派的一代宗师；从他用诗歌赞美家乡襄阳的山水壮丽，到他晚年归闲田园、食鲜疾动的身故之事，立体展现了他曲折坎坷，但却并不平淡、平凡的一生。

对于孟浩然的人生履历，由于没有明确的历史资料充分予以记载，对于历史资料中的每一段文字，对于孟浩然的每一句诗，不同的专家学者站在不同的角度，自然会有不同的理解，不同的理解产生不同的观点，从而导致学术界对孟浩然人生履历的认定，产生的分歧非常大。本书对存在较大争议的不同专家学者的观点，进行罗列和呈现，并以尊重历史资料为原则，以符合当时真实的社会背景为原则，以尊重孟浩然的诗为原则，进行部分解析，不是盖棺定论，只求真实合理。由于本人学识水平存在局限，有些观点难免以偏概全，不足之处，希望各位专家学者和社会人士不吝赐教，以文共勉。

家世儒风　展翅雏鹰待竞羽

唐武后永昌元年（689 年），在襄阳岘山脚下、襄水之畔的孟家，一个婴儿呱呱坠地。一看是个男婴，孟老爷喜出望外，他来到孟氏宗祠，在先祖孟子的牌位前屈膝而跪，禀告孟家添丁喜讯。

望着先祖孟子的牌位，孟老爷不禁想到孟子那句“我善养吾浩然之气”的传世名言，于是，他引用这句话中的“浩然”二字，给这个儿子取名孟浩然。

孟家祖先来自邹鲁之地，他们一直以自己是孟子的后人倍感荣耀。来到襄阳之后，他们秉承孔孟之道持家立业，家族世代兴旺。到了孟老爷这一代，仅在他名下就有田产过百亩，桃橘上千株，是襄阳城南一带名副其实的殷实富足之家。

在汉江流域的襄阳一带，家族之中常常几世同堂，很多时候都是爷字辈的尚未辞世，孙字辈的就已人丁兴旺，家族之中常常是以尚且健在的爷爷、太爷的子嗣往下论排行，因此，在绝大多数家族中，都是以堂兄弟或堂姐妹排序大小，而不是直接以亲兄弟或亲姐妹论排行。因为孟浩然在孟家堂兄弟中排行第六，所以人称孟六。王维诗《送孟六归襄阳》、刘昚虚诗《寄江滔求孟六遗文》等，都称孟浩然为孟六。

襄阳城外的岘山，是对包括岘首山在内从东到西这一片山峦的泛指。住在襄阳城四周的人们，又习惯地根据岘山与襄阳城的相对位置，把位于襄阳城南的岘山，称为南山，把位于襄阳城西南的岘山，称为西山。在岘山之西，则是群岭竞秀的万山。源自万山东麓和岘山南麓之水汇流成河，流到西山之下一分为二，一支北流入汉，叫作檀溪；一支依山东流，叫作襄水。襄阳因襄水之阳而得名。

襄水每到春夏之交，随着汉江水位上涨，襄水河的水位被同时抬高，于是，河里荡舟行船，往来无阻，而每到入冬之际，随着汉江水位下落，襄水河的水位随之下落，河水则又浅流如涧，于是，住在襄水南面的人们，就习惯地又把襄水叫作北涧。这是因为襄水河流域面积很小，所以，它是一条随汉江水涨而涨，随汉江水落而落的季节性很强的漾流性河流。

由于孟家的园宅和田产位于襄水之南，于是，诗书传家的孟家人就给这片风清水美的山水田园，取了个颇具灵秀诗韵的雅号——涧南园。

涧南园依山临水，在它南面的山坡上种有桃橘千株，在襄水河岸栽有翠竹一片，孟家的几十间房舍就错落在这成片的林竹之间，而在房舍的前面，则是上百亩的荷池莲塘、禾稻水田连成一片。一眼望去，这里就是一片风景如画的山水田园。

孟浩然的家在襄阳的具体位置，向来很有争议。多数专家都认为孟浩然的家在岘山附近，部分学者认为孟浩然的家在鹿门山一带。我们仅从孟浩然《登鹿门山怀古》中的“清晓因兴来，乘流越江岘”和“探讨意未穷，回舻夕阳晚”四句诗便可知道，孟浩然的家不是在鹿门山附近，因为从孟浩然的家到鹿门山，必须经由岘山和汉江，而到天色将晚的时候，他还要坐船回去，说明鹿门山只是孟浩然的隐居地，他的家应该在岘山附近。岘山是襄阳城外这片山峦的泛指。

时间在不知不觉中过去了一年，第二年（690年）九月，皇太后武则天在洛阳御则天楼，赦天下，把国号由唐改为周，纪年改元天授，自封圣神皇帝。她把皇上李旦改为皇嗣（sì），赐姓武氏，同时改东都洛阳为神都。至此，武则天终于登上她梦寐以求的皇帝宝座，从而建立起了自己的武周王朝。

先祖孟子有言：“往之女（rǔ）家，必敬必戒，无违夫子，以顺为正者，妾妇之道也。”孟子的意思是，身为女人，不能违背夫家的意愿，必须把顺从丈夫作为原则，这才是女人之道。而武则天违背丈夫生前的意愿，把儿子赶下皇位，由她自己登基称帝，窃夺李家天下，显然有违孔孟，实属逆天叛道。

孟老爷饱受世代传承的儒家思想熏陶，当他得知武则天改国称帝的消息后，一脸忧伤地来到孟氏宗祠，跪倒在孟子的灵位前伏地恸哭，痛斥武后逆天叛道，誓言不做武周子民。

孔子曰：天下有道则现，无道则隐。自感身陷无道之世的孟老爷，由此便日日蜗居在风清水净的涧南园里，养妇教子，享闲避世。

时隔不久，孟夫人又为孟家再添一子。孟老爷取用“洗于浊世而独清”的寓意，给这个新出生的儿子取名孟洗然，希望这个儿子日后能够洁身自好，冼然独清。

时光静逝，出生在涧南园的孟浩然和孟冼然，在儒家思想浓厚的孟老爷和孟夫人的熏陶和哺育下，一天天长大。

到了该识文断字的年龄，孟老爷除了自己对孟浩然和孟冼然悉心教导外，还把他们送进离家不是太远的学堂，让他们到那里去接受相对正式的教育。

孟浩然在学堂，遇到了他的启蒙老师桓子。“子”在古代，是对老师或者有道德、有学问的人的尊称。

孟浩然天资聪颖，勤奋好学，进入学堂不过数月，别的学生还在识字认字，他已经能把《论语》从前到后，倒背如流。孟浩然的聪明勤奋，让桓子很是喜爱。于是，他一边教其他学生识字认字，一边单独教孟浩然习学《孟子》。课堂上，桓子悉心教导浩然，要他将来像孟子说的，做个舍生取义的大丈夫。要做到富贵不能淫，贫贱不能移，威武不能屈。得志，与民由之；不得志，独行其道。

老师桓子的教导，让小小年纪的孟浩然暗暗立下志愿，将来一定要按孟子说的，做个顶天立地的大丈夫。在他心里，先祖孟子成了他最敬仰的人。

一天早上，天刚蒙蒙亮，孟家人发现孟浩然从家里失去踪迹，不知去向。孟老爷发动家人找遍了整个涧南园，也没有发现孟浩然的影子。

一个五六岁的孩童大清早能跑到哪里去呢？又惊又急的孟老爷无奈之下，往平日不能随意进出的孟氏宗祠找了过去。

原来，孟浩然一大早便从家里跑了出来，把孟氏宗祠洒扫一遍，累得满头大汗，孟老爷赶过去时，他正爬上案台，用一双冻得通红的小手，擦拭着先祖孟子的牌位。

松了口气的孟老爷一把把孟浩然从案台上抱下来，生气地质问他为何一大早独自跑到这里来了。

孟浩然告诉孟老爷，说老师桓子教导他，先祖孟子是个很有学问的人，要他时刻都在心里对孟子保持一份敬畏。洒扫宗祠，擦拭牌位，就是想对先祖孟子表达敬意。

听完孟浩然的解释，孟老爷紧紧地把浩然搂在怀里，又惊又喜。他觉得他的这个儿子日后肯定能成大器。

自那以后，孟老爷对孟浩然愈加喜爱。

就在孟浩然进入学堂不到两年，弟弟孟洗然也到了该入学的年龄，孟老爷自然也把洗然送进学堂，于是，每天上学放学，孟浩然便和弟弟洗然一起来去。

一天，孟浩然和孟洗然放学归来，看见邻家身形瘦小、衣衫破烂的张祥正爬到路边的树上掏鸟蛋，孟洗然很想得到鸟蛋，等张祥从树上下来，他便跑上前去，把张祥放在兜里的两枚鸟蛋掏了出来，说路边的树是自己家的，所以，树上的鸟蛋也是自己家的。于是，要把这两枚鸟蛋占为己有。

张祥好不容易把鸟蛋从树上鸟窝里掏下来，却被洗然直接从兜里拿走，自然不会同意，于是，二人便在路边争执推搡了起来。

孟浩然赶到二人面前，他告诉洗然，路边的树虽然是自家的，但鸟是从天上飞来的，所以鸟蛋不是自家的，要洗然把鸟蛋还给张祥。洗然见哥哥不但不为自己说话，反而要他把鸟蛋还给张祥，就气恼地扬起胳膊，把鸟蛋在地上摔了个粉碎。

看见自己掏的鸟蛋被洗然在地上摔碎，身单力薄的张祥一屁股坐在地上，伤心地哭了起来。

孟浩然见洗然如此不讲道理地摔碎了张祥的鸟蛋，于是要洗然向张祥当面认错，可弟弟洗然就是不肯，气得浩然一把把洗然推倒在地。洗然见哥哥不但不帮自己，反倒在自己身上帮张祥出气，哭着跑回家里向父母告状去了。

洗然走后，孟浩然把张祥从地上扶起来。

张祥哭着告诉浩然，他母亲的病又犯了，药铺里本是开了三副药，他们家没有钱，只抓了一副，其余的两副药抓不起了，就想着掏几个鸟蛋拿回去给母亲吃，好让母亲养养身子。

孟浩然看着地上摔碎的鸟蛋，一时间也不知道如何是好。情急之中，他掂了掂挂在脖子上的长命锁。

母亲曾经告诉过他，这块长命锁是从外婆那里祖传下来的，把它戴在脖子上，是保佑自己长命百岁。并一再叮嘱他，千万不要疏忽大意，把这块长命锁给弄丢了。

孟浩然把长命锁放在手上端详片刻，然后问张祥知不知道给他母亲抓药的是哪家药铺，看他点了点头，孟浩然便拉起张祥的手，向那家药铺跑去。

二人来到药铺，孟浩然从脖子上取下银锁，递给药铺的掌柜，他要用这个银锁，给张祥母亲换回那两副未取的药。

掌柜接过银锁，把这个满脸稚气的少年仔细打量了一番，轻轻地点着头收下银锁，然后把张祥母亲那两副还未取走的药包交给了张祥。

孟浩然回到涧南园的时候，母亲孟夫人正在中厅等他。

孟家院宅和其他襄阳大户人家一样，是座三进两院两厢的庭院式园舍，厅堂之间各有院廊相连，这方院落虽然说不上奢华，但却布局讲究，能够尽显大户人家的殷实和气派。

孟浩然走过穿堂，沿着前院的院廊来到中厅。这天父亲孟老爷外出有事儿，厅堂里只有母亲孟夫人和弟弟洗然。

孟浩然走进厅堂的时候，弟弟洗然正跪在母亲面前，见浩然进来，孟夫人把他叫到面前，问他为什么要把弟弟推倒在地。

孟浩然如实向母亲讲明原委。母亲告诉他，弟弟强拿别人的东西不对，应该罚跪，而身为哥哥却把弟弟推倒在地，也不对，所以，也要罚跪。听完母亲的训诫，孟浩然不声不响地跪在了弟弟洗然旁边。

孟夫人突然发现浩然平日戴在脖子上的长命锁不见了，大吃一惊，连忙追问长命锁到哪里去了。浩然不知如何回答，一时间默不作声。孟夫人正在气头上，见他这么粗心大意，便抄起专门打手心用的竹板子，让浩然伸出手来。

正在这时，药房的掌柜从外面走了进来，挡在孟夫人面前护住了浩然。原来，药房的掌柜见孟浩然小小年纪就知道扶危济困，他被这个小小少年的行为举止深深地打动了，于是佯装收下浩然的长命锁，把药包给了张祥，等他们出了药房之后，药铺掌柜便在浩然身后一路跟随来到了涧南园。因为他想知道，到底是哪户人家，培养出了这样了不起的好少年。

药房掌柜把长命锁递到孟夫人手上，向她讲说了事情的原委，得知事情的真相，孟夫人连忙放下手里的竹板子，一把把浩然从地上拉起来，紧紧地搂在了怀里。

正是父母的言传身教，加之有良好的家境，让孟浩然自幼便接受了儒家思想的熏陶，受到了良好的教育，使他从小就能明辨人间是非，知晓世间大义。

时间总是过得很快，随着数年的学堂教育即将结束，不再接受启蒙学习的孟浩然，开始习学起《诗经》和《楚辞》，及待学完这两门课程，孟浩然就将结束自己的学堂生涯，再要习学诗文礼记，那就只能闭门读书靠自己了。

《诗经》是中国史诗的开端，是中国古代诗歌最早的表现形式，它收集从西周初年到春秋中期那些反映世风民情的诗歌，把它们汇聚成一部时间跨度超过五百年的诗歌总集。《诗经》在先秦时称之为《诗》，后来又称为《诗三百》，只到西汉时，才被尊为儒家经典，称为《诗经》，以至世代承袭，沿用至今。

《楚辞》是战国时最伟大的诗人屈原，运用楚地的文学样式、方言声韵，创造出的叙写楚地山川人物、历史风情，同时具有浓厚地方特色的诗歌形式。汉代刘向把屈原的作品以及在屈原之后宋玉等人“承袭屈赋”的作品整理成集，称为《楚辞》。《楚辞》是继《诗经》之后，对中国文学最具影响的一部诗歌总集，是一部极具理想主义和浪漫主义色彩的文学史诗。

正是源于对《诗经》和《楚辞》的不断学习，从而让孟浩然渐渐对诗歌的吟赋有了特别的钟爱。诗为心声，诗渐渐成了他对思想和感悟的最好表达。

孟浩然的诗，是从他对身边情境景物的描写和感受进行吟咏开始的，孟家涧南园里的诗意情境，是孟浩然诗歌创作立意的最早启蒙。

每到春天，涧南园南面的岘山，沿山顶而下形如“爪”状的山脊郁郁葱葱，青黛含翠。在道道山脊与山脊之间形成的洼地和山坡上，一畦一畦的麦垄连成一片，在春日温润的阳光下，绿油油的麦苗旺盛地开始拔节。北边的襄水河岸，嫩嫩的小草成片成片地从土里钻了出来，像绿毯似的铺展在河道两边的岸坡上。襄水河里的水涨了起来，划着小船的渔人率先在河里摇起橹桨，沉寂了一个冬天的襄水河，响起了桨橹击起的哗哗水响。

在孟家屋后的山坡上，一树树桃花，争春斗艳，粉红似火。而在南面稍远的山坡上，上千棵橘树与绿油油的麦畦连成一片。在孟宅门前十几亩大的水塘里，清波潋滟，小荷初露。而在荷塘前面那上百亩的水田里，旧年割下的谷茬儿在经冬泥水的浸泡中已经粉烂，在松软的泥水中躲了整整一个冬天的鳅鳝苏醒了过来，它们不时地从温暖的泥水中鼓起串串水泡。青蛙也从泥土里钻了出来，它们在荷塘水田里产下一片片卵泡，有的卵泡已经孵化了出来，入春的水田里不时地游动起一群一片的黑蝌蚪。春日水暖，随着地气上行，在水田与水田之间窄窄的田埂上，不时有牵牛背犁的种田人，匆匆忙忙地走过。

在孟宅的北面，是一片青翠欲滴的竹林。一条宽宽的石板路从孟家门前穿过竹林，一直通到襄水岸边那棵高大的槐树下。在大槐树下，是一个用青石搭垒起来的用来泊船的渡头。由于这个渡头在襄水河的南岸，所以，来往在这里的人们，便习惯地把这个渡头称作南渡头。

正是这片风景秀丽的山水田园，拂动了孟浩然心中的诗意情境，从而为他开启山水田园诗派的风气之先，奠定了最早的思想基础。

每到春天桃花盛开的时节，孟家屋后的桃林里，烂漫的桃花层层叠叠挂满枝头，一阵轻风吹过，数不清的花瓣便会如飞雪般洋洋洒洒飘落而下，很快就会在树下的地面上积起一层。

这天过午之后，孟浩然沿着桃园里的小路，走上一道高坎，他凝目四望，只见远处苍山如屏，襄水依依。山下阡陌纵横，村烟袅袅，田畴俨然，展现在他眼前的竟是一幅风景如此绝美的田园画卷。

在孟家屋后山坡上的桃树林里盖有一间草庐，原是每到入夏时节，园里桃子成熟的时候，留给管园子的老圃看护桃子用的，现在里面空着，晚上只要拿些铺盖，就可以到里面住。孟浩然听人说，在夜深人静的时候，只要躲在花树下不出声，就能听到花儿们说话。所以，孟浩然打算晚上要躲到花树下去听花语。

天色渐晚的时候，浩然背着铺盖，手拿书卷来到了桃林里的草庐前。孟浩然推开柴门，走了进去，放好铺盖。

等天完全黑了下来，孟浩然打开柴门走出草庐，轻轻地来到一棵花枝繁茂的桃树下，他坐下来屏着呼吸，生怕会发出一丁点儿声响。

一个多时辰过去了，他没听到花儿说话的声音。可是，孟浩然依然屏着呼吸，坐在树下一动不动。又一个时辰过去了，孟浩然坐在花树下，依然没有听到花儿们相互说话的声音，孟浩然依然坐在花树下，一动不动。

随着一阵轻风吹过，桃林里传出一阵风吹花枝发出的窸窸窣窣的碎响。

孟浩然静静地听着听着，一股淡淡的诗意悄然从心底涌动了出来。听到了，听到了，这就是花语。无论是山川草木，还是花鸟虫鱼，它们都是极具灵性的，只不过这灵性是看不出来、闻不出来、听不出来的。听花语，要靠赏、靠感、靠悟，才能慢慢领会。

回到草庐，已是夜半更深，浩然还在揣摩着夜听花语的感悟，怎么也睡不着。于是，他索性翻开书卷，就着昏黄的灯光，孜孜求读。

起风了，呼呼的山风吹得草庐的屋顶瑟瑟作响，也吹得油灯不时地晃动起光焰，屋里光线也随之开始变得时明时暗。浩然只好起身关上草庐的帘子，恍然间，他听见屋外呼呼的风声中，似乎还夹杂着吧吧嗒嗒的雨响。

实在是太困了。孟浩然觉得自己的两只眼皮似乎要黏到一起，这才索性一口吹灭了灯盏，和衣而眠。

当孟浩然在一片清脆婉转的鸟啼声中醒来时，草庐里已经透进几丝白白的光亮。

孟浩然连忙起身走出屋外，屋外清新的空气中弥漫着淡淡的花香。放眼望去，只见淡淡的晨雾中，烂漫的山花姹紫嫣红，一簇一片地点缀着远远近近的山岭，一声声悠扬的鸟啼在这空远的山间回荡鸣啭，此起彼伏。

望着岭花烂漫的春景，听着此起彼落的鸟啼声，孟浩然情不自禁地吟道："春眠不觉晓，处处闻啼鸟。"

孟浩然低头望去，只见湿漉漉的桃园里落花满地。昨晚一夜风雨，不知又吹落了这世间多少红颜绝伦的美丽花瓣呢？一丝惆怅在他心间悄悄地弥漫开来，孟浩然情不自禁地脱口吟道："夜来风雨声，花落知多少？"

吟完之后，孟浩然依然沉浸在眼前这片雨后春景的诗情画意之中，他意犹未尽，情不自禁地又吟了一遍：

春眠不觉晓，处处闻啼鸟。

夜来风雨声，花落知多少！

虽然《春晓》这首诗，仅有短短的四句，看似平淡直白，却如行云流水，自然真切，独臻妙境。

早晨，是一天中最美好的时光；春天，是个让人向往的美好季节。然而，春天的早晨，却要在昏昏沉沉的睡眠中度过。一丝痛惜美好时光的淡淡愁绪，无声地浸透于语调清雅的诗行。孟浩然在诗中，不禁流露出错失美好时光的淡淡失落。

春天本是百花争艳的季节，可是，夜间袭来的风雨，却将无数的春花凋残，一句“花落知多少”，将孟浩然热爱美好自然，痛惜春花凋逝的心境刻画得淋漓尽致。

诗的前两句写到春天的早晨，不知不觉睡到天亮，在阵阵此起彼伏的春鸟啼鸣中醒来，意境鲜活自然，读来让人暖意融融，诗句转而在这里过渡，写到了夜里传来的风雨之声，给人一种似曾相识的朦胧美，接下来笔风一沉，进而写到“花落知多少”，让人们在无限美好的意境中，体会到花落风雨的一丝遗憾。孟浩然用他的神来之笔，让人们在这朦朦胧胧的美妙情境中，又体会到一丝花落风雨的残缺美。

《春晓》这首诗，看似简近浅明，但却言浅情真，自然天成，如同能够流进人们心间的股股清流，晶莹剔透，荡洗心境。正因为如此，无论阳春白雪还是下里巴人，人人都爱咏诵，从而让《春晓》作为四海之内影响最为广泛的一首千古佳作，被人民教育出版社小学课本第二册选用，成为国家初始教育的基础教材。

有不少学者认为，《春晓》应该是孟浩然中晚年的作品，因为《春晓》是孟浩然的代表作，他怎么可能在年轻的时候就咏出了这样有深度的作品呢？

孟浩然吟咏《春晓》的确切年代，虽然无从考证。但是从诗风格调上来看，就知道这首诗应该作于他的青年时期。因为孟浩然早年的诗作，充满着一种昂扬向上的风格，而中晚年的诗风则相对沉郁。从生理习惯上来讲，人在年轻时，不知不觉就睡到天亮几乎就是常事，而人到中晚年，往往天不亮就醒了。这就是人们常说的，前三十年睡不醒，后三十年睡不着。从《春晓》的结构形式来看，全诗仅四句，二十字，成诗并不复杂，所以，只要有才气，也并不一定需要很深的积淀，才能创作出《春晓》这样的诗，这就是人们常说的，“文章本天成，妙手偶得之”。

相对富足的殷实家境和尊崇孔孟的传世家风，让孟浩然自幼受到了良好的教育，加之他天资聪颖，恭勉勤奋，从而让他在树立起远大志向的同时，也渐渐开始显露出过人的才华。

因为受到儒家思想的熏陶和影响，孟浩然和他的父亲一样，视武周为浊世孽生而不予认可，视李唐为国邦正统而盼其重生。复兴李唐，成了孟浩然最早徘徊于心的愿望和理想。所以，孟浩然没有参加武周时期的科举应考，而是胸怀大志，闭门苦读，希望终有一天李唐匡复，自己能够振羽翻飞，为国效命。

这一时期，孟浩然多数时间都是在涧南园闭门读书，但在读书之余，他也时常游走于襄阳城南一带，和白鹤山的张子容、西山的辛谔（又名辛之谔）、檀溪的吴悦、襄阳城周边的朱去非以及与涧南园相邻的穷家子弟张祥等人相互交好，结为知己。几个志同道合的年轻人常常聚在一起畅叙人生理想，纵论天下时事，他们都在盼望着武周终将覆灭，李唐能够复兴。

长安五年（705年）正月，武则天卧病长生殿，多日不会朝臣，国家朝政都由麟台监张易之和春官侍郎张昌宗在这里请示，然后对外代为发布。值此之际，一心谋划着要匡复李唐的凤阁侍郎张柬之决定抓住机会，他秘密策动左台中丞桓彦范、右羽林卫大将军李多祚以及太子李显等人，带领着一队羽林军将士，自玄武门斩关而入，冲进迎仙宫内，张易之、张昌宗还没明白过来是怎么回事，就身首异处，被斩于庑下。

张柬之带领众人进入武则天寝居的长生殿内，在张柬之和众人的一致请求下，被逼无奈的武则天被迫退位，中宗李显即位，改元神龙。二月，废武周国号，改神都洛阳为东都，郊庙、社稷、百官、旗帜、服色、科举、文字，一切恢复唐朝旧制，李唐匡复。

李唐匡复的消息从洛阳传到襄阳，已经十七岁的孟浩然和与他交好的几位襄阳学子无不欢欣鼓舞。襄阳城北人头攒动的临汉门城楼前，人们争看着那面象征着武周的旗帜，从城楼的旗杆上徐徐降下，一面象征着李唐王朝的崭新的大旗，在临汉门城楼上冉冉升起，随风飘扬。

李唐匡复，百废待兴，正是国家用人之际。孟浩然感到自己振羽翻飞、为国效命的时候来了。十几年的闭门苦读之后，终于让他看到了春天明媚的曙光。

适逢青春正年少，恰是鲲鹏竞羽时。

神龙元年（705年）二月，浓雾已经散去，天空看上去是那样的高远。春天已经到来，太阳随着日道的归临而变得温暖。襄水河畔，青青的小草染绿了河岸；南渡头旁，高大的槐树长出嫩嫩的绿叶，在树下笼罩出一片浓荫。望着眼前的景色，想到李唐的匡复与回归，踌躇满志的孟浩然，如同一只羽翼渐丰的雏鹰，正在仰望蓝天，跃跃欲飞，激情满怀。

文不为仕　一腔浩气为国忧

时间转眼便是初夏，孟浩然听说好友辛谔已在西山一带结庐而居，读书闭门，打算为来年参加县试科举背水一战，因为他也有同样的想法，于是决定寻往西山一见。

西山与南山相隔三四里地，山下有清清的襄水相连。这天午后，孟浩然从家里带上一坛好酒，沿着穿过北面竹林的青石板路，来到襄水河岸的南渡头上。孟浩然解开自家泊在渡头上的小舟，双桨在水中轻轻一荡，小舟划开一道碧绿的水痕，轻快地向西划去。

孟浩然独驾轻舟，迎着习习和风摇橹荡桨，不大一会儿工夫，西山的影子便呈现在他眼前。只见沿河两岸，弯蜷曲纡，抬头一看，前面地势平缓的西山坡上，竹疏林旷，青草如茵。就在那片山坡一个僻静的小山窝里，一间草庐孤然孑（jié）立。

孟浩然把小船在岸边泊好之后，便抱着酒坛往辛谔的书斋行去，还未走近，他就听到书斋里传来一阵朗朗的读书声。

轻轻推开虚掩的门扉，孟浩然看见辛谔正在伏案而读。望着眼前这个寒门学子如此勤奋，想到他平日里的乐观向上，孟浩然不禁想起了孔子的学生颜回。

颜回虽然家境贫寒，但却乐观向上，处事贤达。孔子曾经感慨地对人说，贤者，回也！一箪食，一瓢饮，在陋巷，人不堪其忧，回也不改其乐。

辛谔见孟浩然竟带着好酒，寻到他这西山上读书的茅草屋里来，连忙起身相迎，感激不已。

孟浩然与辛谔两位挚友，说起准备参加襄阳县试之事，二人惬意长谈，言无不尽。直到日落西山，暮色渐浓，孟浩然才与辛谔告别，望着朦胧暮色中身影渐渐模糊的辛谔，孟浩然赋诗一首：

西山寻辛谔

漾舟乘水便，因访故人居。落日清川里，谁言独羡鱼。

石潭窥洞彻，沙岸历纡余。竹屿见垂钓，茅斋闻读书。

款言忘景夕，清兴属凉初。回也一瓢饮，贤者常晏如。

李唐匡复之后，国家的科举考试恢复了李唐旧制。考试时间是每年初春之时，由乡里荐选贤良俊拔之士，参加四月里的县试，县试之优者参加九月里的府试，朝廷按照州府管辖的面积大小和人口多少，分配给州府一到三个不等的名额，参加第二年正月在朝廷考试院举行的国家科举考试。国家的科举考试又分为进士科考试、俊士科考试和秀才科考试等众多科目的考试。而在这诸多考试中，朝廷最为看重的是进士科考试，所以，一般所说的科举考试，通常指的是朝廷的进士科考试。

对于考试时间，《唐摭言·卷一·统序科第》里是这样记载的："始自武德辛巳岁四月一日，敕诸州学士及早有明经及秀才、俊士、进士，明于理体。为乡里所称者，委本县考试，州长重复，取其合格，每年十月随物入贡。"

如果把它说得通俗些就是，自武德辛巳年（621年）四月初一这天，敕令从各州来的学士以及已经考上了明经、秀才、俊士、进士的人，要明确治政之体要。在乡里被人称道的才学之士，这天在本县参加考试，然后由州府长官进行再考试，取里面合格的人，每年十月随州府上贡的物资一起，入贡朝廷。

《新唐书·选举制》记载："每岁仲冬，州、县、馆、监举其成者，送之尚书省。而举选不由馆、学者，谓之乡贡，皆怀牒自列于州县。"

《新唐书》说的意思就是，每年的十一月，州、县、馆、监推举选拔出来的考生，送到尚书省。而推举选拔不是来自馆、学的考生，称之为乡贡，都是带着文书来自州县的考生。

对于上面一个是十月，一个是十一月的说法，其实是一点儿都不矛盾的。因为它们一个说的是从各地出发的时间，一个说的是要求到达的时间。

当然，唐代进士科考试时间和考试科目也是一个动态的过程，并不是一般人想象的那样铁定不变。

对于考试科目，《新唐书·选举志》载："凡进士，试时务策五道、帖一大经，经、策全通者为甲第；策通四，帖过四以上为乙第。”“永隆二年，考功员外郎刘思立建言，明经多抄义条，进士唯诵旧策，皆亡实才，而有司以人数充第。乃诏自今明经试帖粗十得六以上，进士试杂文两篇，通文律者，然后试策。”

从以上记载我们知道，最开始，进士考试，试策五道，帖一大经。到了永隆二年（681年），因为考功员外郎刘思立的建议，朝廷颁布诏令，以后进士科考试加试杂文两篇，文章写得好的，才能试策。也就是，681年之前，进士科考试只有试策和帖经两场，681年开始，进士科考试增加了杂文，变成杂文、试策、帖经三场。

对此，《唐摭言》也做了相似的记载：“后至调露二年，考功员外郎刘思立奏请加试帖经与杂文，文之高者放入策。寻以则天革命，事复因循。至神龙元年方行三场试，故常列诗赋题目于榜中矣。”调露二年是公元680年。

《新唐书》和《唐摭言》的记载基本上是一致的，只有刘思立奏请的年份相差一年，可能一个是奏请年份，一个是批准实施年份的差异而已。第二点就是《唐摭言》记载的是加试帖经与杂文，因为帖经考试原来就有，这里说的可能是增加了帖经考试涉及的内容和数量，所以，比较容易让人产生歧义。但从《唐摭言》中我们知道，神龙元年（705年）以后，进士科考试基本就变成了诗赋、试策、帖经三场。

对于各地入京的考试名额，《唐摭言》作如下记载：“开元二十五年二月，敕应诸州贡士：上州岁贡三人，中州二人，下州一人；必有才行，不限其数。”

由此可见，在开元二十五年（737年）之前，可能只有前面的硬性规定，但是，这样的硬性规定并不非常切合实际，如果某年某地同时出现几个特别突出的人才，可能因为前面的限制性规定，而把他们排除在外，所以，在后面增加了可变通的灵活性规定，就是对于特别有才华的人，不限定在前面的数额之内。所以，每年各地参加朝廷进士科考试的名额，基本就是上州三人，中州二人，下州一人。

襄州无论是地域面积还是管辖人口以及对于国家的战略重要性，都在上州之列，所以，襄州每年参加进士科考试的名额是三人。

由于神龙元年襄阳县试的荐选报名时间已过，所以，孟浩然和张子容、辛谔几位襄阳学子，只能参加第二年襄阳县试的荐选报名事宜。

想到即将在明年报名参加的襄阳县试，孟浩然和几位乡里学子个个踌躇满志。然而，让孟浩然没想到的却是，李唐匡复之后的国家朝政，却是云诡波谲（jué），一片混乱。

神龙元年（705年），虽然李唐匡复，从表面上看，一切都恢复了唐朝的旧制，但实际上，过去的武周旧臣摇身一变，全都成了李唐朝臣。武则天迁居上阳宫，皇上李显每隔十天便去探视起居。特别是，皇上李显把自己最亲的宝贝女儿安乐公主，嫁给了武三思的儿子武崇训。

皇上李显品行善良，心性懦弱。过去武则天把他赶下皇位迁到房陵（今湖北房县）的时候，就只有韦后天天陪在他身边。那时，李显与韦后在房陵情深意笃，备尝艰辛。李显曾拉着韦后的手动情地发誓说，如果有一天他能重见天日，韦后想做什么就做什么，他是绝对不会干涉的。

现在李显做了皇上，韦后自然就成了皇后。皇上对皇后言听计从，每次皇上临朝问政，韦后就隔一道帷幔坐在皇上后面，与皇上共摄朝政。

李唐匡复勋臣张柬之、桓彦范等人实在看不下去，便向皇上提议，让皇后专居中宫，不能在朝堂上干预国家事务。

这下可把韦后气坏了，从此，她对张柬之、桓彦范等五位匡复勋臣恨入骨髓。

张柬之担心武三思复辟武周之心不死，向皇上谏言说，赖天地之灵，陛下反正，而武氏滥官僭爵，按堵如故，有违众望。愿陛下损其禄位、去其王爵，以告慰天下。

然而，皇上李显在韦后的唆使下，不但听不进张柬之的话，反而授武三思为司空、同中书门下三品，让武三思与张柬之并列朝政，气得张柬之抚床叹愤，弹指出血，恨自己当初神龙革命时，没有一举除掉武氏的宗族势力，以至于全国上下的官员们，拉帮结派，各自站队，从而造成了国家的局势不能稳定。

就在张柬之对国事忧心如焚之时，武三思却向皇上建议，提拔和赏赐韦后的家族成员，处处讨好笼络韦后。于是，韦后渐渐与武三思越走越近，二人日夜向皇上进言，对张柬之几人进行诬陷。

韦后、武三思在李显面前说，张柬之、桓彦范等五人恃功专权，将不利于社稷。不如将他们各自封王，然后罢黜他们的职位，这样做，对外不失去尊宠功臣的好名声，对内实际可以剥夺他们的权力，从而来稳定朝野大势。

皇上李显把张柬之的满腹忠言视若耳旁之风，却对韦后、武三思这些奸佞之徒居心叵测的话偏听偏信。五月，李显将张柬之封为汉阳王，赐金帛鞍马，同时，罢除了他中书令的宰相职位。一手把李显扶上帝位的张柬之，只能眼睁睁地看着国家朝政，渐渐被韦后、武三思等这些人把持。

张柬之知道，已经手握重权的韦后、武三思是不会放过他的，于是，他向李显上书，决定辞去汉阳王这个空头衔，请求皇上授予他襄阳公这个爵位，好让他能够体体面面地归乡养老。皇上李显没有答应张柬之的这个请求，他稍做变通，让张柬之以襄州刺史的名义，还乡养疾。

张柬之离开洛阳时，李显还亲自带领众官员在东都洛阳的定鼎门外，对启程回乡的张柬之祖道相送。

八月初，张柬之从洛阳回到襄阳，正赶上襄阳秋雨滂沱，汉江江水暴涨。由于江堤年久失修，加上江水多日浸泡，江堤溃决，襄阳城外一片汪洋。

张柬之回襄阳，本来只是打算挂个襄州刺史的虚名回家乡颐养天年，没想到刚刚回来，襄阳就发了这么大一场水灾。虽然已年过八十，但是，面对襄阳发生的灾情，他却处处身体力行，带领官员和民众固城筑堤，防洪抗灾，得到了襄阳人民的崇敬和拥戴。

神龙元年八月的这场洪水，把襄阳城南和襄水北岸的绝大部分土地，都淹成了一片汪洋。而襄水南岸依临岘山，由于地势较高，在这场水灾中，并没造成多大损失。孟家涧南园的房屋依山而建，更是安然无恙。

由于汉江决堤，水势上涨得很快，住在襄水北岸的好多人家，都是连猪牛都来不及牵，就背着包袱卷着铺盖逃了出来。水灾发生后，孟家的前庭后院、穿堂厢房里，到处都被无家可归的人们站满了，就连屋檐下也挤满了人。

面对一下涌来的这么多灾民，孟老爷和家人让长工们在院子外面架起几口大锅，为这些逃难的灾民生火做饭。

雨还在不停地下着。孟浩然站在人群拥挤的院廊内忧心忡忡，再过一两个时辰，天就要黑了，这些无家可归的乡亲们可怎么办呢？就是把孟家正屋、厢房、穿堂、仓房、磨坊、灶间、牛厩这所有能住人的地方都腾出来，也住不了这么多人啊。

望着自家门前的那片竹林，孟浩然心里突然有了主意。他动员大家和他一起到北竹园里砍竹子搭棚，可是，乡亲们觉得来到涧南园躲避水灾，已经给孟家带来了不少麻烦，谁也不忍心再去砍孟家的竹子。

孟浩然只好拎起一把竹刀，带头冲进了雨里，心生感激的乡亲们这才跟着孟浩然砍竹子搭棚，最终乡亲们全都被安顿了下来。

对于孟浩然砍竹搭棚安置灾民的义举，王士源在他的《孟浩然集·序》里说他是，“救患释纷，以立义表”，欧阳修等在《新唐书》里说他是，“少好节义，喜振人患难”，后来的很多人，也都对此给予了很高的评价。

自从那次寻访辛谔之后，孟浩然就效仿辛谔，从舒适的家里搬了出来，独自一人住进屋后桃树林里的那间草庐，他枕戈待旦，闭门苦读，各种经史子集都能熟记于心，倒背如流。

父亲孟老爷和母亲孟夫人，都为浩然的好学上进，感到自豪和欣慰，他们都希望儿子浩然能够通过自己的勤奋努力，科举及第，从而为涧南园的孟家光耀门楣。

神龙元年（705年）的冬天，孟浩然多数时间都是一个人在涧南园屋后山坡上的草庐里度过的。随着神龙二年（706年）春天的到来，涧南园屋后山坡上的桃花渐次开放，望着满坡层层叠叠粉艳艳的桃花，孟浩然不禁心潮澎湃。想到即将参加的县试科举，已经做好了考试准备的孟浩然成竹在胸，他那颗跃跃欲动的心，如同一支已经搭上满弓的利箭，满怀期望地等待着考试那天快些到来。

襄州管辖襄阳、安养（邓城）、谷城、义清、南漳、宜城、乐乡七县，州府治襄阳。由于襄州州府和襄阳县府两个衙门同在襄阳城内，所以，回到襄阳的张柬之对这次襄阳县试十分重视，他生怕这为国选才、为国选贤的考试会出现一点纰漏，他嘱咐襄阳县府一定要做好考试的规划和日程安排。县试与朝廷的进士科考试，所考的科目相同，都是诗赋、试策、帖经三场，但是它的考试规模小，考试程序也很简单。朝廷的进士科举考试分为前后两次，第一次先考诗文，诗文考试的成绩出来之后，其中的文之高者，才能参加后面的试策、帖经两场考试，所以，整个的考试时间，前后需要七八天。而县试则是这三场考试在四月初一这天全部完成，而考试成绩也是直接将这三科放在一起，进行综合考评。

参加襄阳县试的襄阳众学子们，被安排到离县试考场不远的客栈里。这天晚上，来自襄阳各地的应试学子们，三五成群地聚集在客栈的院子里，个个显得既紧张又兴奋。

孟浩然和张子容、辛谔、朱去非、吴悦几人聚在一处，从鹿门山来参加县试的王迥早就听说过孟浩然的名字，这次在客栈相遇，他打算试探一下，看孟浩然是不是真的像人们说的那样才华横溢。

《孟浩然集》中有王迥的诗《白云先生迥歌曰》，孟浩然诗《白云先生王迥见访》中有："家在鹿门山，常游涧泽水。"孟浩然另有诗《上巳日洛中寄王九迥》，从上可知，王迥，鹿门山人，排行居九，人称王九，号白云先生。

王迥来到孟浩然面前自报家门，然后装着一脸不屑的样子望着孟浩然，半是轻蔑地作揖言道：

偶见南山一虫，看似蚍蜉撼大树。

王迥分明是把孟浩然比作一个想要撼动大树的小蚂蚁，众人之中有很多都是想要看看这个身材颀（qí）长、相貌英俊的南山学子，在蒙受了一番羞辱之后，该如何应对，还有一些人不停地拍着巴掌等着看孟浩然的笑话。

孟浩然对王迥的调侃心知肚明，他双手抱拳，鞠躬还礼，朗声对道：

窃闻鹿门有鸟，恰如学鸠笑鲲鹏。

孟浩然一语即毕，众人的掌声和叫好声“哗哗哗”地响成一片。听孟浩然说完，王迥也禁不住哈哈而笑，跟着众人一起击节叫好。从此，他对孟浩然的才华钦佩不已，二人也由此结为生死至交。

县试在县府学堂举行，主考官是襄阳主簿贾弁（biàn）。

第一场诗赋的考时过半后，八十二岁的张柬之亲自来到了考场上，望着眼前这些襄阳英华才俊那一张张年轻的面孔，张柬之兴奋无比。他倒背着双手，轻轻踱步，精神矍铄的样子，仿佛让人又看到了他青春年少时的影子。孟浩然和襄阳众学子见已经八十二岁高龄的张柬之亲巡考场，人人振奋，个个挥笔疾书，吟赋襄阳好华章。张柬之巡视完考场之后，从考场后面悄悄退去。

第二场考试是试策。

诗赋和试策考的都是学子们的活学活用，不管水平如何，总能有所发挥，而第三场考试帖经，那可就要考学子们死记硬背的真功夫了。应试的学子们往往就因为一句话、一个字写不出来，常常会急得抓耳挠腮。

考场上的孟浩然胸有成竹，只见他笔行纸上，沙沙有声，好多节选章节都是一字不漏，一气呵成。

考试全部结束之后，张柬之通过县试主考官贾弁，看到了孟浩然的三科考卷，他赞不绝口。张柬之抑制不住自己的兴奋和激动，不停地点着头说，襄阳要出大才子，襄阳要出大才子……

襄阳县试的考试结果出来之后，孟浩然以三科皆优的成绩，夺得县试第一名。

回到襄阳之后的张柬之，非常希望能够从自己的家乡，走出一批品学兼优的国家栋梁。所以，襄阳县试的上榜名单出来之后，张柬之便决定邀请孟浩然、张子容、王迥几位上榜学子到他家里作客，以此作为对襄阳这些英华才俊的鼓舞和勉励，同时也要借此表达自己对他们的期望。

张柬之的家宅，坐落在一片葱茏的林荫之中。老宅墙高院深，宅内园林水榭、回廊楼亭点缀其间。正值春夏之交，张府的园庭内，一片荷青水绿。在荷池的四周，各有高大的树木浓荫覆盖，俨然成林。

张柬之拄着拐杖在家人及州府官员的簇拥下，一脸高兴地把几位上榜学子迎进内庭。内庭的厅堂内，铺着编有图案花纹的龙须席，在龙须席上，摆有打围成方的矮桌，在矮桌的后面，摆放着刺绣有花鸟图案的圆蒲团。

孟浩然几人脱鞋去履，走到龙须席上，和众人一起围着矮桌在圆蒲团上坐下来，几个身姿窈窕的侍女过来开樽斟酒。倒入酒杯中的酒，香味醇厚，色如玛瑙。席间，张柬之感慨万端，他向众学子讲述了自己被韦后、武三思罢官还乡的前因后事，也讲述了他本来打算辞去汉阳王，欲做襄阳公的想法，但却没有得到皇上的同意。

孟浩然这才知道，原来一直在自己心目中位高权重的张柬之，其实是被韦后、武三思构陷，遭遇罢相，黯然还乡的。他们怂恿皇上罢黜张柬之的宰相之权，却送给他一个汉阳王的空头衔。韦后的如此作为，不禁让孟浩然想到了曹操。

汉献帝建安十七年，曹操意欲晋爵魏公，但却遭到了谋士荀彧的坚决反对，不久，曹操南征孙权，走到濡须时，荀彧病了，然而，曹操派人探病，却给荀彧只送去一个空盒子。荀彧知道曹操的意思分明就是要把自己扫地出门，于是就气愤地服毒自杀了。荀彧死后的第二年，曹操也就如愿晋爵做了魏公。

如今的韦后，就如同当年的曹操。这个善于玩弄权术的奸诈女人，如此处心积虑地要把张柬之从朝廷内扫地出门，她最终的目的是要做什么？人世尊卑，瞬息万变。真可谓是世事沧桑，荣辱无间啦！孟浩然在心里一阵慨叹。

张柬之和孟浩然几位襄阳学子一边慢斟细品，一边谈论国家时事，最后大家又在一起谈论起诗赋，众人情致高昂，直到天明方才散去。

尽管皇上李显没有接受张柬之的请求，授予他襄阳公的爵位，但在孟浩然和许许多多襄阳民众心里，张柬之为国家披肝沥胆、为人民鞠躬尽瘁的豪迈气节，是所有襄阳人民的骄傲，所以，襄阳人民都已经在心里把他尊为襄阳公了。

四月末的涧南园竹青草绿，水美风轻。碧波荡漾的襄水河在孟家的北竹园边，日日夜夜，汩汩流淌。孟浩然住在桃园的草庐里，准备为九月的襄州府试背水一战。只要能在府试中取得前三名的好成绩，他就可以参加明年正月朝廷的进士科举了。

身为赤子，报效国家一直是孟浩然心中不变的夙愿。

神龙二年（706 年）五月，武三思勾结韦后，让侍御史郑愔诬告张柬之、敬晖、桓彦范等五王与驸马都尉王同蛟曾为同谋。

早在神龙二年（706 年）二月，由于王同皎对韦后、武三思相互勾结操控朝政很是不满，于是在洛阳集结义士，准备起兵诛杀武三思之后，再勒兵入宫捉拿韦后问罪，没想到被人出卖，事情提前暴露，结果王同皎被斩。

在韦后、武三思的授意和指使下，由于侍御史郑愔对张柬之进行无端诬陷，以至于回到襄阳之后的张柬之，不仅被罢黜了汉阳王的勋封爵位，而且还将他从襄州刺史贬为新州司马，并且皇上李显发出敕令，要求张柬之全家离开襄阳，迁往新州（今广东省新兴县）。

在孟浩然心里，张柬之是神龙革命的复国功臣，他一直以为朝廷肯定会给他一定的优待和荣耀。他怎么也不会想到，回家乡襄阳养老还不到一年，会被皇上下令，要他带着全家离开襄阳。张柬之是匡复李唐的元勋，如果是一个恭正清明的帝王，怎么会做出这样的事来。这让孟浩然本是踌躇满志的内心，开始感到了丝丝迷茫。

孟浩然闻知此事后，决定前往鹿门山去一趟，和住在鹿门山读书的王迥作些探讨和交流，想知道他对这件事的看法。

鹿门山与涧南园毕竟相隔三十多里地，因为两地有汉江相隔，驾船前往是最便捷的方式。所以，这天一早，孟浩然驾船从涧南园出发，沿着襄水顺流而行，进入汉江之后，孟浩然飞快地划着船桨，小船在宽阔的汉江上荡开层层碧波，一路轻快地南往鹿门山而去。

随着离鹿门山越来越近，鹿门山的影子变得越来越清晰了。只见密密层层茂盛的树木包裹着柔美动人的山姿，崔嵬起伏的山峦印在湛蓝如洗的天幕，鹿门山的影子与清清的汉江相依相映，从头到脚，翠如碧玉。

在鹿门山下，一条清冽的小溪流入汉江，孟浩然把小船沿着小溪向前划去，小船悠悠前行，再往前面，只见一方深潭碧水清幽，这里就是位于鹿门山深处的岩潭。

孟浩然把小船在岩潭的渡头边停好，然后弃船登岸，沿着两条山岭夹着的那道山冲往里走。两山渐拢处，是一大片竹林，孟浩然知道，王迥的书斋鹿门园，就在那一大片竹林深处。

孟浩然与王迥在鹿门园相见，王迥自是欣喜不已，盛情接待。

王迥陪浩然在鹿门园内用过酒饭之后，他们走出园宅，二人一起同游鹿门山。

鹿门山原名苏岭山，东汉建武年间，汉光武帝刘秀带着侍中习郁巡幸黎丘，夜间，刘秀梦见自己被乱军围困山中，走投无路之际，突然有苏岭山神前来护驾，帮他打败了乱军。一觉醒来，他吓出了一身冷汗。

于是，汉光武帝刘秀把跟随他的侍中习郁封为襄阳侯，敕令习郁在苏岭山修建神祠，以示尊崇。神祠建成之日，襄阳侯习郁命人雕石鹿一对，卧置祠门左右，一对石鹿夹道如门。到了唐朝，以神祠为寺，于是，人们就把这座建在深山中的寺院取名鹿门寺，苏岭山也由此改名叫作了鹿门山。

来到鹿门山，鹿门寺自然是孟浩然必去之处。

王迥带着孟浩然沿着林间小道，盘旋而上，拐过一个山嘴，前面苍山高兀，林峦叠嶂。一座红墙灰瓦的古寺从树木幽深的林间，半遮半掩地露出了一角。这座寺院就是襄阳的佛家胜地——鹿门寺。

鹿门寺在唐代香火繁盛，僧侣众多，是襄阳一带的佛家圣地。

游完鹿门寺，孟浩然和王迥沿着寺院后面的石阶拾级而上，只见前面石崖壁立之处，一股清泉细流宛如一缕白练自石壁之上涓涓而下，落于突兀而出的山石之上，顿时飞泻如雨。泉水哗哗有声，如同飞银溅玉般落进下面的一泓碧水清池之中。这里就是位于鹿门寺后面的暴雨池，后来孟浩然常常饮水此泉，所以，后人又把这里叫作聪明泉。

沿着小路再往前走，前面山势渐高，参天的大树也越来越密。孟浩然跟着王迥来到一面青崖绝壁处，听得水声哗哗作响。西斜的阳光洒进流淌在深山中的溪流里，涓涓溪流金光熠熠。

这里相传就是庞德公当年炼药取水的金涧，在金涧的上方，有一个长满绿衣青苔的石崖，陡如绝壁的石崖中间，有一方石台，这方石台相传就是庞德公曾经憩息的石床。

虽然石崖如同一道绝壁，但是，有很多蔓生的青藤从上面的石壁上垂落而下，孟浩然和王迥抓着这些蔓生的青藤，把它们当成向上攀登的绳索一样，慢慢爬到上面。两人在石台上坐下来，望着庞德公曾经憩息过的地方，不禁心生感慨。

庞德公是东汉时期襄阳一带的先贤，如今他隐居在这里的古迹依然存在，但是他高尚的风骨却已经随着时光的流逝渐渐远去了。三国时，荆州牧刘表数次招请庞德公入幕府为官，庞德公都辞官不为。庞德公说，鸿鹄把巢筑于高林之上，日暮来临之时得以安静地栖息；神龟把穴筑于深渊之下，黑夜来临之际得以安详地栖宿。

思今追昔，说到张柬之被贬新州之事，孟浩然和王迥都愤慨不已。他们都没想到，张柬之这样以身许国的贤良忠臣，竟然会连在家乡养老这一点愿望都不让实现，这样的朝廷难道就是他们希望科举入仕，打算要去效忠的朝廷吗？当年庞德公不为高官厚禄所动，而去做巢居高林的鸿鹄，如此看来，庞德公才是一位真正具有远见卓识的家乡先贤。

孟浩然和王迥坐在昔日庞德公曾经栖卧的石床上，他们对国家朝政相议了很久，二人各抒己见，相互探讨，意犹未尽，就已日斜西山。二人自鹿门山怅然而下，由于孟浩然执意要赶回涧南园去，王迥留不住他，只好把他送到鹿门山下的岩潭。

二人来到岩潭孟浩然泊船的地方，他们挥手告别，依依不舍。

孟浩然划着小船沿着从岩潭到汉江的清清碧流，进入汉江。这时夕阳向晚，天边落霞洒在波澜起伏的江面上，一眼望去，宽阔的汉江金波粼粼。孟浩然轻快地划着小船，他不时地回过头来，看见远处的鹿门山渐渐地模糊在了一片如影如梦的暮色里。

望着眼前的情景，孟浩然情思激荡，油然吟诗一首：

登鹿门山怀古

清晓因兴来，乘流越江岘。沙禽近方识，浦树遥莫辨。
渐到鹿门山，山明翠微浅。岩潭多屈曲，舟楫屡回转。
昔闻庞德公，采药遂不返。金涧养芝术，石床卧苔藓。
纷吾感耆旧，结缆事攀践。隐迹今尚存，高风邈已远。
白云何时去，丹桂空偃蹇。探讨意未穷，回舻夕阳晚。

孟浩然在《登鹿门山怀古》这首诗中描述乘船前往鹿门山的经过，包括从涧南园到岘山东面北涧自西向东顺流的一段，北涧入汉处至鹿门“岩潭”入汉处，汉江自北向南顺流的一段，以及鹿门“岩潭”入汉处至鹿门山下“岩潭”自西向东逆流一段，共三段水程。但让人有些遗憾的是，随着岁月流逝，如今从鹿门岩潭流入汉江的那条小溪早已干涸，而鹿门山下“岩潭”的具体位置也难以考证。

从鹿门山归来之后，孟浩然的心情变得平静了许多。他觉得，科举考试对他来说，已经变得不是那么重要了。

孔子曰：天下有道则现，无道则隐。如果天下有道，自己就去考举人，中进士，在仕途上有所作为，为天下百姓鞠躬尽瘁；如果天下无道，奸佞横行，自己即使进入仕途，还是受制于奸佞的股掌之间，去为他们谋事，那就不如把自己隐藏起来，不与他们这些小人为伍，就像当年的庞德公那样，到鹿门山去做个清静无为的隐士，也不失是一种很有远见的抉择。

有了可进可退的思路，入仕为官，便不再是孟浩然唯一的选择。

唐中宗神龙二年（706 年）七月，随着朝廷即将从洛阳西迁长安，韦后、武三思为了将匡复李唐的勋臣张柬之、敬晖、桓彦范等五人斩草除根，不留后患，武三思派人将写有武三思与韦后通奸，要将皇后废黜的榜文，秘密张贴到市井繁华的洛阳天津桥一带。然后，他们与御史大夫李承嘉秘密串通，诬陷说是张柬之、敬晖、桓彦范等五人派人做的这件事儿，他们在皇上李显面前，请求将张柬之五人杀头治罪。

皇上李显听说外面竟有人公然在大街上张贴榜文，说自己的皇后和武三思通奸，感觉自己受到了莫大的羞辱，一时间勃然大怒。不过，李显终因念及张柬之五人是扶他登上帝位的得力功臣，并且过去曾经赐予他们铁券，就是不管他们犯了什么罪，有了这个铁券，就不能定他们死罪，所以，才没有同意对他们施以极刑，但是却将他们五人全部定罪流放。张柬之和他家里年十六岁以上的子弟，被皇上李显下旨，流放泷州（今广东省罗定市）。

随着李显的圣旨被朝廷御史火速送达新州，时年已经八十二岁的张柬之被押入了牢狱。第二天，他就被当作犯人从新州押往泷州，和他一起流放押解的，还有他一家老小十余口。

已是迟暮之年的张柬之戴着刑具，每日翻山越岭步行几十里，加上岭南瘴气湿重，酷热难当，张柬之再也撑不住了，一头栽倒在与家乡襄阳远隔千里的黄尘古道上。匡复李唐的一代名相张柬之，带着深深的遗憾，永远地闭上了双眼。

张柬之冤死在流放泷州途中的消息传到襄阳，无数的襄阳民众汇聚到襄阳城内，烧纸叩头，当街上香。人们纷纷用自己最真挚的情感，来表达他们对张柬之丞相的真切怀念。

对于已经八十二岁的张柬之来说，把他当作犯人押着和他的家人每日翻山越岭步行几十里，这肯定比死更让他感到屈辱和难过。孟浩然怎么也没想到，曾经舍生忘死、一手策划匡复李唐的张柬之，在扶皇上李显登基之后，竟会受到朝廷这样的对待。

孟浩然彻底地愤怒了。

面对朝廷的不义之举，孟浩然铁骨铮铮，拍案而起，他决定不再参加神龙二年的襄州府试，以此举来表达对张柬之丞相的无比崇敬，和对韦后、武三思这些奸佞之徒的无比憎恨。

孟家人得知孟浩然要罢考襄州府试这件事儿，感到不能接受。孟浩然已经考上了县试第一名，多数年份，作为襄州郡治所在的襄阳县试的考试成绩，基本上就代表了襄州府试的考试成绩。所以，只要孟浩然参加襄州府试，那他很可能就会夺得襄州府试的第一名。即使得不到第一名，只要能夺得前三名，那他就能作为襄州贡士，参加明年正月在朝廷考试院进行的进士科考试，他的人生架构，从此便会有一个崭新的未来。

孟浩然做出罢考襄州府试的决定，首先就面临着来自全家人的巨大压力。

先祖孟子说过，生，我所欲也；义，我所欲也。二者不可兼得，舍生而取义也。孟浩然觉得，自己的选择是对的，身为学子，绝不能敛声静气，对奸佞横行的朝政熟视无睹，对张柬之丞相的蒙冤而死麻木不仁。自幼受到孔孟思想影响的孟浩然，在罢考襄州府试这件事儿上，与父母家人间产生的巨大矛盾，让他与自己的家庭产生了裂痕，从而开启了他日后隐居鹿门的思想前奏。

襄阳主簿贾弁听说孟浩然要罢考襄州府试这件事儿，觉得非常惋惜。在贾弁看来，孟浩然是自己在县试中选拔出来的英才贤俊，他当然希望孟浩然能在科举之路上走得更远，绝不能凭一时义气半途而废。

九月九日重阳节，按照惯例，县府衙门要休沐放假一天。重阳节又有登高赏菊的习俗，而孟浩然的家，就在岘山脚下的涧南园。这对劝说孟浩然参加襄州府试来说，简直就是天赐良机。

重阳节这天，贾弁叫上几个县府同僚，以到岘山登高的名义，来到涧南园。

贾弁来到涧南园，让孟家人觉得蓬荜生辉，于是，孟家拿出为重阳节酿制的菊花酒，摆上丰盛的宴席，对贾弁一行人进行盛情接待。

吃过酒饭之后，贾弁邀请孟浩然和他们一起登岘山，因为在酒宴上，他们只是喝酒，还没有和孟浩然谈及他此行的正事。

孟浩然带着贾弁一行人，往孟家屋后的岘山上攀去。

沿路之上，贾弁劝导孟浩然，既然已经夺得县试第一，就不能放弃襄州府试，应该向前迈出一步，做个心向洛阳之才。

面对贾弁的谆谆相劝，孟浩然坚持认为，洛阳之才应当像西汉的贾谊一样。

潘岳在他的《西征赋》里盛赞，“终童山东之英妙，贾生洛阳之才子”。潘岳认为，西汉的贾谊才是真正的洛阳之才。

贾谊心怀雄才大略，看淡生死荣辱，时时忧心国家的治理和未来，结果却被奸臣排挤诬陷，贬为长沙太傅。虽然贾谊的所作所为不被当时的很多官宦所理解，但他依然以屈原作为自己的镜子，忧国忧民，不改初衷。贾谊在他的《吊屈原赋》里说，面对横行朝政的奸佞之徒，要做潜藏在深渊之下的神龙，把自己隐藏下来，而不能做跟从于蛤蟆和水蛭的水獭，从而受制于蝼蚁。

面对韦后、武三思这帮奸佞之徒在朝廷横行，孟浩然要把贾谊作为自己的一面镜子，他告诉贾弁，自己闭门读书，只为明志，非为求仕。当今无道之世，奸佞横行，国风淫糜，张柬之丞相蒙冤而死，已让他满腔义愤、夜不能寐。所以，只要张柬之丞相一天不被朝廷洗雪平反，他就一天不参加官府里的任何科举考试。

贾弁见孟浩然的罢试意愿如此坚决，也不好对他再说什么。

孟浩然带着贾弁和一群县府公人沿着山间石径，往前面的山梁攀去。

九月秋高气爽，天空湛蓝如洗。孟浩然带着贾弁一行登上山顶，举目四望，襄阳景色尽收眼底。西面的万山峰峦起伏，南面苍山突兀间，一峰独秀。那里是襄阳一带最高的山峰。孟浩然一行本欲再向远处的那座山峰走去，无奈已经夕阳西下，天色向晚，登山的兴致因为落景相催，只得作罢。

孟浩然站在高石之上，向山下望去，一轮秋阳之下，襄水依山东行，弯卷如带。襄水两岸，屋舍俨然的村庄镶嵌在一畈畈收割之后的田野上。

望着山下如画的山水田园，孟浩然慢慢地抬起头来，他的目光越过白水茫茫的宽阔的汉江，他把目光投向苍茫无垠的天际，他的心如同长出了一双翅膀，向着无垠的天际飞去，他很想知道哪里是长安，哪里是洛阳。

面对此情此景，孟浩然心情凝重，赋诗一首：

和贾主簿弁九日登岘山

楚万重阳日，群公赏燕来。共乘休沐假，同醉菊花杯。
逸思高秋发，欢情落景催。国人咸寡和，遥愧洛阳才。

诗中一句“国人咸寡和，遥愧洛阳才”，道出了孟浩然独自压抑在心里的万千苦楚。

孟浩然没有接受襄阳主簿贾弁的劝言，参加九月的襄州府试，所以，王士源在他的《孟浩然集·序》里说，“浩然文不为仕”。

孟浩然痛奸行贤、文不为仕的义举，正是他自幼受到熏陶的孔孟思想的延续。

携手良缘　只身郢州寻真爱

孟浩然最终没有参加襄州府试的义举，一时间在襄阳流传开来，引起了岘山道观参寥子的关注。

这天，心绪烦乱的孟浩然手拿书卷，上了屋后的山梁，然后沿着岭脊往前面的高山上走去。在半山腰里有一座凉亭，亭檐下题有“山亭”二字，孟浩然想一个人到那里去静静。

孟浩然来到山亭。手抚亭栏，放眼远望，一轮秋阳之下，襄水弯卷如带，襄水两岸，秋意正浓。孟浩然正若有所思，却听背后有人叫他。

此人就是来自蜀地，住在岘山道观里的道士参寥子。虽然孟浩然并不认识他，但是，他却已对孟浩然关注了很久。刚才看见浩然往山上走来，便赶来与之结识。参寥子盛情邀请孟浩然到他的道房一叙，孟浩然欣然应允。

参寥子带着浩然一起来到道观，走进自己的道房。房内陈设简单，除了摆放在屋内的一具丹炉之外，最为显眼的就是摆在屋角的一把蜀琴，蜀琴很久都没弹过了，琴匣落上了一层灰尘。

孟浩然平时在涧南园里也爱弹琴，看见参寥子落了灰尘的琴匣，不禁一阵惋惜。参寥子见孟浩然的目光久久地凝视着这把放在屋角的蜀琴，便连忙拿一块湿布拂去琴匣上的灰尘，打开琴匣。蜀琴的琴弦由于很久没有弹过，看上去似乎就要断了，而琴徽却像新的一样闪闪发亮。参寥子告诉孟浩然，整天住在道观里，由于这里没有人爱听识音律，所以，他已经很久都没有弹过琴了。

参寥子说完，他用手指在琴弦上轻轻一拨，琴声悠扬而起。随着他的双手在琴弦上拨动，那悠扬的琴声让孟浩然如醉如痴。弹到恢宏激越处，孟浩然鼓掌盛赞，巍巍乎如太山。弹到曲调舒缓时，孟浩然击节笑称，汤汤乎如流水。

《吕氏春秋·本味》中记载，有一天，伯牙坐在路边弹琴，钟子期在旁边听，伯牙用思绪想象着太山而奏，站在旁边的钟子期说，琴弹得好哇，巍巍乎如太山。伯牙用思绪想象着流水而弹，站在旁边的钟子期说，琴弹得好哇，汤汤乎如流水。后来钟子期死了，伯牙觉得世间再没有值得为之弹琴的人了，于是，他把自己的琴砸掉，从此再也没有弹过琴了。

参寥子弹奏的美妙琴声，如同拨动了孟浩然的心弦，情随心动处，孟浩然欣然为参寥子赋诗一首：

赠道士参寥

蜀琴久不弄，玉匣细尘生。丝脆弦将断，金徽色尚荣。
知音徒自惜，聋俗本相轻。不遇钟期听，谁知鸾凤声。

一曲清韵，一首清诗，从此让孟浩然和参寥子结为知音。

时间转眼到了十月，随着皇上李显一声令下，文武百官、后宫嫔妃以及御林军侍卫数万之众，离开东都洛阳，浩浩荡荡地往西京长安开拔而去。

神龙二年（706 年）十月末，朝廷迁都长安，气势雄伟的大明宫，在被冷落了二十多年后，终于又成了维系大唐王朝国家命脉的中心。

朝廷迁都长安，住在长安城内的人们奔走相告，一片欢腾。然而，对于远隔千里的襄阳来说，可谓波澜不惊。对于住在涧南园的孟家，更是没有丝毫影响。

随着冬去春来，襄水河冰开水涨，沿河两岸，春草又绿。神龙二年漫长的冬天终于艰难地捱了过去，神龙三年（707 年）的春天总算掀开了新的一页。

就在孟浩然罢考襄州府试与父母家人产生裂痕的时候，一个从郢州汉南来到襄阳的歌女，声名鹊起。她正值妙龄，貌若仙子，不仅歌唱得丽质清音，而且琴弹得令人叫绝。这个才貌出众的歌女姓韩，人们因为她客居襄阳的缘故，就把她称作韩襄客。

这天，好友张子容到涧南园约孟浩然一起前往襄阳城内的歌楼大堂听歌。压抑了整整一个冬天的孟浩然，也打算借此放松心情，两人不谋而合，欣然前往。

这是襄阳城内最大的一座歌楼，歌楼的大堂窗明几净，宽敞明亮。数名歌女登台献艺之后，在看台下一片掌声中，韩襄客怀抱古琴翩然而出，款款步入歌台，只见那纤纤玉指在琴弦上轻轻一拨，一声清冽入脾的琴声如玉泉飞溅般划空而起，余音未绝时，弦声又起，琴声丝丝切切，时而清脆如风拂翠柳，时而绵厚如浪涌滩头，果然非同凡响。接着，韩襄客轻启朱唇，唱起了《诗经》里的那首《蒹葭》歌：

蒹葭苍苍，白露为霜。所谓伊人，在水一方。

溯洄从之，道阻且长。溯游从之，宛在水中央……

韩襄客的丽质清音，让孟浩然如痴如醉，不由发出天籁仙音的感叹。虽然孟浩然也时常拂弦弄声，但是比起韩襄客来，他觉得自己对音律的理解还是太粗浅了。强烈的共鸣与钦佩，让这位萍水相逢的妙龄女子，在孟浩然心中幻化成美丽多情的仙子，他暗暗在心里把她叫作神仙客。

孟浩然与韩襄客的初次相遇，就已经让她悄悄走进了他的心里。于是，孟浩然约请韩襄客和他一起游赏汉江，他没想到她会欣然同意。

韩襄客是来自郢州汉南一个书香之家的女子，早年习学琴棋书画，由于她聪明勤奋，不仅能弹得一手好琴，而且还练就了一副好嗓音。只因家父早亡，家境败落，为了养活母亲和供弟弟上学，才只有十几岁的她，就背井离乡，来到襄阳之后，她优美的琴声和动人的歌喉，很快就打动和感染了众人，以至于她在歌堂弹唱，红遍了襄阳。

随着韩襄客在襄阳声名远播，前来歌堂听她弹唱的人们络绎不绝，更有点弹点唱者，他们愿意在她面前一掷千金，他们的目的当然也不会只是听她弹琴唱歌这么简单。有些人认为只要出了钱，他想干什么就可以干什么，这常常弄得她哭笑不得。尽管她一直守身如玉，但是，别人眼里的一个“妓”字，已经把她的名声弄得不清不白，韩襄客越来越厌倦起她出名走红之后的生活。

自从张柬之丞相冤死岭南之后，孟浩然和襄阳学子罢考襄州府试这件事儿，很快就在襄阳家喻户晓。韩襄客对此事也早有耳闻，她觉得孟浩然不为势利所图，心怀大义，有胆有识，是个铁骨铮铮的英华才俊，心中敬佩不已。现在孟浩然约她到汉江泛舟，她怎么会不答应呢？

二月的汉江微浪轻涌，轻轻地拍打着船舷，小船悠悠西行，放眼望去，宽阔的江面上，游船画舫，往来穿梭，依岸垂柳，水中倒映，一座座江中小岛，如同一块块飘浮在江面上的翡翠，碧绿无瑕。人坐船上，舟行江中，满眼胜色美景，宛如一幅如诗如画的春江图。

孟浩然和韩襄客一起荡着小船，来到汉皋（gāo）山下。汉皋山下有汉皋台，汉皋台下沙岸隈（wēi）曲，传说春秋时的郑交甫，在汉皋台下不远的沙渚上遇见两位绝色女子，见她们身上各有珠佩，于是走上前去对她们说，“愿请子之佩”，没想到两位女子真的解下了她们的佩珠赠给郑交甫，郑交甫接过佩珠藏在怀里，回头一看，两位绝色女子已经不见了，再摸藏在怀里的佩珠，发现佩珠也没有了。于是，人们认为郑交甫在汉皋台下遇见的两位绝色女子，是汉江女神，所以，就把这个地方叫作解佩渚。

美丽的神话增添了美丽的遐想。于是，在汉皋台下曾经出现过女神的地方，孟浩然把温婉漂亮的韩襄客也看作了自己美丽的女神。

孟浩然欣然为韩襄客赠诗两句：“只为阳台梦里狂，降来教作神仙客。”

韩襄客也欣然为孟浩然联句作莺花之续：“连理枝前同设誓，丁香树下共论心。”

孟浩然的两句赠诗，把韩襄客比作神仙客，尽管有轻狂之意，但是显然，韩襄客貌若天仙的容颜和聪颖绝伦的才情，播下了他心中爱慕的种子。

孟浩然的两句赠诗，其实暗藏着一个典故。

宋玉在他的《高唐赋》里说，楚襄王和他一起游于高唐，见晴朗的天空突然云雾弥漫，楚襄王便向宋玉问道：“此为何气？”宋玉说：“此谓朝云也。先王尝游高唐，梦见一美貌女子对他说：妾，巫山之女也。闻君游高唐，愿荐枕席。王因幸之。去而辞曰：妾在巫山之阳，高丘之阻，旦为朝云，暮为行雨，朝朝暮暮，阳台之下。”

孟浩然的“阳台梦里狂”，实际上指的就是楚王游高唐，梦见愿荐枕席的巫山神女这件事儿。孟浩然在这里把韩襄客比作了楚王阳台梦里愿把自己荐作枕席的巫山神女。

而韩襄客的联句，对孟浩然表达的则是一颗真心，一片真情。她愿意和孟浩然在连理枝前一起设誓，要在丁香树下两人一起敞开心扉，将心比心。

相对而言，孟浩然的诗句有些恣肆，有些轻佻，而韩襄客的联句则是很认真，很理智。

对于孟浩然与韩襄客之间赋诗联句的爱情故事，在北宋阮阅编撰的

《诗话总龟》卷十三中有："韩襄客者，汉南女子，为歌诗，知名襄汉间。孟浩然赠诗曰：'只为阳台梦里狂，降来教作神仙客。'襄客《闺怨诗》曰：'连理枝前同设誓，丁香树下共论心。'先公熙宁中迓（yà）虏使成尧锡，见遗衣服，刺此联于裹肚上，其下复刺丁香、连理、男女设誓之状。虏人重此句为佳制。《诗史》。"

北宋阮阅关于孟浩然和韩襄客相互赋诗联句的记载，不是凭空捏造，而是来源于《诗史》的记载。古代的《诗史》已经散佚，不知卷数，如今已经没有办法查阅。

在北宋熙宁年间（1068—1078年），担任迎接虏人使者官职的先公成尧锡，看见虏人使者遗留下来的衣服，把"只为阳台梦里狂，降来教作神仙客"，"连理枝前同设誓，丁香树下共论心"四句联诗刺绣在一件裹肚上，诗的下面还刺绣有丁香花、连理树和一对男女设誓的图案。虏人看重这四句联诗，把它们视为最优美的诗句。

所谓虏人，指的是汉人以外少数民族地区的人。所谓迓虏使，就是迎接少数民族使者的官员的名称。所以，孟浩然和韩襄客赋诗联句的爱情故事，从中唐到北宋，这三百多年的时间里，传播到了周边的少数民族地区，随着岁月流逝，汉人渐渐不知道了这件事儿，而在少数民族地区的民间，这个故事仍在流传。之所以会产生这样的结果，恐怕跟汉人与少数民族地区的人的思想观念不一样有关，少数民族地区的爱情观显然更为自由开放。

但是，追根溯源，在当时资讯传播极不发达的时代，最开始，能够知道这样四句诗的人应该是少之又少，而有可能把关联度并不高的这四句诗组合放在一起的，恐怕也只有孟浩然和韩襄客这两个最直接的当事人了。至于把这四句诗作为彼此忠贞不渝的爱情见证，刺绣在贴身裹肚上送给爱人的风气，是如何流传开来，是如何传播到汉人以外的少数民族地区，目前已经史不可考。

不过，在北宋熙宁年间（1068—1078 年），女人们把“只为阳台梦里狂，降来教作神仙客”，“连理枝前同设誓，丁香树下共论心”这四句联诗刺绣到贴身的裹肚上，作为见证彼此对爱情坚贞不渝的信物送给自己爱人的风俗，在少数民族地区被承袭了下来。因为有历史资料的明确记载，这应该是不争的事实。

对于韩襄客是哪里人，《诗话总龟》记载的很简单，只说她是“汉南女子，为歌诗，知名襄汉间”。所以，韩襄客家住汉江南面的汉江流域，因为她客居襄阳，她不是襄阳人，是个歌诗的女子。在古代，诗都是可以唱的，所以，她是个歌女，在襄阳一带有着很大的名气。虽然没有明确的历史资料确切地说韩襄客是哪里人，但是，从孟浩然的诗中，我们还是能够找到蛛丝马迹。

比如：孟浩然在《送桓子之郢城过礼》中有“今夜神仙女，应来感梦情”，在《落日望乡》中有“雪深迷郢路，云暗失阳台”，这些诗显然跟韩襄客有关，并且它们都有共同的指向性——郢州（今湖北省钟祥市），所以，韩襄客应该是郢州人。

孟浩然不仅在《归至郢中作》中，把郢州称作自己的乡园，而且孟浩然死后，王维不在襄阳给孟浩然画像，却跑到郢州去给孟浩然画像。孟浩然在很多诗里也感情真挚地写到了郢州。譬如：“征轩明日远，空望郢门间”，“愁随江路尽，喜入郢门多”等等。由此可知，孟浩然跟郢州存在着非常紧密的联系。

孟浩然与韩襄客在相互的交往中，逐渐由相识到相知，他们彼此的心越贴越近。

时间转眼到了初夏，孟浩然约请韩襄客和他一起荡舟游岘潭，韩襄客欣然赴约。

孟浩然划着小船带着韩襄客，沿襄水而上，循着曲折幽僻的山坳，来到水清岸曲的岘潭，在岘潭的四周长满了竹子，于是，孟浩然便将小船在石潭边停了下来，从岸边采来一根细长的竹子，系上鱼钩鱼线，和韩襄客一起坐在岸边钓起鱼来，没想到不一会儿的工夫，鱼就上钩了。孟浩然和韩襄客二人赶忙把手边的钓竿往起一提，一条白鳞槎（chá）头鳊被从水中拉了起来，两人高兴不已。

他们回到小船上，船上备有锅灶厨具，韩襄客熟练地拿起刀便开始去鳞剖鱼，不一会儿的工夫，她用一双巧手，就在小船上烩出了一锅味鲜香浓的鱼汤。

孟浩然怎么也没想到，韩襄客的一双纤纤细手，不仅能拨琴弄弦，而且能巧烩红鲜，她做出的鱼汤鲜香浓稠，味如千里莼羹。

孟浩然欣喜不已，即兴赋诗《岘潭作》一首，对韩襄客在岘潭巧烩美味鱼鲜之事，进行盛情赞和：

岘潭作

石潭傍隈隩（yù），沙岸晓夤（yín）缘。试垂竹竿钓，果得查头鳊。美人骋金错，纤手脍红鲜。因谢陆内史，莼羹何足传。

孟浩然在这首诗里，借用了西晋时期平原内史陆机和侍中王济交往的一个典故，来盛赞鱼汤的美味。

《世说新语》上说，在洛阳做平原内史的陆机有一天到侍中王济家去做客，王济指着面前的羊酪问陆机：“你的家乡吴中有什么东西可与此物媲美吗？”陆机回答说：“有千里莼羹，但未下盐豉耳。”意思就是，没放盐豉的莼羹就可与羊酪媲美，要是放了盐豉，位于千里之外的莼羹比羊酪要美味百倍。

孟浩然和韩襄客的岘潭之约，进一步增进了两人的感情，孟浩然对韩襄客既能拨琴弄弦，又能巧烩红鲜，刮目相看，钦佩不已。由此，他们渐渐成为一对恩爱情侣。

就在孟浩然与韩襄客恩爱情浓时，京城长安却在发生着一件惊天动地的大事情。

神龙三年（707 年）七月，太子李重俊和左羽林大将军李多祚、金吾大将军李千里等发动兵变，冲进德静王府，杀武三思、武崇训父子于府第。然后，李重俊、李多祚领兵自肃章门杀入宫禁，准备捉拿韦后、上官婉儿、安乐公主问罪，皇上李显听说了这件事儿，带着韦后几人仓皇登上玄武楼，由于太子李重俊迟迟不愿下达捉拿父皇李显的命令，从而贻误战机，结果造成李重俊、李多祚、李千里等人兵败而亡。

武三思、武崇训被诛，给韦后、安乐公主一帮奸贼带来了沉重的打击，而太子李重俊的身亡，也给皇上李显带来了极大的心理创伤。于是，神龙三年（707 年）九月，李显大赦天下，把纪元年号改为景龙。

这一年，孟浩然十九岁，韩襄客的年龄也和他差不多，已经到了该谈婚论嫁的年龄。由于韩襄客来到襄阳后，声名鹊起，红遍了汉江两岸，几年弹唱下来，已经攒下了足以安身立命的钱财。眼看到了应该婚嫁的年龄，在有了自己的心仪之人后，韩襄客决定赎身脱离乐籍，然后离开襄阳回自己的家乡郢州，等着孟浩然请媒人上门提亲。

有学者对唐代歌女进入乐籍之后，有没有人身自由，还能不能跟非乐籍的士、民通婚提出了疑虑。

唐代大诗人杜牧写的《张好好诗》序，其内容如下：“牧大和三年，佐故吏部沈公江西幕，好好年十三，始以善歌舞来乐籍中。后一岁，公移镇宣城，复置好好于宣城籍中。后二岁，为沈著作以双鬟纳之。后二岁，于洛阳东城重睹好好，感旧伤怀，故题诗赠之。”

“牧”是杜牧的自称，张好好是一名歌女。由此可知，唐代的乐籍和北魏建立的乐籍制度有很大区别，它是一个由朝廷或地方官府对乐人进行登记管理的方式，张好好的乐籍被从江西籍改到宣城籍，证明乐籍除了朝廷教坊的乐籍之外，在各地也有地方管理的乐籍，并且张好好后来又被沈公当著作郎（官职名称）的弟弟纳为姬妾。所以，也不存在北魏乐籍制度初建时乐籍贱民不得与士、民通婚的规定。

“乐籍”是低贱的社会阶层，备受社会歧视和压制，北魏时，一般由罪民、战俘等群体的妻女及其后代籍入，籍入后，世代从乐。到了唐代，乐籍人士的“低贱身份”稍显弱化，许多长相俊丽、精通音律的才女因生活所迫而“坠入”者，也不在少数。乐籍人士并非皆是以“色相事人者”，“乐籍”不同于“娼妓”（当然，乐籍人士以色事人者也大有人在）。唐代的乐籍应该算是我们现在注册加入“演艺类艺术团体”的前身。

对于唐代有没有良家女子成为歌女，和唐代的歌女有没有人身自由的问题，从唐代歌女薛涛的身世经历和白居易《琵琶行》中写到的琵琶女，我们就能看得十分清楚。

唐代著名歌女薛涛原本是官员薛郧唯一的女儿，她能歌善舞，才华卓著，被薛郧视为掌上明珠。后来薛郧因为得罪权贵，被贬到蜀地任职。一家人来到蜀地后，在薛涛十四岁时父亲薛郧去世，随后她失去了生活来源，十六岁坠入乐籍。薛涛坠入乐籍是她无奈的选择。薛郧去世两年后，薛涛母女已是坐吃山空，把薛郧在世时积累的资产已变卖殆尽，生活已经难以为继。良家女子在唐朝时，也会入乐籍，从事她们能够赖以生存的演艺角色。薛涛进入乐籍之后，与元稹、白居易、杜牧、刘禹锡、王建等互有诗歌唱和，后来，她脱离红尘，到浣花溪隐居。

从白居易《琵琶行》中“自言本是京城女，家在虾蟆陵下住。十三学得琵琶成，名属教坊第一部”，“门前冷落鞍马稀，老大嫁作商人妇。商人重利轻别离，前月浮梁买茶去”。我们也可以看出，歌女的来源可以是良家女子，并且有行动的自由，也能和普通人结婚。

所以，和初建乐籍制度的北魏时相比，唐代的乐籍制度要宽松了许多。

孟家是书香之家，有良好的家境，孟浩然相貌堂堂，是个诗书满腹的英华才俊，所以，这样一门亲事，在韩家几乎不会遇到什么障碍，但是，站在孟家的角度来看，就完全不同了。

孟家世代传承儒家风尚，他们非常看重名誉和声望。这样的家庭，对韩襄客歌女的身份，是无论如何都不会接纳的。

歌女在唐代，也许她们的收入很高，但是她们的社会地位很低。在很多自命清高的人的眼里，他们本能地就看不起那些奔走在歌楼酒肆靠弹唱卖艺求得一份收入的女子，有些人更是歧视性地把她们看作歌妓。

在唐代，尽管人们的思想相对开放，但是对于婚姻，特别是比较注重声望的家庭的婚姻，则必须要有父母之命，媒妁之言，父母才是子女婚姻的主导。只要孟浩然的父母不答应，孟浩然和韩襄客的感情再好，他们也难以名正言顺地缔结姻缘。所以，在孟浩然与韩襄客的恋情之间，其实隔着一条难以逾越的鸿沟。

正因为如此，韩襄客回到郢州之后，孟浩然迟迟没有在父母面前谈及他和韩襄客的亲事，因为他知道，一旦让父母知道了韩襄客是知名襄汉的歌女，他们的亲事就变得更不可能了。

韩襄客回到郢州已经有很长时间了，她虽然没有等来孟家的媒人，但来自郢州四乡八里的媒人却踏破了她家的门槛，母亲不断地催促她，希望尽快把她的婚事定下来，韩襄客焦急万分，百思无计，急切之下，她决定把《诗经》里的那首《摽（biāo）有梅》写在纸笺上，给孟浩然寄去。

摽有梅

摽有梅，其实七兮。求我庶士，迨其吉兮！
摽有梅，其实三兮。求我庶士，迨其今兮。
摽有梅，顷筐塈之。求我庶士，迨其谓之。

《摽有梅》是一首借梅喻情的古诗，写的是一个古代女子把自己比作树上的梅子，盼望着心仪之士快快请媒登门，共结良缘，再也不要错过了最后的机会。

孟浩然在襄阳收到韩襄客寄来的《摽有梅》，他当然明白这首诗所包含的意思，但是，他能到哪里请媒人往郢州去向韩家提亲呢？这让孟浩然焦急不已。

时间转眼到了中秋节，中秋之夜本是团圆之夜，如水的月华从位于庭院中的大槐树下花花落落地洒在地上，惊鹊栖息未定，几只萤火虫一闪一闪地落到对面厢房门楣的卷帘上，家里的人都睡下了，只有孟浩然一人独坐在冷冷清清的院子里，望着天空那一轮明月出神。

夜已经很深了，幽静的夜里传来邻家阵阵急切的杵谷舂米的声音。孟浩然无奈地坐在庭槐之下，想到韩襄客寄给自己的摽梅诗，夜深人静时的舂谷声，就象人们有节奏地从树上打下梅子的声音。这声音不停地叩击在孟浩然的心坎上，自己和襄客二人遥遥无望的佳期，到底要等到哪一天哪一年呢？百思无计之下，孟浩然赋诗一首：

秋宵月下有怀

秋空明月悬，光彩露沾湿。惊鹊栖未定，飞萤卷帘入。

庭槐寒影疏，邻杵夜声急。佳期旷何许！望望空伫立。

中秋过后，孟浩然觉得，往郢州提亲之事，再也不能往后拖下去了，思前想后，孟浩然找到自己小时候读私塾时的老师桓子，向他讲明了自己和韩襄客的相遇、相知和相爱，请求桓子在他父母面前，隐瞒韩襄客是知名襄汉的歌女这个身份，为二人保媒。因为韩襄客的家远在郢州，孟老爷夫妇对韩家的情况不了解，加上桓子曾经是孟浩然的老师，孟老爷夫妇肯定对桓子的保媒很放心，所以，要是能由桓子出面为自己和韩襄客保媒，自己的父母亲或许会答应这门亲事儿。

孟浩然的请求，却让桓子感到很为难。

桓子十分清楚，如果向孟浩然的父母讲明真实情况，孟老爷夫妇根本就不可能答应这门亲事。但是，要让他隐瞒真实情况，对他们进行蒙蔽，这又让为人师表的桓子情何以堪。

尽管孟浩然苦苦请求，桓子依然犹豫不决。

经过再三权衡之后，桓子以韩家是自己在郢州的一门远亲为名，来到涧南园，在孟老爷夫妇面前为孟浩然和韩襄客二人说媒。

孟老爷夫妇见是浩然曾经的老师找上门来给孟浩然说亲，出于对桓子的信任，他们很爽快地就答应了桓子的提亲之事。

于是，孟家备好了一匹披红挂彩的高头大马，又逮只幼鹅，装进笼子，让桓子骑着高头大马带着鹅笼子代表孟家前去郢州往韩家提亲。

桓子就要代表孟家往郢州去了，因为桓子到郢州去是给孟浩然提亲，所以，孟老爷夫妇要孟浩然为桓子送行，孟浩然自是欣然前往。

送行的这段路上，桓子告诉孟浩然，去往郢州，必须向南过了鄢（yān）郢城（湖北宜城）之后，一路前往南荆之地。孟浩然见桓子要一路艰辛那么远去给自己提亲，感激不已，他抑制不住内心澎湃的欢喜和激动，为桓子赠诗一首：

送桓子之郢城过礼

闻君驰彩骑，躞（xiè）蹀（dié）指南荆。为结潘杨好，言过鄢郢城。摽梅诗已赠，羔雁礼将行。今夜神仙女，应来感梦情。

对于孟浩然《送桓子之郢城过礼》这首诗，有不少人把它理解成孟浩然送桓子到郢州去相亲时写的一首诗，他们把桓子当成相亲的主角。

唐代的婚姻程序沿用周制，遵从“六礼”。所谓六礼，就是指：一、纳采。俗称作“请亲”或“启媒”，就是由媒人为男女两家通言，男家使媒人奉纳采之礼到女家去。纳采是六礼之首礼，《仪礼·士昏礼》上说：“昏礼，下达纳采。用雁。”古代纳采礼的礼物只用雁。以雁为礼，取用雁是候鸟，每年秋分时节南去，春分时节北返，来往有时，从不失信。喻男女婚前互守信约，婚后夫妻坚贞不渝。由于雁是飞禽，不易得，后人则以鹅代雁，谓之“雁鹅”。纳采是全部婚姻程序的开始。二、问名。俗称“合八字”，即问请女方的生辰八字；三、纳吉。合“八字”得吉后，由媒人复告女家；四、纳征。俗称“压定”或“下彩礼”，即纳聘金；五、请期。男家择定结婚吉日，以告于女家之礼；六、亲迎。吉期至，婿亲往女家迎新妇。

在唐代的时候，一个规范的婚姻程序，在迎亲之前，男女双方是互不见面的，男子只有在接亲那天才能登门到女方家去，因为男女双方的婚姻是双方的家长决定的。只有把女子迎进洞房之后，男女双方才能实现第一次真正的见面。所以，在唐代，由男子亲自到女方家去见面相亲，是不可能的。

孟浩然在这首诗里说，“羔雁礼将行”，也就是桓子是带着“羔雁之礼”前往郢州。根据《仪礼·士昏礼》:“昏礼，下达纳采。用雁。”这里的“昏”同“婚”。所以，桓子是带着羔雁，到郢州去行纳采之礼。纳采也就是提亲。按照“六礼”的婚姻程序，桓子是不能自己给自己提亲的，所以，桓子只能是作为媒人给别人提亲。

如果桓子是作为媒人给其他人提亲，那孟浩然为什么要去送呢？这于情于理是说不通的。所以，桓子作为媒人到郢州去给孟浩然提亲，孟浩然才会去送他。

那桓子作为媒人到郢州去给孟浩然提亲的女方是谁呢？

孟浩然在这首诗里说：“今夜神仙女，应来感梦情。”孟浩然在赠给韩襄客的诗里说，“只为阳台梦里狂，降来教作神仙客。”所以，这首诗中的“梦情”，指的就是他曾经有过的“阳台梦”，这首诗里的“神仙女”，指的就是他心目中非常倾慕的“神仙客”。

所以，孟浩然这首《送桓子之郢城过礼》，就是他送媒人桓子到郢州去向韩襄客提亲时写的诗。

对于孟家的提亲，韩家肯定是求之不得。于是，在桓子前往郢州提亲之后，孟韩两家的姻缘就初步建立了起来。

但是，孟家作为比较有声望的书香门第，不可能像小户人家一样，仅仅因为桓子的保媒提亲，就匆匆决定孟浩然的亲事，所以，在孟韩两家初步达成婚姻意向之后，孟浩然的父母就悄悄派人前往郢州去打听韩襄客本人以及她的家门底细。结果，他们很快就打听清楚了韩襄客在襄阳的茶楼酒肆弹唱卖艺这段经历。

韩襄客曾经是歌女的身份，对于看重声望和门风的孟老爷和孟夫人来说，肯定是不能接受的。尽管孟浩然与韩襄客彼此心仪，相亲相爱，但是，由于孟老爷夫妇不能接纳韩襄客歌女的身份，孟韩两家的亲事只能到此而止，孟家前往郢州退婚已成为必然。

孟家的退婚，无论对孟浩然还是韩襄客来说，无疑都是极为沉重的打击。

孟浩然与韩襄客的婚虽然退了，但是，孟浩然对韩襄客的思念和情感，却如一坛深埋在他心底的清酒，随着时间一天天流逝，蕴藏得更加香厚醇浓。

时间转眼到了除夕，除夕之夜，让浩然无时无刻不在牵挂的，是远在郢州已经被父母退婚的韩襄客。孟浩然躺在床上翻来覆去怎么也睡不着，眼看着计时的钟漏已经到了五更，要不了多久，天就要亮了。帐里的灯烛因为有烧结的灯花，光线变得越来越暗，孟浩然起身拨去烛芯上的灯花，光线变得亮了起来，而火炉中的香气随着夜寒更深，渐渐化成了一团灰烬，望着眼前的情景，想到远在郢州的恋人，一阵相思袭上心来。

孟浩然心烦意乱，他起身搓搓有些冻僵的手，然后斟酒倾杯，一饮而尽。一连几杯酒下肚之后，他感到身上暖和了许多。

孟浩然睡意全无，眼看着天就要亮了，新的一年又要开始了，孟浩然思绪难抑，赋诗一首：

岁除夜有怀

五更钟漏欲相催，四气推迁往复回。
帐里残灯才去焰，炉中香气尽成灰。
渐看春逼芙蓉枕，顿觉寒销竹叶杯。
守岁家家应未卧，相思那得梦魂来。

写完了诗，孟浩然把笔搁放在案台上，站起身来，他收捡好自己的包裹，把它斜挎到肩上，然后一口吹灭了灯烛，走出门去。

景龙二年（708 年）新春伊始，孟浩然带着自己的心伤和疲惫走出家门，独自登上从襄阳开往郢州的班船，他要寻找自己的真爱和自由。

从襄阳到郢州，自汉江顺流而下，也不过是一两日行程。冬春之际夜长天短，孟浩然来到郢州时，红红的夕阳已经落到天边，几只等待归巢的寒鸟，在天空盘旋。眼看着天就要黑了，远处积雪皑皑的山峦上空积聚的阴云，因为天色向晚，变得更为昏暗。

从襄阳来到郢州这片完全陌生之地，孟浩然不知道自己这个夜晚会在哪里落脚。自己就这样冒冒失失地来到郢州，即使找到韩家登门，没有媒人，韩家人会不会把自己从她家里赶出来呢？这不禁在孟浩然执着追寻阳台梦的心里，笼上了一层阴影。

夕阳渐渐西下，面对此情此景，孟浩然的心里一片恓惶，这让他不由得回望起襄阳的方向，思念起自己的家乡。心绪茫然之际，孟浩然赋诗一首：

落日望乡

客行愁落日，乡思重相催。况在他山外，天寒夕鸟来。

雪深迷郢路，云暗失阳台。可叹悽惶子，劳歌谁为媒？

孟浩然来到郢州之后，经过一路探访询问，终于在郢州城南不远，位于汉江南面一个浅山环抱的小村庄里，找到了韩襄客的家。韩襄客见孟浩然找到郢州来见自己，又惊又喜，再也不愿意与孟浩然分开。于是，韩襄客在母亲韩夫人面前百般求情，要母亲同意她与孟浩然缔结百年之好。

母亲韩夫人本来就对孟浩然与韩襄客的婚事并不拒绝，只是因为孟家退婚之后，即使自己同意他们二人成婚，那也只能是得到韩家单方面的允许，没有孟家的父母之命、媒妁之言，这样的婚姻毕竟是不规范的婚姻，肯定会存在极大的风险和变数。但是，孟浩然与韩襄客二人郎才女貌、情深意笃，又确实让韩夫人不忍心把他们两人分开，因为作为母亲，她肯定希望自己的女儿能够和她心仪的郎君喜结良缘，美满幸福。

经过韩襄客的苦苦哀求和孟浩然的再三保证，本来就心地善良的韩夫人最终还是同意了他们二人的婚事。在韩夫人看来，尽管孟家不同意这门亲事，但是，只要孟浩然与韩襄客二人情真意挚，孟家自然就会默许和承认这门亲事。

景龙二年（708 年）初，没有隆重的婚礼仪式，没有唢呐声声的热闹排场，韩夫人只是把自家的庭院洒扫一新，然后又把韩襄客的伯、叔、舅、姑请来简简单单地吃了顿饭，孟浩然和韩襄客这对才子佳人，在韩家亲友众目睽睽的见证之下，他们喜拜天地，结成伉俪。

隐居鹿门　救患释纷铲国贼

唐中宗景龙二年（708年）二月，韦后让宫女们在宫中散布谣言，说在韦后衣裙上看到了五色云起。昏庸愚昧的皇上李显信以为真，他竟然十分高兴地让宫里的画师，根据想象把宫女们所说的五色云图画出来，然后展示给满朝的文武百官们观看。宰相韦巨源上奏，请求将此事公之于天下，皇上李显不仅准奏依行，而且还由此大赦天下。

看到一计得逞，韦后又生一计。她让自己的心腹宠臣向皇上李显上奏说："则天皇后未受命，天下歌《武媚娘》；顺天皇后未受命，天下歌《桑条韦》。盖天意以顺天皇后为国母，主蚕桑之事。"于是，皇上李显又让太乐署编《桑韦歌》十二篇，谱以曲调韵律，号令天下人传唱。

随着韦后这个野心勃勃的女人日渐锋芒毕露，看似一片平静的大唐王朝，实际上已如大厦将倾，朝不保夕。

孟浩然与韩襄客在郢州缔结连理，夫妻恩爱。

一天夜里，孟浩然一觉醒来，发现室内的灯烛依然亮着，他揉揉惺忪的眼睛，轻轻从床榻上坐起来，看见妻子韩襄客正坐在床沿上，就着灯烛跳动的光焰，在细细密密地缝织着，他看见一根银针拖着细细的丝线，在妻子白皙的纤纤细指和一块红色的丝布间，轻巧地上下翻飞着。韩襄客见浩然醒来，连忙收起针线，二人相拥入眠。

时隔不久，韩襄客为孟浩然怀下了身孕。

韩襄客怀孕之后，孟浩然觉得自己不能再这样在郢州待下去了。现在韩襄客已经怀下了孟家的骨血，自己与韩襄客的婚事现在木已成舟，生米已经做成了熟饭。所以，他要回襄阳向父母禀明实情，在求得父母的原谅之后，把韩襄客接回孟家奉婚产子。其实，这也是韩襄客和韩家人一直在期待的结果。

孟浩然就要回襄阳去了，临行前夜，韩襄客拿出一个刺绣有文字图案的红裹肚递到孟浩然手上，孟浩然接过裹肚一看，只见裹肚上用细细密密的针脚，刺绣着那日在汉皋台的江心渔岛上，他和韩襄客的四句联诗："只为阳台梦里狂，降来教作神仙客。连理枝前同设誓，丁香树下共论心。"字迹清秀工整。诗句下面，还绣有一对男女在连理树下共同设誓的图案，树木人物惟妙惟肖。

四句含情之诗，两棵连理之树，连理树上点缀着细细密密的丁香花，连理树下还有两个设盟起誓的小人，这需要韩襄客在多少个夜里用细细密密的针线才能够绣织而成啊！

望着眼前满怀深情的妻子，孟浩然感动得热泪盈眶。

孟浩然在离开襄阳几个月后，从郢州回到了涧南园，向父母讲明他与韩襄客在郢州成婚之事，希望求得他们原谅。

先祖孟子曾经说过："仁之实，事亲是也。"意思是仁义的实质，就是要侍奉父母。孟浩然从家里不告而别，没有经过父母允许就私自到郢州去和一个歌女成婚，显然有违先祖孟子的训导，孟浩然的这种做法，在孟老爷夫妇的眼里，就是不忠不仁不孝，对于书香世家的孟家来说，他们是无论如何都不可能接受的。

孟浩然回到涧南园的家里之后，尽管他在父母面前苦苦请求，希望他们看在韩襄客已经怀下孟家骨肉的份上，同意接她回孟家。孟老爷夫妇不仅对孟浩然的请求严词拒绝，而且因为他们心里有气，对孟浩然也是冷若冰霜。

而孟浩然觉得，他和韩襄客如此恩爱，现在她已经怀下孟家的骨肉，而父母却不同意接她回家，他觉得父母实在是不近人情。难以弥合的思想裂痕，让孟浩然越来越觉得，住在涧南园的家里，实在是没有什么意思。可是再去郢州，不能给韩襄客和韩家一个圆满的交代，又实在让他相见无颜。

难以排解的苦楚让孟浩然心灰意冷，从而让他本是满怀激情的内心，产生了些许消极避世的心理。

过去游鹿门时，鹿门山的山姿水色曾经让他乐而忘返。过去庞德公就在那里隐居而被世人称颂，自己若是效仿庞德公之举，隐居鹿门，或许也能为自己赢得一世清名。特别是有为人豪爽的好友王迥住在那里，自己离开涧南园前往鹿门山结庐而居，等日后父母的气消了，再请求接韩襄客回孟家，他们或许就会答应。

主意一定，孟浩然来到鹿门山，在王迥和众多友人的帮助下，在离鹿门寺不远的地方搭建起一座草庐，过起了遁世脱俗的隐逸生活。

孟浩然的好友张子容在他来鹿门山隐居后不久，也效仿庞德公之举，追随孟浩然的脚步离开白鹤山的家，在鹿门山的一处山岩下盖草庐一间，并将此处取名白鹤岩，也在此隐居了下来。

孟浩然来到鹿门山之后，日子过得并不孤寂。他与王迥、张子容三个好友共聚鹿门，结成了生死与共的好兄弟。三人时常与辛谔、丁凤、吴悦、朱去非会聚鹿门，就像三国末年的竹林七贤一样，在鹿门山赋诗、弹琴、喝酒，关注时事，纵论天下。尽管身居幽僻之地，但是，以孟浩然、王迥、张子容为核心的襄阳七子，时时刻刻都在为国而忧，为民而忧。因为这些襄阳学子的灵魂深处，一直都有以天下为己任的儒家思想的存在。

孟浩然在鹿门山隐居之后，与韩襄客鸿雁传书。既然孟浩然一时还不能劝说父母，把韩襄客接回孟家，那他们就盼望着等生下孟家的骨肉之后，孟老爷夫妇能够看在孟家骨肉的份上，对他们网开一面。他觉得父母的心再狠，也不可能会置孟家的骨肉于不顾，所以，对于接韩襄客回孟家，他们一直都心存希望。

景龙二年（708年）岁末，韩襄客即将临产，孟浩然离开襄阳前往郢州与她相见，二人新婚久别，彼此都有诉不尽的恩爱与辛酸。

孟浩然来到郢州不久，韩襄客为他产下一子。这个儿子的出生，让他们非常高兴，他们给这个儿子取名仪甫。所谓“仪甫”，包含有“礼仪甫定，仪态端庄，仪表好”等多层意思。

对于孟浩然儿子的名字，除了叫孟仪甫的说法之外，还存在其他几种说法。

王士源在《孟浩然集·序》里说，孟浩然“终于冶城南园，年五十有二。子曰仪甫”。孟浩然的儿子显然应该叫孟仪甫。

但是，因为孟浩然有一首诗叫《示孟郊》，所以，有些学者就认为孟浩然的儿子叫孟郊。“示”在这里包含有指示引导之意，所以，孟浩然给自己的儿子、孙子、或关系亲近的侄子、侄孙子这些晚生后辈都有可能写这样的诗，而有些人根据南宋诗人陆游曾经写有《示儿》这首诗，认为只有孟郊是孟浩然的儿子，他才会写《示孟郊》的观点，显得过于牵强。

王士源跟孟浩然的弟弟孟洗然关系很好，从孟洗然这里肯定能知道孟浩然的真实情况。如果孟浩然的儿子真的叫孟郊，那王士源为什么说孟浩然“子曰仪甫”？

还有些学者将孟浩然和唐代诗人孟郊拉上关系，更有甚者认为唐代诗人孟郊是孟浩然的儿子。

唐代诗人孟郊生于公元751年，也就是在孟浩然去世十一年后，他才出生，他怎么可能是孟浩然的儿子呢？其次，孟郊出生在浙江湖州，祖籍在山东德州，这些跟襄阳都扯不上关系，所以，把孟浩然和唐代诗人孟郊硬拉在一起，理由显然是不充分的。

另外，在宋蜀刻本《孟浩然集·序》中，写的是“终于南园，年五十，有子仪甫”。再结合四部丛刊本《孟浩然集·序》中的“年五十有二，子曰仪甫”。

所以，有部分专家认为宋蜀刻本是流传至今最为古老的《孟浩然集》刻本，比其他版本的《孟浩然集》具有更高的历史资料价值，他们据此认为，宋蜀刻本的记载是正确的，而四部丛刊本的记载则存在着标点符号的点断错误，四部丛刊本应该是“年五十，有二子曰仪甫”，所以，他们认为，孟浩然活了五十岁，有两个儿子，分别叫孟仪、孟甫。

但是，根据《新唐书·艺文志》所作的记载，我们知道，在宋代至少有三个《孟浩然集》版本，但流传到今天的宋代版本只有宋蜀刻本。由于宋蜀刻本中存在的错漏之处很多，和王士源在《孟浩然集·序》里所作的陈述也有存在矛盾的地方。比如：王士源在孟集序里说，“现集其诗二百一十八首”，“诗或缺逸未成，而制思精美，其他人酬赠，咸录次而不弃耳”。这些文字的意思是说，在《孟浩然集》里面，收集了孟浩然的诗二百一十八首，有些缺逸未成的诗，以及其他人酬赠给孟浩然的诗，也把它们收录进《孟浩然集》，而没有把它们丢弃。也就是说，王士源整理的《孟浩然集》，仅是孟浩然的诗就有二百一十八首，加上孟浩然没有创作完成的诗，以及其他人酬赠给孟浩然的诗，当时《孟浩然集》里收录的诗，肯定超过了二百一十八首。但是，宋蜀刻本仅存诗二百一十一首，并且它收录的诗中，根本就没有孟浩然“缺逸未成”的诗，这些都跟王士源整理《孟浩然集》时所作的陈述是不相符的。所以，宋蜀刻本《孟浩然集》与王士源最开始整理的《孟浩然集》之间，存在着不少差异。也就是说，宋蜀刻本《孟浩然集》肯定是不准确的。

在现今孟浩然研究方面，大多以四部丛刊本《孟浩然集》作为研究基础。四部丛刊本是民国时期对江南图书馆收藏的明代“十二家本”《孟浩然集》进行翻印出版的版本，是现今较为通用的《孟浩然集》版本。所以，绝大多数专家都普遍采纳的是四部丛刊本《孟浩然集》所作的陈述，即“年五十有二。子曰仪甫”。

儿子在郢州出生之后，孟浩然觉得把韩襄客母子接回孟家有了希望。父母的心再硬，看在孙子仪甫的份上，他们可能会作出让步。

景龙三年（709年）初春，孟浩然带着满怀的期待和妻子的重托，与妻儿告别，回到襄阳涧南园，将韩襄客在郢州为孟家添丁的喜讯告诉父母。然而，看重世代门风的孟老爷夫妇，对孟浩然在郢州私自成婚根本就不予承认，在他们眼里，接韩襄客回孟家根本就无从谈起。

父母冷冰冰的拒绝，让孟浩然难过万分。面对这样的结果，他觉得此时前往郢州，在妻儿面前，实在是负疚难当，无颜以对。

于是，孟浩然前往鹿门山，每日听寺院晨钟暮鼓，闻碧池落泉叮咚，只有在清美的丽山秀水间，他痛苦的心境，才会得到一丝平复。

对于我们今天的人来说，韩襄客已经为孟家生下骨肉，而孟浩然的父母依然不同意接她们母子回孟家表示不能理解。其实，在中国古代，存在着非常森严的门阀制度。特别在魏晋南北朝时期，门阀制度渗透到了国家政治、经济、文化的各个层面。门阀制度最主要的特征就是看出身，主要表现就是按门第高下选拔任用官吏，并由此在民间派生出"士族免徭役，婚姻论门第""士庶之际，实则天隔"的社会风气。随之后来的隋、唐时期，虽然从国家层面废除了门阀制度，但是，讲究士族门风的社会风气，在民间依然有着深厚的社会基础。对于名门望族来说，家门子孙的行为，不仅要受到国家法律的制约，同时还要受到族规、家法的约束。由于家门子孙违反礼法，会败坏整个家族的社会美誉度，降低家族声望，所以，对于违背世族礼教的人，被家族惩戒甚至乱棍打死的不在少数。

孟浩然的父母不同意接韩襄客母子回孟家，不仅仅只是为了他们个人的面子，更重要的还是要应对来自家族的压力。他们表面上的不同意，实际上也是对孟浩然以及韩襄客母子的一种保护。所以，我们不能用现代人的眼光，去怀疑古人的行为。

景龙三年（709年），在与襄州毗邻的均州（今湖北丹江口市），二皇子谯王李重福对韦后觊觎皇权忧心忡忡。自从皇阿弟李重俊兵败身亡之后，身为均州刺史的李重福，便开始秘密在均州、房州这些偏僻的山岭丘壑之地招兵买马，访贤纳士，早有洛阳人张灵均投靠到他门下，为他出谋划策。李重福早就听说过因为韦后诬陷张柬之，导致孟浩然罢考襄州府试这件事儿，所以，他早就对孟浩然钦佩不已。

李重福已近而立之年，年富力强。他正暗暗地积蓄力量，准备日后羽翼渐丰时，一举群歼韦氏，重振李唐江山。景龙三年（709年）三月，通过岘山道观参寥子引见，孟浩然前往均州，来到郧乡县城（今湖北省郧县安阳镇）与在此地休沐的谯王李重福相见，二人促膝而谈。

李重福向孟浩然问询国家未来的方向，孟浩然引用西晋的“永嘉之乱”，来分析大唐王朝面临的严峻形势。西晋末年，晋惠帝司马忠昏庸无能，皇后贾南风大权独揽，她杀皇太后、杀重臣、杀太子，从而引起“八王之乱”，造成国家分崩离析，北方少数民族趁乱而反，致使“五胡乱华”，生灵涂炭，最终形成了西晋王朝覆灭的结局。

而此时的大唐王朝，韦后篡权乱政，重臣受诛，太子惨死。朝廷枢位要职都被韦温、韦巨源、韦嗣立、宗楚客、纪处讷等韦后心腹占据，皇上李显基本上已经被韦后给架空了。大唐王朝面临的境遇与西晋灭亡前的情形极其相似。

西晋王朝在丢掉了洛阳之后，主要的皇室后裔和大批军队撤到了长安，而在六年之后，长安再次被匈奴军攻陷，从而造成了西晋的灭亡。琅邪王司马睿把从长安方向溃散南迁的军队和皇室后裔，安置在以襄阳为中心，西至武当山、东至大洪山之间的广大区域，设置侨郡，意思是以后还要从这里打回长安去。由于长安当时隶属于雍州，所以，司马睿就把丢掉长安之后，皇室后裔南逃的这片安置之地，称作“南雍州”，并在这里稳住了阵脚，使得司马睿得以在建康称帝，成就了东晋百年帝业。

所以，孟浩然向李重福建议，要在均、襄一带南雍州故地，建立起比较稳固的势力范围，这里进可攻，退可守，一旦时机成熟，便可以此作为依托，起兵诛杀韦后，从而成就一番帝业。

李重福对孟浩然的提议赞许不已。过午之后，李重福盛情邀请孟浩然和他一起，游赏汉江边上位于安阳口江岸的安阳城楼。

孟浩然和李重福一行人来到安阳城楼上，眼前的崇山峻岭间，一江中开，举目南望，汉江碧流春光摇曳，烟波浩渺。望着眼前这片昔日南雍州故地，孟浩然心怀感慨，赋诗一首：

登安阳城楼

县城南面汉江流，江嶂开成南雍州。
才子乘春来骋望，群公暇日坐销忧。
楼台晚映青山郭，罗绮晴娇绿水洲。
向夕波摇明月动，更疑神女弄珠游。

对于孟浩然《登安阳城楼》这首诗中“安阳城楼”的位置，查《安阳考释·殷邺安阳考证集》，“在湖北郧县东五十里，汉水北岸。孟浩然

《登安阳城楼》诗 :‘县城南面汉江流，江嶂开成南雍州’，所登即此城城楼。”

孟浩然诗中的“安阳城楼”，位于今天湖北郧县安阳镇的古安阳口。安阳口因为修建丹江口水库，早在几十年前，就淹没到了水下。在唐朝时，古安阳口是均州郧乡县的县城所在地，因为城楼位于安阳口江岸，所以，城楼叫安阳城楼。

安阳口位于汉江北岸，四周山峰林立，这里属于“南雍州”故地，与孟浩然诗中描述的内容完全相符。

孟浩然从均州回到襄阳后，虽然隐居在鹿门山，但他也时常拜访游说襄阳的官员士绅，为拥立谯王起兵诛杀韦后，奔走而呼。

景龙三年（709 年）三月，年龄都只有三十多岁的郑愔和崔湜（shí）受到提拔，分别做了吏部侍郎、同中书门下平章事和中书侍郎、同中书门下平章事。按照唐朝的官制，同中书门下平章事、同中书门下三品、侍中和中书令等，都是辅佐皇上治政的宰相。

郑愔，字文靖，沧州人，十七岁进士及第。崔湜，字澄澜，定州人，进士及第后，编写过《三教珠英》。

郑愔、崔湜都曾经作为韦后的爪牙，给韦后做过不少事情，但是，在他们当了辅佐皇上治政的宰相之后，天天开始为皇上李显出谋划策，把韦后气得咬牙切齿。

韦后指使御史台对他们两人进行查办，结果查出了郑愔、崔湜二人大肆收受贿赂的证据，五月，朝廷定郑愔死罪，崔湜流放，因为安乐公主和上官婉儿出面说情，崔湜被贬为襄州刺史，郑愔被贬为江州司马。

郑愔彻底看清了韦后心狠手毒的真面孔，在去往江州（今江西省九江市）赴任途中，他偷偷跑到均州，秘密拜会二皇子谯王李重福，然后与李重福和张灵均一起，秘密商讨起兵诛杀韦后事宜。李重福把孟浩然提出的，以昔日南雍州故地作为依托起兵诛韦的宏伟计划告诉了郑愔，郑愔对孟浩然具有远见卓识的战略宏图赞许不已。

郑愔建议李重福拉拢襄州刺史崔湜。李重福心领神会，他写下一封亲笔信后，解下自己系在腰间的金腰带，把它们包在一起交给郑愔。

郑愔从均州来到襄阳之后，把李重福的信和金腰带交给崔湜，崔湜非常高兴地接受了李重福的信和礼物，开始秘密为谯王谋事。

郑愔来到襄阳后，决定前往鹿门山，秘密拜访孟浩然。

孟浩然在王迥的鹿门园内，接待了前来秘密拜访他的江州司马郑愔。

在鹿门园内的竹林深处，孟浩然和郑愔对李重福起兵诛杀韦后可能面临的时局变化，二人各抒己见，相互探讨，所言甚欢。于是，孟浩然让王迥、张子容几人把酒宴安排在竹园凉亭内，并且把王迥的龙唇琴搬到了亭子里，大家聚在一起，一边弹琴一边喝酒。酒至半酣，为给众人助兴，郑愔坐到龙唇琴后，他一撸衫袖，为大家弹奏一曲，弹完一曲之后，再和大家一起喝酒，喝完酒之后，郑愔觉得还不过瘾，再次挽起袖子为众人弹奏，随后众人轮番上阵，一杯一曲，不知不觉间，已是夕阳西沉，然而大家依然沉浸在清风竹林的酒香逸趣之中，不能自已。望着郑愔和众人在一起的高昂情绪，孟浩然情随心动，赋诗一首：

听郑五愔弹琴

阮籍推名饮，清风坐竹林。半酣下衫袖，拂拭龙唇琴。

一杯弹一曲，不觉夕阳沉。余意在山水，闻之谐夙心。

天色渐暗，他们依然兴致不减，于是，众人把琴台和酒宴搬回屋内，大家点亮灯烛，继续弹琴喝酒，王迥兴奋之余，提起笔来，在自家的墙壁上题诗一首：

题壁歌

屈宋英声今止已，江山继嗣多才子，作者于今尽相似。

聚宴王家其乐矣，共赋新诗发宫徵（zhǐ），书于屋壁彰厥美。

王迥的诗立意深远，既写实，又写意，令众人赞许不已。

对于孟浩然诗中的郑愔，是否就是历史上的郑愔，中国近代著名历史学家岑仲勉在他的《唐人行第录》中是这样写的，“孟浩然《听郑五愔弹琴》，愔字文靖，见纪事一一，或是此人。”岑仲勉先生文中的“见纪事一一”，指的是“见《唐诗纪事》第十一卷”的意思。所以，岑仲勉先生对孟浩然诗中的郑愔就是历史上的郑愔，作了倾向于肯定的推断。

北京大学陈贻焮教授也对孟浩然诗中的郑愔就是历史上的郑愔作了倾向于肯定的判断。

时间转眼到了秋天，弟弟洗然前来鹿门山看望浩然，他此行的目的，就是劝说浩然，不要在鹿门山无所事事，虚度时光，希望他能够听父母的话，回涧南园的家里去。

但是，孟浩然已经决定，如果父母不能接纳韩襄客母子回孟家，他就不会回涧南园的家里去。他告诉洗然，自己在鹿门山，与几个志同道合的好兄弟，俱怀鸿鹄之志，共有鹡鸰（jī líng）之心，以天下为己任，追求远大的理想才是他们喝酒时谈论的乐趣，弹琴赋诗只不过是偶尔之事。

为了表明自己在鹿门山隐居的真实情形，竹亭送别时，孟浩然向洗然赠诗一首：

洗然弟竹亭

吾与二三子，平生结交深。俱怀鸿鹄志，共有鹡鸰心。
逸气假豪翰，清风在竹林。达是酒中趣，琴上偶然音。

诗中的“鸿鹄志”，来源于《史记·陈涉世家》中带头造反要推翻秦朝政权的陈胜的话，“燕雀安知鸿鹄之志哉”。诗中的“鹡鸰心”，来源于《诗经·小雅·常棣（dì）》里的“鹡鸰在原，兄弟急难”。

郑愔、崔湜被贬出长安之后，李显在朝廷几乎变成了孤家寡人。十一月，皇上李显以召前修文馆学士入陪大礼为名，把郑愔和崔湜又召回了长安。

时间转眼已是腊月，孟浩然踌躇满志，他带领着王迥、张子容、辛谔、丁凤、吴悦、朱去非几个襄阳学子，一起来到位于襄阳城南的岘首山，登临而上。

岘首山是因为羊祜而名扬四海的。羊祜在襄阳时，非常喜欢登岘首山，有一天他站在山上对幕僚邹湛说，自从有宇宙开始，就有了这座山。古往今来，像我和你一样登此远望的贤达胜士很多很多，但是他们都已经湮灭无闻了，想起来不禁让人悲伤，如果我死了以后还能地下有知，我的魂魄一样还应该会登临此地。

羊祜死后，襄阳人民因为他的贤德，为他在岘首山上建碑立庙，每年对他进行祭奠，人们望着祭奠他的石碑，没有不痛哭流涕的，于是，后人便把这块祭奠羊祜的石碑，叫作堕泪碑。

七位襄阳学子来到岘首山巅，站在羊公碑前。孟浩然用手抚着石碑，读着羊祜生前登此远望时曾经说过的话，他不禁泪流满面。尽管人事代代更替，但是，那些流芳千古的名人贤士，却依然留存在人们心中，永远不会被世人遗忘。

追寻着先贤的足迹，站在岘首山之巅。面对国家未卜的前途，望着眼前的万里江山，孟浩然心胸激荡，感慨万千。他满怀豪情，赋诗一首：

与诸子登岘山

人事有代谢，往来成古今。江山留胜迹，我辈复登临。

水落鱼梁浅，天寒梦泽深。羊公碑尚在，读罢泪沾襟。

身陷羁危　万里入蜀奔波苦

唐中宗景龙四年（710 年）六月，韦后及其党羽将皇上李显毒死于神龙殿，尔后立年仅十六岁的李重茂为帝，韦后正式临朝摄政。临淄王李隆基在长安发动兵变，尽诛韦氏奸党，然后与太平公主串通一气，逼少帝李重茂退位，然后扶自己的父亲相王李旦登基称帝。李旦称帝后，立李隆基为太子。

为了防止国家再生内乱，皇上李旦下令将李重茂软禁于内宅，同时下旨将谯王李重福自均州刺史调迁集州（今四川省南江县）刺史。

皇上李旦登基问政之后，下旨追削武三思、武崇训爵谥，把这两个祸国殃民的罪人从地下刨出来，剖棺暴尸，平其墓地。

七月，追封故太子李重俊为节愍太子，宣告张柬之、敬晖、桓彦范、袁恕己、崔玄玮五王无罪，追复王爵，世袭荫蔽子孙。

一代名相张柬之，在蒙冤含恨死去了整整四年之后，终于被沉冤昭雪。

随着国事稍定，为了缓和矛盾，集聚朝野同心，从而安定天下，皇上李旦下令大赦天下，韦氏诸党入狱未刑者，一并赦免。天下纪年改元景云。

李重福得知叔叔李旦和姑姑太平公主串通一气，将皇阿弟李重茂赶下皇位，他气愤不已。

李重福的心腹谋士张灵均献计说，李重福居嫡长，应当做天子，李旦虽然有功，但不应当继统皇权，所以，他建议李重福应该到东都洛阳称帝。

于是，李重福让出任沅（yuán）州刺史的郑愔先期潜入洛阳，住在妹夫驸马都尉裴巽（xùn）府上，为李重福称帝做前期准备。郑愔等人拟定的计划是，立李重福为帝，纪年改元为中元克复，同时尊李旦为皇季叔，尊李重茂为皇太弟，郑愔为左丞相，张灵均为右丞相。

中宗李显驾崩神龙殿后，随着谯王李重福在均州厉兵秣马，准备开始计划中的起兵诛韦行动，孟浩然、王迥诸学子也在襄阳的官员士绅中加紧了秘密联络。

孟洗然欲往南楚而游，临行前，来鹿门山看望浩然，二人促膝长谈。洗然劝浩然离开鹿门山回涧南园的家里去，但是，孟浩然没有答应。于是，孟洗然再次在鹿门山与浩然告别。回到涧南园后不久，他便离开襄阳，前往南楚而去。

七月里的鹿门山，秋意渐凉。然而，七月里的政情国是，却如风云变幻。正当孟浩然、王迥、张子容在襄阳为李重福起兵诛韦奔走而呼时，传来了临淄王李隆基在长安起兵，尽诛韦氏奸党的好消息，孟浩然诸学子欣喜不已，然而，事后不久，却又传来了相王李旦把李重茂撵下皇位，然后在长安称帝的消息。

孟浩然怎么也没想到，事情竟会变成这样。

在孟浩然的眼里，皇位明明是李重茂的，作为皇叔的李旦，怎么能做出把年幼的侄子赶下皇位，由自己登基称帝这样不地道的事儿来。作为一国之君能这样做，如果天下的老百姓都这样效仿，那不就变得世无常理、人无常伦了吗？ 李旦此举从本质上说，跟韦后夺权并没有什么两样。

但是，李旦登基称帝后，为张柬之昭雪平反，实现了孟浩然期盼已久的夙愿，这让他复杂的心境多少得到了一些慰藉和平复。到了八月，当李重福前往洛阳称帝失败身亡，郑愔、张灵均被收监入狱的消息从洛阳传到襄阳时，孟浩然、王迥诸学子突然一下子就陷入随时可能会被官府抓捕的境地。

孟浩然十分清楚，自己若是待在襄阳不走，襄阳城里好多曾经追随谯王的官员士绅，很可能都会因为他而被牵连进来。为了他们不受牵连，他只能选择离开。

离开襄阳，郢州是绝对不能去的。孟浩然本来就在心里对妻子襄客和儿子仪甫充满了歉疚，现在自己已是羁危之身，去那里会让她们母子无端地蒙受牵连。

得知谯王称帝失败的消息后，道士参寥子已经帮孟浩然做好了安排，他让浩然带着他写好的书信，前往蜀地的峨眉山去。因为那里不仅地势偏远，而且道观众多。在峨眉山一带的好多道观里，有他的师门兄弟，有他们帮助，孟浩然可以在那里比较容易隐藏下来。

景云元年（710 年）八月，孟浩然在襄阳坐上班船，经汉水入长江，逆流而上，船到三峡时，已是九月秋末。船在湍急的江流中，被纤夫用纤绳拉着往前行走，一路上缓如蚁行。孟浩然每天坐在船上，望着两岸壁立的山峰，听着夜晚明月峡（今湖北宜昌西）的峡谷山间传来凄切哀婉的声声猿啼，他的思乡之情油然而生。孟浩然走出船舱之外，舱外秋深露重，望着山峡之上的一轮皎月，想到离家越来越远的行程，想到远在家乡日渐年迈的父母，想到独守明月日夜盼归的妻儿，孟浩然的心都碎了，两行泪水止不住从他的脸颊扑扑而下。

孟浩然越想越觉得难过，因为过去从来没有遇到过什么凶险，以至于自己没有把父母的话太当回事儿。

孟浩然离开襄阳时，没有告诉家里的任何人。他觉得，应该让家里人知道自己已经离开了襄阳。于是，他决定赋诗一首，等江船中途靠岸时，往家里寄给弟弟洗然，而不是寄给父母。尽管他知道，弟弟已经离开家园到了南楚之地，但他还是决定把这首诗作为书信，往家里给洗然寄去：

入峡寄弟

吾昔与汝辈，读书常闭门。未尝冒湍险，岂顾垂堂言。
自此历江湖，辛勤难具论。往来行旅弊，开凿禹功存。
壁立千峰峻，潨流万壑奔。我来凡几宿，无夕不闻猿。
浦上摇归恋，舟中失梦魂。泪沾明月峡，心断鹡鸰原。
离阔星难聚，秋深露易繁。因君下南楚，书此寄乡园。

江船在峡江之上又行了几日，船到巫峡，雄峙江边的巫山近在眼前。孟浩然油然想到昔日在碧水万顷的汉江上，自己与妻子韩襄客渔岛联句时的情景，也想到了自己“只为阳台梦里狂，降来教作神仙客”的联句赠诗，往事历历，没想到如今自己来到巫山之阳，却身陷羁危，流落天涯，与韩襄客母子骨肉分离，越走越远。

孟浩然坐在船上沿江而上，一路山重水复，险滩历历，船走得很慢。每天坐在狭小的船舱里无所事事，孟浩然实在熬不下去了。他觉得自己徒步前行，欲快则快，欲慢则慢，想走就走，想停就停，一路上游山赏水，比整天都闷坐在船上肯定要好多了。于是，孟浩然来到蜀地之后，决定弃船登岸。

然而，真正下了船，事实的情形和孟浩然当初坐在船上的想法却大相径庭。这一下了船，孟浩然才知道连峨眉山在哪里，该往哪里走他都不知道。他不得不找路人相问，可是这沿路之人大都说的是巴乡俚语，往往是别人跟他比画着说了半天，他还是觉得莫明其妙，一点儿都听不懂。好不容易找到个说话能够听得懂的，为他指明了路径，却发现这巴地山多林密，人烟稀少，有时在山里面走出十好几里地，连户人家都看不到，这让吃饭和住宿又成了问题。

孟浩然一路前行，苦不堪言。更为糟糕的是，孟浩然才在路上走了几日，初冬时节一场绵绵的连阴雨不期而至，又把他在路上阻隔了多日。好不容易盼到天放晴了，然而路上却是满地泥泞。孟浩然拖着沉重的双脚艰难地前行，一天下来走出不过二三十里地。孟浩然好不容易在路边的寨子里寻得一家小店，打算在这里缓解一下身体的疲惫。

打开客舍的木窗，依窗远望，只见崔嵬的山影之上，碧空如洗，一轮皎月，斜挂山间。就着明丽的月色向远处望去，只见山云晚低，溪流潺潺。孟浩然孤身一人留宿在山间的小店里，望着天上那一轮当空明月，不禁乡思难抑：

途中遇晴

已失巴陵雨，犹逢蜀坂泥。天开斜景遍，山出晚云低。
余湿犹沾草，残流尚入溪。今宵有明月，乡思远凄凄。

孟浩然一路艰辛跋涉，终于在年终岁末时，来到峨眉山下，然而，一场漫天大雪一连下了十多天，大雪封路，峨眉山虽然近在咫尺，他却一时也去不了，只好在山下的一家客店里住了下来。经过几天相处，孟浩然与客店的主人、僮仆变得亲近和熟络起来。转眼一年将尽。除夕之夜，孟浩然吃完酒饭回到客房，他点亮灯烛，独自一人坐在窗前，想起越离越远的至爱亲人，而此刻的他却孤烛异乡，羁危万里。感物伤怀，他不由得铺纸研墨，在这孤寂的除夕之夜赋诗一首：

除　夜

迢递三巴路，羁危万里身。乱山残雪夜，孤烛异乡人。
渐与骨肉远，转于僮仆亲。那堪正飘泊，来日岁华新！

除夕过后，随着天气晴好，气温逐渐转暖，路上的积雪也开始慢慢消融。于是，孟浩然离开客店，沿着山路往峨眉山登临而去。

峨眉山自古就是道教的洞天福地之一，是道教始祖天真皇人论道之地，被道教列为第七洞天。到了唐朝，因为唐高祖李渊认为老子李耳是自己的祖先，所以大力支持道教，从而使峨眉山道教大为盛行。无数的贤人隐士，志习老庄，来到峨眉山潜心修炼，崇尚清静无为，乞望借道成仙。唐朝时，峨眉山道观林立，只是到了唐朝后期，随着佛教文化的盛行，峨眉山道教盛极而衰，最终变成了一座佛教名山。

孟浩然来到峨眉山后，找到参寥子的师门兄弟，呈上参寥子写给他们的书信，很顺利地在峨眉山的道观里被安顿了下来。

谯王李重福在洛阳称帝失败后，东都留守仅在洛阳就捕获了他的党羽数百人，审讯月余，迟迟不能定案。皇上李旦派中书侍郎兼太子侍读张说（yuè）前去洛阳，全权处理谯王称帝之事。

张说，字道济，生于唐高宗乾封二年（667 年），祖籍范阳，世居河东，后又移居洛阳。武则天永昌中，张说刚二十出头，当时正值朝廷试策贤良方正，武则天临场策问，张说对策第一，授太子校书郎。后迁右补阙，参与崔湜负责编修的《三教珠英》。李旦称帝后，擢升为中书侍郎。

张说是个心性耿直、办事利落、很有主见的人。他一到洛阳，便忙着查阅案卷，一刻不闲。他用了整整一夜的时间来审理张灵均和郑愔二人，结果张灵均和郑愔全部如实供述了案情，弄清了这个案件的来龙去脉之后，张说就对如何处理这些在押的人犯，在心里有了初步的打算。

这些洛阳在押的人犯中，郑愔和张说曾经同朝为官，可算得上是个老熟人。然而，这次谯王欲在洛阳称帝，郑愔作为这一事件的主谋之一，犯下了欺君犯上的不赦之罪，他若不死，那是无论如何都说不过去的。还有洛阳的张灵均，如果没有他，谯王或许也不会这么犯糊涂，这个人也得死。还有严善思，对谯王称帝也起了推波助澜的作用，但他的作用比起郑愔和张灵均，则要小多了，张说决定将他定罪流放。有了初步的决断之后，张说往长安向李旦写明奏书。李旦在长安与群臣商议之后，准奏依从。

将这几个主犯的罪定下来之后，考虑到皇上李旦登帝未久、基业不固的现实，从国家和社会需要安定的大局出发，张说做出决定，将其余因谯王称帝之事而关在洛阳的人，全部免罪释放。

不久，郑愔、张灵均二人被斩于洛阳东市。

处理完洛阳的事情，张说回长安向皇上李旦复命，李旦不但没有对张说予以责怪，反而对张说的处理结果十分赞赏。景云二年（711 年）正月，张说被李旦提拔为中书侍郎、同中书门下平章事（宰相）。

孟浩然从参寥子的师门兄弟这里，打听到了朝廷对谯王称帝之事的处理结果，他那颗悬着的心终于放了下来。归心似箭的孟浩然决定离开峨眉山，回自己的家乡去。

孟浩然自嘉州登船，沿长江顺流而下，可谓是一日千里。十多天后，船过三峡，又过几日，行出夷陵（今湖北宜昌）竹东山，眼看过完今天，很快就能进入汉江了，归乡心切的孟浩然放下了心里的思想包袱，他心情轻松，赋诗一首：

行出竹东山望汉川

异县非吾土，连山尽绿篁。平田出郭少，盘垅入云长。

万壑归于海，千峰划彼苍。猿声乱楚峡，人语带巴乡。

石上攒椒树，藤间养蜜房。雪余春未暖，岚解昼初阳。

征马疲登顿，归帆爱渺茫。坐欣沿溜下，信宿见维桑。

对于孟浩然入蜀的时间、路线和方向，在学术界其实存在着较大的争议。

争议最大的原因，来自陶翰的《送孟大入蜀序》，其内容如下："襄阳孟浩然，精朗奇素，幼高为文，天宝（疑为'开元'）年始游西秦，京师词人，皆叹其旷绝也。观其匠思幽妙，振言孤杰，信诗伯矣。不然者，何以有声於江楚间？嗟夫！夫子有如是才，如是志，且流落未遇，风尘所已（疑）。然谓天下无否（pǐ）泰、无时命，岂不谬哉？翰读古人文，见《长杨》《羽猎》《子虚》赋，壮哉！至广汉城西三千里，清江夤（yín）缘，两山如剑，中有微径，西入岷峨。有奇幽，皆感子之兴矣。勉旃（zhān）！故交不才，以文投赠。"

从这篇序文中的"京师词人，皆叹其旷绝也"这一句，我们知道，这篇序文的写作时间，应该是孟浩然在京师长安秘书省赋诗联句之后，写作地点应该在长安。正是基于这一点，有部分专家学者就据此认定，孟浩然入蜀的时间是他第一次进长安之后，部分学者认为孟浩然入蜀的路线是由长安入蜀，然后经过三峡，进入三峡的方向是由重庆往宜昌方向。

孟浩然前往蜀地的时间，路线，其实可以从孟浩然《入峡寄弟》

《途中遇晴》《除夜》和《行出竹东山望汉川》这四首诗中找到依据。

对于《除夜》这首诗，不同的专家学者也存有争议。宋蜀刻本《孟浩然集》没有《除夜》这首诗，四部丛刊本《孟浩然集》题作《除夜》，另有其他几个版本的《孟浩然集》题作《岁除夜有怀》。部分专家根据宋蜀刻本无此诗，以及《全唐诗》中，不仅孟浩然名下有这首诗，崔涂名下也有这首诗，认为这首诗是崔涂所作，而不是孟浩然所作。

首先，王士源在《孟浩然集·序》里说，“今集其诗二百一十八首”，而宋蜀刻本仅存诗二百一十一首，加上这个版本错漏之处很多，所以，不能以宋蜀刻本没有《除夜》这首诗作为依据，就说这首诗不是孟浩然所作。

对于《全唐诗》里孟浩然有这首诗，而崔涂也有这首诗，这只能证明这首诗可能是孟浩然作的，也可能是崔涂作的。崔涂生活在公元887年左右，比孟浩然要晚一百多年，所以，本来是孟浩然写的诗，因为被崔涂抄录，导致这首诗误记入崔涂名下，反而存在着更大的可能性。

对于孟浩然入蜀的时间和路线，以陶翰的《送孟大入蜀序》作为依据，理由是不充分的。因为《送孟大入蜀序》只有序文，而没有正文。陶翰把序文都写好了，那为什么会没写正文呢？这只能说明，陶翰只是提前写好了《送孟大入蜀》的序文投赠给孟浩然，但是后来孟浩然因为某种原因取消了这次入蜀计划，所以，陶翰没有机会送孟浩然入蜀，当然也没有条件去写《送孟大入蜀》的正文。

对于孟浩然入蜀的时间，谭优学教授以孟浩然《入峡寄弟》中“未尝冒湍险，岂顾垂堂言”两句，认为孟浩然入蜀的时间在开元元年（713年）以前的观点是比较合理的。

对于孟浩然入蜀的路线和入峡的方向，孟浩然在诗里说得很清楚。他在《入峡寄弟》中说："自此历江湖，辛勤难具论"，古代汉语里的"江湖"二字，一般"江"指长江，"湖"指洞庭湖，所以，孟浩然入三峡之前，经过了长江和洞庭湖，说明孟浩然是从宜昌往重庆方向进入三峡的。

有学者认为孟浩然是从重庆往宜昌方向进入三峡，主要依据就是《入峡寄弟》中"泪沾明月峡"这一句。

自古至今，叫明月峡的地方很多，比如四川广元的明月峡，原来叫朝天峡，只是到了明清时期，才改称的明月峡，所以，孟浩然诗中的明月峡肯定不是广元的明月峡。根据《水经注·江水》："江水又左迳（jìng）明月峡，东至梨乡，历鸡鸣峡。江之南岸有枳县治。"《水经注》里的"江水"，指的是长江。古枳县就是今天的重庆市巴南区，所以，不少学者都认为孟浩然诗中的明月峡，就是《水经注》中讲的位于今天重庆市巴南区的明月峡。

但是，欧阳修在夷陵（今湖北宜昌）做县令时，写的《送前巫山县宰吴殿丞》中有"江上挂帆明月峡"这句诗，说明古时候在长江上，除了重庆的明月峡外，在宜昌也有明月峡。查《东湖县志·山川》："明月峡在县西二十里，悬岩间白石状如月。"清代的东湖县，就在今天的宜昌市。所以，古时候，宜昌也有明月峡。根据孟浩然《入峡寄弟》中"离阔星难聚"一句，"离阔"二字，表示的是越离越远的意思，也就是孟浩然入峡的时候，离家乡是越离越远，如果他是从重庆方向进入三峡，他离家乡应该是越来越近，所以，孟浩然《入峡寄弟》这首诗中的"明月峡"，指的是宜昌的明月峡，而不是重庆的明月峡，入峡的方向也是从宜昌往重庆的方向。

另外，孟浩然在《行出竹东山望汉川》中有“猿声乱楚峡，人语带巴乡”，“雪余春未暖，岚解昼初阳”几句。“楚峡”指的是今天宜昌市西北的西陵峡，所以，这首诗明显是孟浩然出峡顺江而下时写的诗，季节是早春。而根据孟浩然《入峡寄弟》中的“秋深露易繁”，他入峡的时间是在秋天，如果是从重庆方向入峡，他在秋天的时候进入三峡，而在行出竹东山离开三峡的时候却到了春天，三峡只有几百公里的行程，顺流而下走上四个多月显然是不太合理的。

孟浩然是秋天从宜昌方向进入三峡，前往蜀地，然后再离开蜀地经三峡返回过宜昌的时候，到了春天，这中间有四五个月的时间，是比较合理的。

孟浩然坐船经长江进入汉江之后，溯流而上，经过几日行程，来到了郢州。

望着眼前熟悉的山山水水，孟浩然热泪莹莹，万般感慨。

从郢州城一下船，孟浩然便急着往郢州城外韩家住的小村庄赶去。

当韩襄客知道谯王称帝失败的消息后，一直都在为浩然担惊受怕，她为孟浩然剪裁一件冬衣，因为长时间未见面，不知道孟浩然胖了还是瘦了，她只能用心估计着为他做。她怕孟浩然在冬天冷，所以就把棉衣做得很厚，以至于往棉衣夹层里放进去的羊绒太多，让冬袍的里子根本就缝不住，她一边哭着，一边把装进棉衣夹层里的羊绒拽一些出来。等做好了冬衣，又因为孟浩然音讯全无，她又不知道往哪里给浩然寄去。

韩襄客把自己复杂的心情写进了诗里。

闺　情

一别隔炎凉，君衣忘短长。裁缝无处等，以意忖情量。

畏瘦疑伤窄，防寒更厚装。半啼封里了，知欲寄谁将？

孟浩然与韩襄客相见，自是夫妻恩爱。韩襄客把去年做好的冬衣轻轻地披到孟浩然身上，止不住热泪盈眶。离别之苦愁煞人，而离别之后的相见，却把他们两个人的心一下子拉得更近。他们两颗跳动的心房，仿佛已经紧紧连在了一起。

望着一脸清瘦的妻子，望着牙牙学语的儿子，孟浩然仿佛看到在一盏昏黄的油灯下，韩襄客静静地坐在哄睡的儿子旁边，一针一线地为自己缝制冬衣时的情景，他紧紧地把妻子搂在胸前，泪水溢满了他的眼眶。

《孟浩然集》里《闺情》这首诗，应该是韩襄客所作。首先，韩襄客本来就写有《闺情》诗；其次，这首诗是以女子的笔调写的；其三，王士源在《孟浩然集·序》里说，“其他人酬赠，咸录次而不弃耳”。这段文字的意思是说，其他人酬赠给孟浩然的诗，也把它们收录进《孟浩然集》，而没有把它们丢弃。就是说，《孟浩然集》里的诗，不全是孟浩然的诗，其中有一部分是别人为孟浩然作的赠诗。所以，《闺情》这首诗虽然收录在《孟浩然集》里，但它应该是韩襄客写给孟浩然的赠诗。

孟浩然和韩襄客母子一起在郢州住过一段时间之后，他还是打算离开郢州回襄阳。因为郢州毕竟只是妻子的娘家，不是自己的家。可是，涧南园的家，父母却执意要将她们拒之门外，而他一时又无力改变这样的现状。

景云二年（711 年）春夏之交，孟浩然在郢州为韩襄客母子置办一些田产，留下一些银钱之后，离开郢州往襄阳而归。

还归乡里　开径蓬麻赋田园

因为李重福称帝失败，孟浩然离乡万里，身历险境，在他九死一生之后，回到涧南园拜见父母，家人相见，悲喜交集。然而，当他在父母面前请求接韩襄客母子回孟家时，依然没有得到父母的同意。

于是，孟浩然离开涧南园，又回到了鹿门山。

入夏时节的鹿门山林竹如海，满目苍翠。孟浩然来到王迥鹿门园的竹篱门前，看见园门被一把铜锁锁着，脚下的石阶上也长满了绿苔。庭院里杂草萋萋，满园空寂。想到过去自己与王迥、张子容、辛谔、丁凤、吴悦、朱去非经常在这里高谈阔论，为助谯王起兵诛杀韦后，在襄阳奔走而呼的情景，孟浩然的心底不禁一阵悲凉。

谯王称帝事败后，王迥和岘山道观的参寥子大师，都已经不知去向，但是还好，张子容又回到了鹿门山。二人相见，欣喜万分。

尽管李重福称帝失败后，朝廷没有对追随过谯王的人进行穷问追究，但是，这件事儿还是在孟浩然心里留下了阴影，并且他一时还没有办法从这片阴影里走出来。回到鹿门山的孟浩然，偏爱起陶渊明和谢灵运的诗，他把他们的诗集看了一遍又一遍，他开始像陶渊明和谢灵运一样，在清美的自然中慢慢平复自己的心境。而张子容则不同，张子容完全从谯王称帝失败的阴影中走了出来，反正张柬之丞相已经平反了，国家现在也变得安定了，所以，他决定报名参加明年的科举考试，为自己的前途命运奋力一搏。

孟浩然和好友张子容，自此开始选择起不同的人生和方向。

就在孟浩然隐居鹿门，慢慢平复自己心情的时候，国家朝政却在发生着轰轰烈烈的改变。

皇上李旦信奉道教，但对治理国家却束手无策。景云二年（711年）十二月，他召天台道士司马承祯询问治国之道，李旦说：“理身无为则高，理国则如何？”

司马承祯说：“国犹身也，顺物自然而心无私，则天下理矣。”

于是，第二年正月，李旦大赦天下，改元太极。五月，益州民众聚反，唐王朝调集军队平息之后，为了缓和社会矛盾，李旦祭北郊，尔后大赦天下，改元延和。

然而，内乱虽平，外患又起。六月，唐王朝为了夺回被奚酋李大酺（pú）强占的营州，派幽州大都督孙佺（quán）领兵与奚酋李大酺大战于冷陉，结果唐军惨败，几乎全军覆没。孙佺和左威卫将军周以悌被李大酺生擒，李大酺把孙佺、周以悌两位唐军将领献给突厥可汗默啜（chuò），结果被与唐王朝为敌的默啜，将此二人开刀问斩，砍头祭旗。

大唐王朝内忧外患，人心惶惶。

七月，一颗彗星出现在西边的天空，并且经过轩辕座进入太微座，一时间，上至王公贵族，下至黎民百姓，人们都对这一自然天象议论纷纷。

心存惶恐的皇上李旦找占卜术士请问对策，占卜术士对他说，彗星是凶兆，意味着皇权要更替。为避灾祸，唯一的办法就是赶紧让皇太子登基做天子。

皇上李旦对术士之言笃信不疑，决定把皇位传给太子李隆基。

八月，时年二十八岁的皇太子李隆基在长安登基称帝。李隆基称帝之后，尊李旦为太上皇，并由此大赦天下，改元先天（712 年）。

名义上，李隆基称帝做了皇上，但是实际上，朝政大权依然都还掌握在太上皇李旦的手上。太平公主依仗着自己是李旦的胞妹，不愿放弃过去握在手中的权势，在李旦面前，处处挟制李隆基。

李隆基刚刚登基称帝，太平公主就向太上皇李旦极力举荐自己的心腹宠臣进入阁部。八月末，崔湜经太平公主举荐，升任检校中书令，权倾朝野。

常言说：卧榻之侧，岂容他人安睡？明明自己是皇上，却偏偏还要处处受到皇姑太平公主挟制，李隆基的心里自然是愤愤不平。李隆基的心腹刘幽求看透了皇上的心事，他与右羽林将军张玮密谋起兵诛杀太平公主及其党羽。谁知张玮却将这件事告诉了侍御史邓光宾，由此泄密，皇上李隆基知道后大为惊惧，如实向太上皇李旦陈述了此事，李旦要李隆基下旨对刘幽求行刑，被李隆基断然拒绝，最后刘幽求等尽皆流放。张说也受此牵连，被罢黜了宰相，以尚书左丞之职，赶出京城长安，去了东都洛阳。

自此，太上皇李旦与皇上李隆基之间产生了隔阂，李旦对李隆基日渐冷淡，太平公主大权独揽。

国是未定，十一月，奚、契丹两国军队两万余骑袭扰渔阳，幽州都督宋璟闭城坚守不出，结果很多老百姓的粮食和牲口都被他们劫掠而去。

边患不绝，已经成了大唐王朝最大的一块心病。于是，太上皇李旦安排皇上李隆基离开长安，前去巡边。李隆基的位子，至此已经到了岌岌可危的地步。

先天元年（712 年），尽管国家朝政一片混乱，但对于张子容来说，这却是他顺风顺水的一年。四月县试高中，九月，张子容又府试高中，让他成为襄州举人。做了举人，离仕途也就仅仅只有一步之遥了。

先天元年（712 年）十月，张子容就要从襄阳动身前往长安去了，临行前，他来到鹿门山向孟浩然辞行。望着即将前往长安参加进士科考试的张子容，孟浩然高兴之余，也有些许惆怅。想到自己的至交好友即将离乡远行，他心里戚戚的有些难受。不知不觉间，孟浩然便和张子容在他鹿门山的草庐里推杯换盏地喝了不少酒。

直到天色向晚时，张子容才起身向孟浩然辞行。孟浩然有些步履踉跄地把他送出草庐，两人相扶而行，他一边走，一边叮嘱张子容，要他做了官求得富贵以后，千万不要忘了他这个兄弟。如果以后不相往来，他怕这样会被别人取笑。

孟浩然一直把张子容送到了鹿门山外的渡头上。带着沉沉的醉意，孟浩然与张子容依依话别。望着即将分别的挚友，孟浩然心怀惆怅，为张子容赠诗一首：

送张子容赴举

夕曛山照灭，送客出柴门。惆怅野中别，殷勤醉后言。

茂林予偃息，乔木尔飞翻。无使谷风诮，须令友道存。

对于孟浩然《送张子容赴举》这首诗的创作时间，多数专家都认为是先天元年（712 年）十月，孟浩然隐居在鹿门山时写给张子容的。主要的理由有：《唐诗纪事》载，“子容乃先天二年进士第。曾为乐城尉。与孟浩然友善”。《唐才子传·张子容》所作的记载是：“张子容，襄阳人。开元元年常无名榜进士。仕为乐城令。初与孟浩然同隐鹿门山，为死生交，诗篇唱答颇多。”《唐诗纪事》写的张子容是先天二年（713 年）进士，《唐才子传》写的张子容是开元元年（713 年）进士，尽管年号不同，但先天二年和开元元年都是公元 713 年，因为在先天二年十二月，李隆基根据自己的尊号，把纪元年号改为开元，也就是从先天二年十二月开始，纪元年号才改称开元元年，所以，这两处所作的记载是不相冲突的，但更准确的说法应该是先天二年（713 年）进士。

进士科考试是每年正月在朝廷考试院进行的，张子容必须在前一年的十月从襄阳出发，前往长安去参加考试，所以说，孟浩然送张子容赴举的时间应该在先天元年（712 年）十月。根据《唐才子传》中“初与孟浩然同隐鹿门山，为死生交”，孟浩然送张子容的时间是他在鹿门山隐居的时候，送行的地点应该就在鹿门山。

就在张子容前往长安应试之后不久，家住檀溪的吴悦也到鹿门山来向孟浩然辞行。因为受到谯王称帝失败的影响，吴悦决定离开襄阳，远去岭南的韶阳。临别时，孟浩然紧紧拉着吴悦的手，一再叮嘱他，不论身处何种境遇，一定要做展翅高飞的雏凤，千万不能做只会在桑榆间決地而飞的鹌鹑。

先天二年（713年）正月，张子容在朝廷考试院参加进士科考试，二月放榜，张子容进士及第，不久被朝廷授官晋陵尉。张子容十分幸运地从长安前往晋陵（今江苏常州）赴任。

孟浩然从张子容寄来的信中，知道了他进士及第后前往晋陵赴任的消息。孟浩然独自一人来到岘首山上，回想起两年多前，他带领王迥、张子容几人登此远望的情景，不禁思绪黯然。王迥不知去向，张子容走了，吴悦走了，曾经会聚鹿门的襄阳七子，再也不能像过去一样，为了一个远大的目标而聚在一起了。

站在岘山亭上，扶栏远望，孟浩然为张子容赋诗一首：

登岘山亭寄晋陵张少府

岘首风湍急，云帆若鸟飞。
凭轩试一问，张翰欲来归？

我站在岘山亭上扶栏而问，张翰你还回不回来呢？短短的两句诗，却道不尽孟浩然涌动在心间的复杂思绪。

天色将晚时，他独自驾船，从岘首山往鹿门而回。西斜的落日把碧水涟涟的汉江映照得流光溢彩，金波粼粼。江边的渔梁渡口上，争着登船过江的人们喧闹不已。孟浩然驾船回到鹿门山下的渡头时，天已经完全黑了，一轮明月照着远远近近迷蒙的山影，月下的鹿门山，美丽娴静得如同进入梦乡的少女，看得让人心醉。

望着远远近近的山岭，孟浩然情思难抑，赋诗一首：

夜归鹿门歌

山寺钟鸣昼已昏，渔梁渡头争渡喧。
人随沙岸向江村，余亦乘舟归鹿门。
鹿门月照开烟树，忽到庞公栖隐处。
岩扉松径长寂寥，唯有幽人自来去。

沿着山间小路，孟浩然来到庞德公曾经栖隐的地方久久伫立，望着月下庞德公曾经炼药取水的金涧和他休憩躺息的石床，他感慨不已。曾经隐居在此的庞德公已经远去了，曾经共聚鹿门的襄阳七子也已经各自离散，眼前山姿依旧，却已物是人非。走吧，你们都走吧，你们走了之后，就留下我这个幽寂之人在这里来来去去，独自享受这月下的石岩、清泉、松径、柴扉。

在孟浩然眼里，这一方清寥的山水，无不充满了诗情画意。

先天二年（713 年）六月，皇上李隆基虽然巡边之后回到了长安，但是，太平公主依仗太上皇李旦之势，擅权用事，在朝廷位列阁部的七个宰相中，有五个都是太平公主的心腹谋臣，朝中文武，大都对她望风依附。太平公主把李隆基在朝中排挤得几乎只剩下个皇上的空头衔。由此，二人之间的矛盾越来越深。

随着太平公主在朝廷说话的分量越来越重，她就越来越把李隆基看成了她的眼中钉、肉中刺。她与自己的一帮心腹密谋对李隆基下毒，结果没有成功。于是，她又与窦怀贞、岑羲、萧至忠、崔湜、薛稷以及左羽林大将军常元楷、左金吾将军李钦等一大帮人，密谋废黜李隆基的帝位。

七月，魏知古得知太平公主及其党羽打算七月初四这天对李隆基采取废帝行动，他急忙把这件事告诉了李隆基。李隆基丝毫不敢再作犹豫，他与李范、李业以及兵部尚书郭元振、龙武将军王毛仲、殿中少监姜皎、内侍高力士、果毅将军李守德等人共定计谋，决定对太平公主及其党羽提前下手，将他们一网打尽。

李隆基和王毛仲带领兵马三百余人，从武德殿来到虔化门，说要召见太平公主的心腹左羽林大将军常元楷和右羽林军知军事李慈二人。常元楷和李慈二人听说皇上召见，不知是计，他们只好硬着头皮来见皇上。结果二人一到，立刻就被李隆基麾下的人马一拥而上，斩倒在地。接着，李隆基又把萧至忠、岑羲二人传至朝堂，不问缘由，即行问斩。窦怀贞闻知消息，抽身欲逃，结果被李隆基麾下人马逼入沟中，自缢而死。太上皇李旦闻知有变，他登上承天门楼，要求召见皇上李隆基，却被郭元振轻描淡写地告知，说太上皇已经把国家大政交给了皇上，皇上他要忙于国家大政，没有时间前来。

太上皇李旦见自己说话已经没有人听了，他很知趣地制诰说：“自今军国政刑，一切皆取皇上处分。朕方无为养志，以遂素心。”于是，他主动自太极殿迁居百福殿，从此不再过问政事。

太平公主闻知有变，逃入山寺。过了三天，她以为事态已经平静，谁知一回到家里，就被李隆基赐死于家中。随之，太平公主诸子及其党数十人被诛。

李隆基大权在握之后，他把曾经为自己侍读的尚书左丞张说自洛阳召回京城，升任中书令。八月，又把流放岭南的刘幽求召回，擢任左仆射，负责参知军国大事。十一月，群臣上表进奏，要求为李隆基加封尊号，李隆基准奏依从，根据群臣之意，李隆基为自己加封尊号为开元神武皇帝。

随着政事稳定，十二月，李隆基大赦天下，他把纪元年号根据自己的尊号，改为开元。一代明主李隆基，由此把大唐王朝一步步带入了国泰民安、士民富足的开元盛世，从而开辟和成就了一段繁荣昌盛的崭新的历史。

开元二年（714 年）初，孟浩然隐居在离襄阳三十多里的鹿门山，身居幽僻之地，他依然在关注着政情国是的急剧变化。让他没想到的却是，开元二年（714 年）春夏之交，从涧南园传来了父亲病故的消息。对于父亲的病故，孟浩然非常沉痛，回想起与父亲的恩恩怨怨，他泪流满面，伤心不已。

为了尽守孝道，孟浩然回到涧南园后，没有再回鹿门山，而是在涧南园南面的山坡上结庐而居，在家里为父亲终丧，守孝三年。

对于孟浩然的父亲孟老爷去世于开元二年（714 年）春夏之交，是不是一种任意推断呢？不是。孟浩然父亲去世于开元二年，主要依据是：

孟浩然在四十二岁从长安回到襄阳后，赋诗《书怀贻京邑故人》，诗中有“慈亲向羸（léi）老，喜惧在深衷”“执鞭慕夫子，捧檄怀毛公”

四句。诗中的“慈亲”二字，是指母亲。如果此时孟浩然的父亲还活着，诗中应该用“双亲”而不是“慈亲”。另外，诗中“捧檄怀毛公”一句，引用的是东汉时的毛义为母求仕的故事，孟浩然为母求仕，而不是为父求仕，也从侧面说明，此时孟浩然的父亲已经去世了。由此我们知道，孟浩然的父亲在孟浩然四十二岁之前，已经去世了，但母亲还活着。

因为儒家思想是孟浩然思想的主流，而儒家思想的核心就是“忠孝仁义”。所以，孟浩然的父亲去世，他肯定要尽守孝道，为父亲终丧。所谓终丧，就是在父母至亲去世的三年时间内，不宴集欢娱，不离家远行。只要找到孟浩然四十二岁之前三年不欢娱、不远行的时间空窗期，也就找到了孟浩然父亲去世的时间。孟浩然在四十二岁之前，比较确切地参加了宴集和远行的时间点有：孟浩然先天元年（712年）十月之前在鹿门山长期隐居，《送张子容赴举》；孟浩然开元五年（717年）八月在岳州，《望洞庭湖赠张丞相》中“八月湖水平”；开元八年（720年）八月参加宴集，《送贾升主簿之荆府》中“开筵旧岘山”；开元十二年（724年）十月参加宴集，《送卢少府使入秦》中“祖筵江上列”；开元十四年（726年）在洛阳，《自洛之越》；开元十六年（728年）十月前往长安参加进士科考试，《旧唐书》：“年四十来游京师，应进士不第”。所以，在孟浩然四十二岁之前有三年守孝时间空窗期的只有先天元年（712年）十月到开元五年（717年）八月和开元八年（720年）八月到开元十二年（724年）十月这两个时间段。

从《晚春卧疾寄张八子容》这首诗中的“安仁鬓欲丝”，知道孟浩然写这首诗的时间是三十二岁，也就是开元八年（720年），所以，孟浩然这段时间没有远行，是因为他有比较严重的病痛在身。而在先天元年（712年）到开元五年（717年）这个时间段内，他却没有任何缘由地从鹿门山回到了涧南园，之所以会有这一重大变化，肯定是涧南园里发生了重大变故，由此可以推断，涧南园的重大变故就是他的父亲去世。由于孟浩然前往岳州拜见张说并向他赠诗的时间是开元五年（717年）八月，用这个时间向前倒推三年，所以，他的父亲去世于开元二年（714年）春夏之交，是比较合理的。

孟浩然南山坡上的草庐，坐落在一片竹木苍翠的林间，草庐旁边，细流潺潺，站在草庐前的石阶上向下俯瞰，整个涧南园尽收眼底。

初夏时节，孟浩然看见与涧南园相邻的老圃开始育苗种瓜，他觉得非常有意思，于是，就前去向老圃请教种瓜事宜。老圃见是孟浩然向自己请教，非常高兴，他把自己从选地到育苗，从栽种到管理的种瓜经验，全部都告诉了孟浩然。于是，孟浩然决定就在南山下开始学种瓜。

在南山坡下，有一片长满荆棘的空地，自从孟浩然决定向老圃学习种瓜之后，他便拿起铲锄，在山坡下荒草丛生的空地上铲荆斩棘，开径蓬麻，经过数日的辛勤劳作，将这片空地开垦了出来。

一连好多天，孟浩然都累得大汗淋漓，手上也磨起了血泡，但是，为了能像召平一样，种出各种各色的东陵瓜，他丝毫也不觉得苦，不觉得累。劳作之余，他赋诗一首：

南山下与老圃期种瓜

樵牧南山近，林闾北郭赊。先人留素业，老圃作邻家。

不种千株菊，唯资五色瓜。邵平能就我，开径翦蓬麻。

孟浩然诗中的邵平，又作召平。《史记·萧相国世家》里记载，召平是大秦王朝的东陵侯，秦朝灭亡后，沦为布衣，种瓜于长安城东。他种出的瓜各种各色，不仅外形美观，而且味道鲜美，所以，当时的人们因为他做过东陵侯，就把他种出的瓜叫作东陵瓜。孟浩然诗中的“邵平能就我”，把召平比作他自己。一个曾经身份显赫的王侯，在秦朝灭亡后，沦落到长安城东种瓜。一个曾经文不为仕、满怀抱负的学子，在谯王事败后，回到涧南园开荒种地。尽管身份不同，但境遇何其相似。从经邦济世到回归田园，孟浩然的心境在一天天的辛勤劳作中，慢慢进行着适应和改变。

白天，孟浩然在南山坡下开垦出的园圃里栽瓜种菜，灌蔬艺竹。晚上，他独自一人回到完全属于自己的南山草庐，点亮灯烛，习读诗书。耕种田园的安闲恬适和写景抒情的诗情画意，在孟浩然的心里慢慢融合，从而让他开始用自己清新灵秀的笔触，赋写出意韵清美的田园诗篇，为他开启田园诗派的风气之先，迈开了自己轻盈的脚步。

入秋时节的一场阴雨，一连下了十几天。汉江江水猛涨，襄水河的水位被同时抬高，孟浩然独自驾着一条小船，浮舟于襄水之上，小船随波逐流，过去很多不能行船的小河汊里，现在都可以把船划进去了。孟浩然尽情地游赏在家乡的山水间，望着笼罩在一片雨雾中的青山秀水，他心生感慨，赋诗一首：

北涧浮舟

北涧流恒满，浮舟触处通。

沿洄自有趣，何必五湖中？

寄情于家乡的山水之间，自有乐趣无穷，又何必还要去心向五湖呢？孟浩然的心，此时变得空灵而沉静。

时间转眼到了秋末，随着田地里的庄稼收获归仓，涧南园农事渐闲，山坡下园圃里的事儿也变得少了。早上日上三竿，孟浩然躺在床上倦倦地不想起来，门外却响起了咚咚的敲门声。他睁开惺忪的眼睛，问外面敲门的人是谁？门外那人说他叫巢居子。孟浩然感到非常奇怪，因为他根本就不知道这个巢居子是谁，就问他是哪里的巢居子？那人说，他家在鹿门山，常游涧泽水。

孟浩然听到鹿门山三个字，连忙一骨碌从床上爬起来。打开柴门，他看见站在门口那人手里拿着白羽扇，脚上穿着青芒履，身上一袭青衣道袍，让他一时还没认出来这人是谁？及待仔细一看，他才认出这个人原来是王迥。孟浩然又惊又喜，连忙向王迥开玩笑说，朝廷已经发出了征召的鹤书，要他到长安去为皇上辅政。

王迥听孟浩然说完，他走到草庐旁的小溪边，笑着用水去洗自己的耳朵。

王迥临流洗耳的举动，其实是源于《吕氏春秋》上的一个典故。《吕氏春秋》上说，尧帝登上大位之后，在沛泽中找到许由，说要把大位让给许由，许由就蹲在水边只顾洗自己的耳朵。许由为了躲避尧帝，后来跑到了颍川之阳。

王迥的到来，让孟浩然特别惊喜和激动，他把王迥当天到访时的情形，赋诗以记：

白云先生王迥见访

归闲日无事，云卧昼不起。有客款柴扉，自云巢居子。
居闲好芝术，采药来城市。家在鹿门山，常游涧泽水。
手持白羽扇，脚步青芒履。闻道鹤书征，临流还洗耳。

从王迥这里，孟浩然才知道，当年谯王事败后，参寥子就让王迥去了离襄阳百十里外一座深山中的精思观，王迥从此隐姓埋名，遁入道门隐藏了下来，道号叫巢居子。精思观僻居深山，少有人迹，为了隐藏自己的身份，王迥也不敢出山，也不敢打听与谯王称帝相关的事情，现在感觉时间久了，方才出山，贸然寻访孟浩然。

孟浩然告诉王迥，就连直接参与谯王在洛阳称帝的好几百人，都被朝廷给免罪释放了，所以，朝廷对过去曾经追随过谯王的人，肯定不会再追究了。王迥在鹿门山的家里有妻子候门，稚子相望，孟浩然劝他弃道还俗，王迥最终接受了孟浩然的建议，离开道观回他鹿门山的家里去了。

孟浩然归寂乡园之后，绝大多数时间，都是独自一人住在南山坡的草屋里，整日与瓜菜花竹结伴，日日与清溪山鸟为邻。家乡的青山绿水与孟浩然孤苦无依的内心一经结缘，随之便与他空寂的心灵变得水乳交融。一方草屋，千卷诗书，孟浩然渐渐在这片灵秀的山水之间，寻求到了一份内心的宁静。

在离涧南园不远的白马山上有座景空寺，景空寺里住着一个看破尘世、谙悟佛法的融上人。

景空寺在襄阳城南十里的白马山中，为晋朝时释法聪所建，初名灵泉寺，后改为景空寺。景空寺蜗居深山，山寺不大。孟浩然闲暇时经常到白马山上的景空寺，一来二去便与融上人相熟，二人言语相投，当他知道融上人与下野宰相张说私交甚笃时，欣喜异常。因为张说一直都是孟浩然无比崇敬的文学巨匠。

开元五年（717 年）春夏之交，孟浩然在涧南园为父亲守孝三年终丧期满，他决定带着融上人写给张说的书信，前往岳州拜访。

融上人的故知张说，因为与宰相姚崇相互攻讦（jié），对姚崇实施革新处处掣（chè）肘，被皇上李隆基一怒之下，罢除了中书令职位，贬为河北道按察使兼相州刺史。开元二年（714 年）初，张说离开长安，前往相州（今河南安阳）赴任。由于被贬离京之后，张说对姚崇更加不满，于是，他又从相州的职位上，再次被贬为岳州刺史，并且朝廷还停发了他过去勋封的薪俸。朝廷勋封的薪俸都停发了，其意不言自明，那就是你张说已经算不上是朝廷的功臣了。朝廷的这一举措，着实让过去还有些居功自恃的张说，真正感受到了莫大的压力。

来到山城岳州（今湖南岳阳），张说心情沉郁，每日除了干完属于他分内的政事之外，他把更多的时间用在了潜心致学，著书立说，编修国史上。由于日夜操劳，加之心事絮烦，不知不觉间，张说已是两鬓斑白。

开元五年（717 年）初夏，孟浩然沿汉江顺流而下，前往郢州看望妻子韩襄客和儿子孟仪甫。一别几年不见，仪甫已九岁了，与妻儿欢聚月余后，他离开郢州，沿汉江入长江，经过一路奔波，前往山城岳州拜见张说。

张说对孟浩然带着融上人的书信前来拜访，很是高兴。二人彻夜长谈，纵论古今。而说到文学之事，张说直陈文学的浮靡之风盛行，他希望撰文作赋，要据实写意，而不能只用华丽的辞藻去堆立起一个空架子。对于张说的观点，孟浩然非常赞同。

文学，在这两位年龄相差二十多岁的人的心中，悄悄地产生了共鸣。

孟浩然来到岳州之后，登君山岛，过洞庭湖，游汨罗江，凭吊先楚屈原，尽赏湖湘胜景。几日游赏归来，孟浩然和张说来到洞庭湖岸，望着眼前雄伟高峻的岳阳楼，二人一起登临而上。

岳阳楼原本只是东汉末年，东吴都督鲁肃用来检阅军队的阅军楼，因其位于洞庭湖岸，登楼远眺，一碧万顷，所以，这里也就渐渐变成了风流雅士吟诗作赋、游赏观览的胜地，从而使其作为江南的三大名楼之一，扬名天下。

入秋之后，时值秋雨连绵，洞庭湖湖水上涨，站在岳阳楼上，孟浩然凭栏远望，八百里洞庭风逐浪涌，烟波涟涟。望着眼前浩渺的湖水，他欲踏波水上，可是脚下无舟。带着无限的感慨，孟浩然心情复杂，向张说赠诗一首：

望洞庭湖，赠张丞相

八月湖水平，涵虚混太清。气蒸云梦泽，波撼岳阳城。
欲济无舟楫，端居耻圣明。坐观垂钓者，空有羡鱼情。

孟浩然这首诗托物言志，既写洞庭湖的壮丽景色，也希望别人举荐自己。开头两句写洞庭湖的辽阔，八月时节，湖水上涨，洞庭湖装得满满的，和岸上几乎齐平，远远望去，水天一色，混为一体。“虚”“太清”，都是指天空。三、四句写洞庭湖的气势，“蒸”字写出了云蒸霞蔚、烟波浩渺的特点，“撼”字，写出了波涛汹涌、摧枯拉朽的气势，笔力千钧。后四句书写渴望张说举荐的心情，想渡湖而行，却没有船只。意思是说想入仕为官，却没有人举荐，就这样闲居在家中，有辱于圣明的时代。孟浩然在诗中，向张说表达了自己想要有所作为，但却欲济无舟、望水难渡的落寞心境，同时也表达了他希望得到贤达引荐的美好意愿。

不过，当时的张说自身尚且不保，当然也没有能力对孟浩然进行举荐。

孟浩然在岳州拜见完张说之后，往襄阳而归。

开元五年（717 年）秋末，贬居岳州的张说吟赋《五君咏》，对过去为朝廷建立了不朽功业的先朝宰相们进行讴歌赞颂。在《五君咏》中，有一篇就是记叙和赞美苏瑰的。张说把写好的《五君咏》寄给苏瑰的儿子时任宰相的苏颋（tǐng），没想到苏颋正好在父亲苏瑰十一月忌日这天，收到了张说从岳州寄来的诗赋。想到父亲生前的立世之风，读到张说《五君咏》中赞颂父亲的诗句，苏颋览诗呜咽，泣不成声。于是，宰相苏颋向李隆基进言，说张说是立国之臣，忠謇（jiǎn）有勋，不宜弃外。开元六年（718年）二月，李隆基权衡再三，将张说临时调迁，委任荆州长史。

孟浩然闻知张说调迁荆州的消息，非常高兴，他赶到荆州与张说相见。

张说在荆州摆酒设宴，为二人的荆门相见举杯庆贺。

孟浩然这次在荆州与张说相见，更让他信心十足，他觉得自己可以心系天下、为民请命的机会就要来了。

由于宰相苏颋倾力举荐，张说赴任荆州一个多月后，被李隆基下旨召见。张说自荆州往长安，途经襄阳时，受到了襄州刺史裴观的盛情接待。应张说之意，孟浩然参加了州府接待张说的盛筵。在这次酒宴上，孟浩然结识了襄阳主簿贾升。

张说在襄阳与孟浩然相见，很是高兴，午筵过后，张说让孟浩然和他一起前往景空寺拜见融上人，孟浩然欣然应允。

入夏时节的景空寺，静静地坐落在一片松柏掩映的山坳里。久雨初晴，群山碧翠如洗，林间流泉淙淙。由于这次是奉旨入京，张说非常高兴，他与孟浩然来到景空寺后，和融上人好友相见，嘘寒问暖。互诉一番离情之后，三人落座，张说和孟浩然一起向融上人请问佛法之事。融上人兴味盎然地站起身来，一边讲说，一边带着张说和浩然走出禅房，来到一方荷池香台旁边的石凳上坐下来，谈玄说法，解读佛家经义。

不知不觉间，天色向晚，张说和浩然要下山去了。张说从石凳上站起身来，想到即将与故知远别，他即兴提笔，在融上人禅室的墙壁上，为这位遁入佛门的昔日知己题诗一首：

襄州景空寺题融上人兰若

高名出汉阴，禅阁跨香岑。众山既围绕，长川复回临。
云峰晓灵变，风木夜虚吟。碧湫龙池满，苍松虎径深。
旧知青岩意，偏入杳冥心。何由侣飞锡，从此脱朝簪。

张说题诗之后，将笔放在了砚台上。孟浩然见张说已经为融上人题诗完毕，为了表示自己对张说和融上人的尊敬，他也即兴提笔，在融上人禅房内的墙壁上，为张说和诗一首：

题融公兰若

精舍买金开，流泉绕砌回。芰荷薰讲席，松柏映香台。
法雨晴飞去，天花昼下来。谈玄殊未已，归骑夕阳催。

张说和孟浩然一起在景空寺拜访完融上人之后，与孟浩然、裴观、贾升诸人在襄阳道别，然后乘马车向西北往长安而去。

开元六年（718 年）六月，张说被李隆基授任右羽林将军并检校幽州都督之职。

幽州辖北方九县，州府治蓟县（今北京市），也称蓟城。只是后来在唐玄宗开元十八年（730 年），分割幽州东部的渔阳、玉田、三河三县，另置蓟州，这时的蓟州才指的是现在的天津蓟县一带。而幽州都督府则是统辖幽州边塞一带六州兵马。

张说来到幽州，他亲自来到边塞各地巡视一遍，每到一处，他都走进兵营，和最底层的军士兵卒嘘寒问暖，悉心长谈，力求和最基层的军官士卒打成一片。

张说到任幽州都督之后，便开始整顿军队，激励士气。

入秋时节，幽州边塞，牧野苍苍。每年一到这个时候，北方突厥和契丹的部族胡人便都蠢蠢欲动，打算开始他们一年一度的南下之旅。北方边塞，号角再起。

经过张说进行整顿激励的军队，在张说的亲自带领下，对前来袭扰抢掠的北方胡骑迎头痛击，他采用关门打狗的办法，只把南下的胡骑杀得落荒而逃。

入冬时节，边关幽州已无战事，长期职守边塞，有时竟让张说感到寂寥难耐。虽然张说现在是幽州都督，负责在边关指挥千军万马厮杀征战，但是在骨子里，张说始终认为自己还是一个文人。

张说来到幽州，回想起孟浩然岳州相寻、襄阳送别时的情景，他自幽州给孟浩然修书一封，叙问近况。

送走张说之后，孟浩然避居南园，一边习读诗书，一边向家仆乡邻学习栽瓜种菜，请教灌蔬艺竹，日子一天天变得清寥。因为已经为父亲守孝终丧，尽守了孝道，于是，孟浩然再次向母亲提出接韩襄客母子回孟家，但是，母亲谨守父亲遗训，对孟浩然与韩襄客的婚姻不予承认，当然，接她们母子回孟家也就无从谈起，这让孟浩然感到非常失望。

开元六年（718 年），孟浩然已经三十岁了。孔子说：男子当三十而立。而自己年已三十，却只能避居乡野，书剑无成。这让他时常在心里涌动起一种难以言说的落寞和惆怅，心情复杂之余，孟浩然赋诗一首：

田园作

弊庐隔尘喧，惟先养恬素。卜邻近三径，植果盈千树。
粤余任推迁，三十犹未遇。书剑时将晚，丘园日已暮。
晨兴自多怀，昼坐常寡悟。冲天羡鸿鹄，争食羞鸡鹜。
望断金马门，劳歌采樵路。乡曲无知己，朝端乏亲故。
谁能为扬雄，一荐甘泉赋。

孟浩然在这首诗中，十分强烈地表达了希望有人对他进行引荐的愿望。

就在这时，孟浩然收到张说自幽州蓟城寄来的书信，他非常激动，没想到曾为一国之相的张说做了幽州都督之后，会给自己寄来书信。孟浩然决定抓住这样一个机会，于是，开元六年（718 年）冬，孟浩然自襄阳打马启程，带着对边地的向往和对未来的憧憬，前往幽州拜见张说而去。

孟浩然过黄河，穿燕南，一路北行，经过近一个月的行程，于开元六年（718 年）岁末，来到幽州蓟城（今北京广安门一带）。

二人蓟城相见，张说非常高兴。过完除夕之后，一转眼就到了正月十五元宵节。元宵节又叫上元节，元宵节这天进行观灯赏月的习俗始于东汉，到了唐代，这种习俗变得更加隆重。

开元七年（719年）正月十五这天晚上，在蓟城南门一带安排有花灯、花烛、花树，并且在花灯花树上还有灯谜，张说邀孟浩然和他一起前往观灯，孟浩然欣然前往。

正月十五这天，蓟门沿街两侧高高低低的树枝上，挂满了各色的灯烛，远远看去，如同燃起的一条火龙，照得大街上灯火通明。而在灯笼和彩幅上给出的一个个灯谜，则更是让人匪夷所思。每当有人猜出一条灯谜，总能引得人们的一片喝彩喧笑。

孟浩然和张说一起，兴致勃勃地徜徉在北方的灯河之中，望着眼前的异乡异俗，不禁情思萌动，赋诗一首：

同张将蓟门观灯

异俗非乡俗，新年改故年。
蓟门看火树，疑是烛龙燃。

孟浩然陪张说元宵观灯之后，感觉到来蓟城的日子已经不短了，于是，他向张说提出欲往蓟北边塞一行，等感味完边地风情，他也就准备要回襄阳去了。张说知道了他的想法，于是就安排他前往边塞，去体会幽州将士戍守边关的壮美风情。

孟浩然来到塞北边关，才知道在这里见到胡人，竟然是一件很平常的事情。过去一提到胡人时，总让他觉得胡人肯定是青面獠牙，三头六臂，来到这里他才知道，胡人除了装束和语言与汉人有所区别之外，他们长得基本上和汉人都差不多。不仅如此，从戍边将士这里他还知道，现在的幽州，有好多地方就是过去胡人南下定居从事农耕时，慢慢形成的村镇。

所谓的胡人，指的也就是在北方逐水草而居的游牧部族。

来到蓟北，孟浩然才知道，所谓的边关，并不是自己想象的那样每天战事不绝。孟浩然和陪同的军士打马北行，他眼里除了雪野苍山之外，多数时间，他们连个人影都看不到，这让孟浩然不由得越来越真切地体会到了戍边将士，日日相伴冷月孤烟的落寞心境。

孟浩然和陪行军士打马回到军营的时候，已是月上中天，不知是哪位思乡之人在军营里吹起羌笛胡笳，那苍远浑厚的曲子悠悠切切地回荡在冷冷无际的夜空，声音如嘶如泣，闻之痛断心肠。

孟浩然正是在军营中，真正体会到戍边将士日日年年相伴冷月孤烟的难耐心境，感叹之余，赋诗《凉州词》一首：

凉州词

异方之乐令人悲，羌笛胡笳不用吹。
坐看今夜关山月，思杀边城游侠儿。

《凉州词》是曲牌名，因为很多反映战地边关的诗词常常配此曲弹唱，所以到后来，人们就习惯于把许多反映战地边关的诗作，都取名叫《凉州词》。在唐代，有很多诗人都写过《凉州词》。孟浩然在诗中既表达戍边将士相伴冷月孤烟的悲凉和凄怆，同时也表明了自己想要报效国家为国杀敌的一腔豪气。

孟浩然来到蓟北边塞不久，随着仲春的到来，气候逐渐转暖，每年到了这个时候，北方的游牧部族便开始蠢蠢欲动，于是，都督张说巡边河北，与浩然在边塞相会。

张说在蓟北视察完军队，巡视完营垒，要继续往东巡边而去。而孟浩然已经来到幽州几个月了，张说身在边关，对自己也做不了举荐之事，孟浩然打算在这里与张说告别，回乡南归。临别时，看到张说头戴战盔身披战甲骑在马上，带领众将士往胡马边地东巡而去，孟浩然心怀激荡，再赋《凉州词》一首，赠与张说：

凉州词

浑成紫檀金屑文，作得琵琶声入云。
胡地迢迢三万里，那堪马上送明君。

望着张说带领着众将士东巡远去，消失在了苍山尽头，孟浩然才自蓟北打马南行。

孟浩然穿燕南，过黄河，经过十数日行程，一路南行，来到洛阳城东。孟浩然早在襄阳时，就听说在洛阳城东有白社。说是白社，其实就是一片松柏掩映的草堂、草庐和草亭。由于草堂的屋顶是用白茅草搭建而成，所以就叫白社。

洛阳白社最早是晋朝时洛阳道士董威辇隐逸修道的地方，后来就渐渐演变成许多隐逸之士闲聚之地。孟浩然打马一路询问，找到白社并在这里安顿了下来。

三月初三上巳日这天，孟浩然在几个隐士逸人的陪同下，打马前往洛阳城。当他们沿着宽阔的马道穿过高大的门穹，来到洛阳城内，孟浩然却一下子变得傻了眼。

这洛阳可是要比襄阳大多了，站在街口向前望去，只见一条几丈宽的笔直的大街，一直插向远处那茫茫无际的尽头。大街上真可谓是车辚辚，马萧萧，人流如蚁。

孟浩然随着几个隐士逸人骑在马上，越往北行，越加市井繁华，游人如织。再往前看，一座宽阔的石桥飞架在碧水之上，在桥的南北两端，各有两座相互对称的飞檐重楼，巍然雄峙。再往北看，只见一座堞垛起伏、气势恢宏的巍巍关城，威严耸立。

沿着绿水依依的河岸再往前行，只听得前面喧声阵阵，一大群人围在一起，孟浩然上前欲看究竟，只因人们拥拥簇簇，他想挤却挤不进去。寻人一问，方知道这一大群人正挤在一起观看斗鸡。再往前走，前面又有几大群人，人群里和声阵阵，原来那些人是围在一起观看斗蟋蟀的。没想到这洛水边上，寻娱斗趣之人可真多啊！孟浩然对这些不感兴趣，于是，他索性翻身上马，和几个隐士逸人一起骑在马上再往前行。他听见洛水河对面操演喊杀之声不绝于耳，放眼望去，在洛水北岸宽阔的校场上，无数戴盔衣甲之士，张弓搭箭，走马射堂。

游完洛阳回到白社，孟浩然在这里闲住过几日后，便从这里启程，打马南往襄阳而归。

孟浩然回到襄阳后，从襄阳到郢州看望韩襄客母子，儿子仪甫已经十岁了，孟浩然除了给她们母子一些银钱，为她们在郢州供养生计之外，却依然不能将她们接回孟家，这成了孟浩然最大的一块心病。是父子，却不能让他承欢膝下，言传身教；是夫妻，却不能与她相厮相守，共度流年。

从郢州回到襄阳后，孟浩然日日心情沉郁，最终导致了他在涧南园大病一场。这场大病，差点儿夺去了孟浩然的性命，同时，也给他满腔豪情的内心蒙上了一层阴翳（yì），从而让他以后的诗风格调有了从清旷宏远到清幽抑郁的些许改变。

洛阳之行　白社夜谈立诗派

开元七年（719 年）秋末，从郢州回到襄阳的孟浩然大病一场。尽管为他诊病的郎中请了一个又一个，难以下咽的汤药喝了一回又一回，但是，直到开元八年（720 年）暮春，孟浩然的病情依然不见好转。

暮春时节，窗外飘来花香阵阵。虽然孟浩然一身病痛，但他依然强撑着身子打开草庐的柴门，拄着竹杖向屋外走去。

屋外花香正浓，草木繁盛。通往山下园宅的石板小径，由于浩然落病之后，走动的人少了，有些小路两旁的野花野草长起来，几乎要把小路都给挡住了。望着眼前有些荒芜的石径和草庐，孟浩然的心里不禁觉得有些凄凉。

孟浩然独自拄着竹杖，往山坡下的涧南园里走去。沿路之上，看见翠鸟在兰苕花上跳跃翻飞，游鱼在门前的池塘里，不停地用嘴在拱推着刚刚长出水面的翠绿荷柄。眼前的一切是那样的活灵活现，亲切动人。

孟浩然拄着竹杖来到山坡的高处，他举目东望，晴明的天空下，他的目光被层层叠叠的云山所阻隔。这让他不由得想起自己远在江乡从政的好友张子容。自己当年在鹿门山与张子容一别，屈指算来已经有将近九年了，时间过得真快。

太阳每天还在东升西落，而自己现在只能卧病在城南一隅的涧南园里，无奈地守望着日子一天天如水流去。世间有才华的人很多，贾谊很有才华，曾经也是空有才华而得不到重用。潘岳很有才华，在他三十二岁这年，因为得不到重用，头发都开始变白了。自己今年也是三十二岁，自己三十二岁病痛缠身，说不定哪天就这样无声无息地死了，被人们简简单单地埋进沟壑，自己或许再也没有可能重振羽翼，去实现过去曾经想要经邦济世的理想和抱负了。

天色渐暮时，孟浩然拄着竹杖回到南山坡上的草庐，独坐于北窗之下。想到已经有好久都没有给张子容写信联系了，于是，他决定赋诗一首给他寄去，向他聊叙近况：

晚春卧疾寄张八子容

南陌春将晚，北窗犹卧病。林园久不游，草木一何盛。
狭迳花障迷，闲庭竹扫净。翠羽戏兰苕，赪鳞动荷柄。
念我平生好，江乡远从政。云山阻梦思，衾枕劳歌咏。
歌咏复何为，同心恨别离。世途皆自媚，流俗寡相知。
贾谊才空逸，安仁鬓欲丝。遥情每东注，奔晷复西驰。
常恐填沟壑，无由振羽仪。穷通若有命，欲向论中推。

开元八年（720年）五月，朝廷在天下设置十道按察使。八月，朝廷调襄州刺史裴观为梁州刺史，同时兼任山南道按察使。就在裴观即将离开襄阳之际，襄阳主簿贾升和洛阳香山寺僧人湛然一起在襄阳岘山，为裴观立了一块德政碑。数日之后，裴观作为山南道按察使前往荆州巡访按察，襄州州府决定在岘山亭摆下筵席，为裴观送行。孟浩然作为襄阳的博学之士，受到襄阳主簿贾升邀请，前去赴裴观的送别之筵。

尽管有病在身，但孟浩然还是决定前往。

送行的筵席虽不奢华，但却也很丰盛。孟浩然作为按察使裴观的特邀嘉宾，自是受人尊敬。杯觥交错间，孟浩然得知贾升也将跟随按察使裴观一起前往荆州巡视，心里既是高兴，又是羡慕。

在这次酒筵上，孟浩然和洛阳香山寺僧人湛然相识，二人自此结为知交。

酒筵过后，孟浩然和贾升、湛然诸人一起来到岘山亭上，凭栏远望，汉江像一条玉带，向南往郢州、荆门蜿蜒流去。

明天，贾升就要跟随裴观的车驾离开襄阳，前往郢州的方向去了。想到郢州，想到了寄居在郢州的妻子和儿子，孟浩然的脸上不禁又滑过丝丝迷茫。

送走襄阳主簿贾升之后，孟浩然在涧南园的日子变得清寥起来。除了偶尔与家乡友人闲聚宴饮之外，孟浩然把更多的时间用来灌蔬艺竹、漫翻书卷。这样的日子，让孟浩然觉得自己更像是个闲居田园的隐士，从而使他对谢灵运和陶渊明二人的文集爱不释卷。特别是谢灵运的《悲哉行》《燕歌行》《苦寒行》《缓歌行》，这些诗读起来，总让他有种似曾相识的沧桑之感。

就在孟浩然病居乡园的时候，开元文学泰斗张说的处境，却在变得顺风顺水。

幽州都督张说自开元七年（719 年）与孟浩然在蓟北告别之后，一路东行，他每到一处，都走到普通士卒之中，鼓励他们英勇杀敌，为国建功。进入五月，又有几股胡骑往幽州南下，都督张说亲临边塞，来到与胡人作战的第一线，致使边塞将士无不振奋鼓舞，他们面对强敌，个个无畏无惧，奋勇争先，只把那南下的胡骑杀得是哭爹叫娘，惨败而归。

吃过了几次苦头之后，游居在北方的胡人一听说幽州都督张说的名字，他们便闻风丧胆，从此再也不敢沿幽州一线南下袭扰，到了六月，幽州一线基本上已经没有了战事。

开元七年（719 年）七月，皇上李隆基下旨，召幽州都督张说入京觐见，李隆基看见张说身着铠衣铁甲，一身戎装，非常高兴。张说与李隆基畅谈北方军事，说得李隆基连连称道，赞许不已。于是，李隆基就此下旨，授张说天兵军节度使，兼并州大都督府长史，摄御史大夫，并兼修国史。李隆基不仅让张说全面负责并州一线的军事防务，而且还授予了他可以在军中编修国史这样一项特权。

开元九年（721 年）四月，兰池州（今内蒙古鄂托克旗）胡人康待宾聚众造反，朔方军节度使王晙向朝廷夸下海口，声称仅凭他辖持的朔方军，即可平叛，可让他没想到的是，朔方军与叛军刚一交战，就节节败退。

四月末，康待宾率领的叛军一路攻陷六胡州（今内蒙古鄂托克旗），会集七万之众，往东南进逼夏州（今陕西横山县西），局势一下子变得竟然连朝廷都慌了手脚，皇上李隆基急忙下旨，让朔方军节度使王晙和陇右军节度使郭知运共同进兵，讨伐康待宾。

然而，唐军的战局不仅没有好转，而且越变越糟。叛军胡人康待宾竟与党项羌人联合起来，一路向东，接连攻克银城、连谷（今陕西神木市一带），占领了唐军的重要粮仓。闻知消息，李隆基大为惊惧。他火速下旨，让太仆卿王毛仲担任朔方道防御讨击大使，让他亲赴战事一线，紧急召见朔方军节度使王晙和天兵军节度使张说，与之共商御敌之策。

天兵军节度使张说闻知西线战事吃紧，他不待朝廷下令，便亲率天兵军将士一万余人，向西出合河关，与党项族羌兵相遇。

张说挥兵掩击，天兵军将士以一当十，英勇无畏，只杀得几万羌兵死伤累累，且战且退，一路溃散。张说带领天兵军乘胜追击，向西追到骆驼堰，几万党项羌兵眼见败局已定，无心再战，他们主动向张说带领的天兵军请降。

张说阵前默许受降，但是要求党项羌兵与胡人倒戈。

于是，党项羌兵对康待宾的叛军一部反戈一击，叛军一部溃不成军，只得一路向西往铁建山一带逃亡而去。

北方战事，从而得以彻底地扭转了战局。

张说战功赫赫，被皇上李隆基授兵部尚书，同中书门下三品，主掌举国军事。

开元十一年（723 年）二月，皇上李隆基北巡并州，中书令张嘉贞因为其弟弟张嘉佑坐事被贬，李隆基让张说兼任中书令。张说由此再次登上了宰阁首辅之任。

五月，皇上李隆基在中书令张说的劝谏下，在过去丽正修书院的基础上，正式设立丽正书院，由张说总领院事，秘书监徐坚、太常博士贺知章和监察御史赵冬曦皆为院士，或修书，或讲学，或为阐述个人思想。

也是在这一年，卢僎（zhuàn）来到襄阳，就任襄阳县令。

卢僎，字守成，范阳人，他博才学，善诗文。卢僎来到襄阳不久，亲自前来涧南园拜访孟浩然，二人言语相投，结为忘形之交。而孟浩然的病情经过治疗调理，逐渐痊愈。

开元十一年（723 年）秋冬之交，韩思复来到襄阳，出任襄州刺史。

韩思复，字绍出，生于唐高宗永徽三年（652 年），京兆长安人。韩思复在神龙年间就做过襄州刺史，神龙二年（706 年）孟浩然罢考襄州府试，给时任襄州刺史的韩思复留下了深刻的印象。韩思复景龙元年（707 年）离开襄阳，被贬为给事中，景云中为中书舍人，开元初为谏议大夫，开元十一年（723 年）二月，韩思复随皇上李隆基和兵部尚书张说一起北巡并州，被李隆基授任御史大夫，但是由于韩思复性情恬淡，不喜绳察，被徙为太子宾客，进伯爵，不久迁为吏部侍郎，同年秋，韩思复从吏部侍郎任上，被皇上李隆基授任襄州刺史。

韩思复来到襄州之后，决心大力推进旱可灌、涝可排的良田改造，为襄州民众造福。然而，韩思复的提议在州县官员参加的动员会上，却遭遇重重阻力。因为要在襄州全面推进良田改造，不仅需要耗费大量的人力、财力和物力，更主要的原因是各县各地的田地，绝大多数归私人所有。那些有钱有势的富族乡绅，占据着大量的好田好地，这些土地本身就靠近水源，具备良好的灌排水设施，这些田地根本就不需要进行改造。而大多数的平民百姓，拥有的则是些离水源较远，只能望天吃饭的旱地，而这一家一户的平民百姓，又没有能力把这些旱地改造成水田。要引水改田，就必须占用部分人家的田地开沟挖渠，就肯定会涉及失地补偿、田地调配、复播耕种这方方面面的问题，各种各样的利益之争，有些会让州府、县府难以协调，弄不好就会引发社会矛盾。所以，有不少官员担心，良田改造弄到最后会半途而废。

韩思复认为，正是因为一家一户平民百姓没有能力把旱地改造成良田，才更需要州府、县府为老百姓去做这些事情。韩思复的观点得到了襄阳县令卢僎的认同和支持，这让韩思复倍受鼓舞。

在襄阳城西的万山和岘山之间，经过汉江几千万年的冲刷和沉积，形成了一片面积达十余平方公里的小平原。蜿蜒美丽的檀溪河在两山的夹峙之下，波光粼粼地从这片小平原上淙淙流过。绿水之畔，青山之侧，一个个村庄星罗棋布。然而，这里除了檀溪沿河一带的几个大户人家，各自拥有上千亩旱涝保收的良田之外，在离檀溪河较远的地方，成片的土地，年年遇旱即干，遇水即涝，所以，韩思复决定，襄州的良田改造，就在十里檀溪率先展开，然后以此作为示范，在整个襄州全面推进。

然而，檀溪的良田改造还没真正开始，就让韩思复遇到了难题。襄阳县府派往檀溪搞丈量规划的人员，被檀溪河下游一带的吴姓族众，给鼻青脸肿地打了回来。襄阳县令卢僎几次亲自前往檀溪，来到吴姓一族的吴老爷家登门劝说，晓以利害。但是，吴老爷以吴姓一族的这片田地，是他们家族世代兴旺的根基，在他们的田地上开挖一条主干渠，就把他们一片田地挖成了两片，这样就挖断了他们的祖脉。所以，说什么都不答应。不仅如此，吴老爷还在卢僎面前放出话说，如果韩思复要是调派军队在他们的田地上强来，他们吴姓一族的男女老幼，就跟州府拼个鱼死网破。

丈量规划才刚刚开始，檀溪的良田改造就这样搁置了下来。一连好几天，韩思复都愁眉不展，尽管他要实施良田改造的决心非常坚定，但是，他一时又找不到很好的解决办法。

大病痊愈的孟浩然在涧南园听说了这件事儿，便来到州府面见韩思复，他决定前往檀溪对吴姓一族进行劝说，为韩思复分忧。孟浩然的这一举动，让韩思复心里的压力减轻了不少，他希望孟浩然能够不辱使命，为檀溪良田改造的顺利推进扫除障碍。

孟浩然通过好友吴悦，打听到吴姓掌门人吴老爷之所以不同意州府在吴姓一族的田地上开沟挖渠，是因为这样会把吴姓的田地从原本的一片挖成两片，这样可能造成吴姓一族的分裂，从而让他觉得上愧对祖宗，下愧对子孙。

知道了对方的心结所在，孟浩然在好友吴悦的带领下，前往吴老爷府上登门拜访。对于孟浩然这样的襄阳名士来访，吴老爷自是盛情接待。

二人落座之后，孟浩然开门见山，向吴老爷阐明，韩思复为襄州民众改造良田，他殚精竭虑，不是为了他的个人利益，而是为百姓造福，功在当代，利在千秋。

说到良田改造之事，吴老爷认为，在吴姓的田地上开挖一条主干渠，会让吴姓一族败在他的手上，让他上愧对祖宗，下愧对子孙。所以，他说什么都不同意。

对于吴老爷的心结和顾虑，孟浩然提出经过深思熟虑的解决方案。他向吴老爷作出承诺，如果他们同意在吴姓的田地上开挖这条主干渠，他可以提议，对吴姓一族在檀溪良田改造中做出的牺牲和贡献，由襄州州府在吴氏宗祠前立一块功德碑，以示铭记。这样，上可以让吴姓一族光宗耀祖，下可以让吴老爷的子孙万代以此为荣，从而能够更加凝聚吴姓一族的团结。

孟浩然提出的解决方案，一下子解开了缠绕在吴老爷心头的结。在孟浩然苦口婆心的劝说之下，吴老爷紧皱的眉头终于慢慢地舒展开来，他最终同意襄州州府在吴姓一族的田地上开挖这条引水排涝的主干渠。孟浩然的檀溪之行，不辱使命，让韩思复对他刮目相看，钦佩不已。

襄州刺史韩思复和襄阳县令卢僎排除重重阻力，调动民工数千人，经过一个冬春的不懈奋战，开元十二年（724 年）春末，位于襄阳城外的十里檀溪，在襄阳人民辛勤的汗水中，被改造成了田成方、渠成网的万亩良田。

为了全面推动整个襄州的良田改造，韩思复向朝廷倾力举荐，将襄阳县令卢僎擢升为襄州长史，从而让他成为韩思复非常信赖的得力助手。

开元十二年（724 年）秋，已经七十三岁的韩思复在襄阳病重，接到韩思复病重的消息，朝廷非常重视，决定接韩思复回长安治病。

韩思复回长安时，襄阳城内，万人空巷，人们纷纷赶到襄阳城北的临汉门码头为他送行，临汉门码头上，人山人海。望着古道热肠的乡亲父老，望着他倾注了一腔心血深爱的热土，韩思复热泪盈眶，他一再叮嘱卢僎和跟随在他身后的州县官员，一定要把襄州的良田改造全面地推进下去，一定要为襄州人民建设好这片丰衣足食的万世福祉。孟浩然上前紧紧拉住韩思复的手，韩思复语重心长地叮嘱浩然，他有满腹才学，一定要想着为国家多做事情。望着眼窝深陷、白发满头的韩思复，孟浩然十分郑重地点了点头，眼泪模糊了他的眼睛。

以天下为己任，是一个文人应有的责任和使命。真君子应该为国家去做事情，这不就是圣人孔子所倡导的吗？这不就是先祖孟子对后世子孙所作的训导吗？临汉门送行归来，孟浩然感同身受，他觉得自己不能再避居田园，不问世事了，而应该像韩思复一样心怀天下，为国家、为人民去奉献自己。孟浩然觉得像回到了十几年前，他曾经有些失落的心里，又开始充满了激情。

韩思复回到长安后，由于病情严重，朝廷于是授予他太子宾客的虚衔，让他安心在长安治病，襄州刺史由崔志廉代任。

时间转眼到了十月。每年十月或仲冬之始，各地的州府长史根据路程远近，一般都要自当地启程，带领经过府试选拔的举人入京，为他们办理朝廷进士科举的各种复杂手续。而襄州州府每年也要在这个时候，在汉江边上举行盛大的行乡饮礼仪式，为即将入京参加进士考试的襄州举人送行，孟浩然作为襄州的博学多才之士，被崔志廉和卢僎邀请前来参加隆重的送行仪式。

仪式结束之后，孟浩然把卢僎送过汉江。望着视自己为忘形之交的卢僎，孟浩然激情澎湃。他想，也许在明年的二月之初，这些和卢僎一起前往长安的举人，就会像娇莺一样展翅高飞了。而自己正值芳年，也想和他们一样展翅高飞。

在卢僎登车临别之际，孟浩然赠诗一首，向他表达自己急切的心绪：

送卢少府使入秦

楚关望秦国，相去千里余。州县勤王事，山河转使车。

祖筵江上列，离恨别前书。愿及芳年赏，娇莺二月初。

对于《送卢少府使入秦》中的卢少府是卢僎，几乎所有的专家都是认可的。但对于卢僎此时的官职，不同的专家学者之间存在很大争议。

有的学者认为卢僎此时的官职是襄阳县尉，有的学者认为是襄州长史。

在唐朝时，县令被人们称为明府，因为县尉是辅佐县令的官员，所以，县尉也被人们尊称为少府。所以，有的学者认为卢僎此时的官职是襄阳县尉。但是，在唐朝时，并不是只有县尉才能称少府。从唐代诗人韩翃（hóng）的《送长史李少府入蜀》，我们就可以看出，在唐代，州府长史也是可以称少府的。另外，唐代诗人王勃写的《送杜少府之任蜀州》，若杜少府不是长史，怎么会到任蜀州呢？那他应该到任的是某县。

对于卢僎此时的官职，徐鹏教授在他的《孟浩然集校注》中所作的解释是："韩思复为襄州刺史时，僎为襄州长史，王士源谓其与浩然为忘形之交。"

开元十二年（724 年），就在孟浩然满怀激情，希望自己能够像韩思复一样心怀天下、为民请命时，李隆基在长安，为是否前往泰山封禅（shàn），心事重重。

封禅泰山，自三皇五帝而始，后来秦始皇灭六国，统一海内之后，为了炫耀自己的文治武功，他亲自带领文武百官，浩浩荡荡地前往泰山封禅，从而开辟了仪式盛大的封禅之先河。随之后来的两汉和隋唐，皆有君王效仿秦始皇之举，前往泰山封禅。

泰山封禅是古代帝王在泰山举行的祭祀天神地祇（qí）的仪式。其仪式包括“封”和“禅”两部分，所谓“封”，就是在泰山之顶聚土筑圆台以祭天帝，增泰山之高以表功归于天；所谓“禅”，就是在泰山之下的小山丘上积土筑方坛以祭地神，增大地之厚以报福广恩厚。

当然，这封禅泰山，也不是每个帝王都能有这样的资格。

因为前往泰山封禅最主要的仪式就是告太平于天，以谢天助之功。所以，自三皇五帝之始，就只有那些开疆拓土，具有文治武功的帝王，才有资格前往泰山封禅。

封禅泰山是因中书令张说、秘书监徐坚等人提议而起，此议一出，虽然赞成者不少，但是，反对者却也大有人在。以宰相源乾耀、宋璟为代表的朝廷重臣认为，封禅泰山，徒伤民力，于国无益。尽管李隆基很想去，但是，面对很多朝廷重臣的反对，他又不好把自己的意思明说。

开元十二年（724 年）十一月，皇上李隆基让宋璟担任西京留守，把他留在长安，而李隆基自己则带着满朝文武，浩浩荡荡地前往洛阳而去。李隆基把朝廷从长安迁到洛阳，无异于向那些反对封禅的官员暗示，在他李隆基的心里，有着东行泰山的打算。

十一月末，东都洛阳取代长安，变成了国家的政治和文化中心。

闰十一月，中书令张说正式向李隆基表请封禅。李隆基的心里本来就想去，现在又有张说呈表进奏，虽然宰相源乾耀反对，但他还是以承奉高宗李治遗风为名，像模像样地写了一篇《允许封禅诏》，决定于开元十三年（725 年）十一月十日，正式前往泰山举行封禅仪式。

封禅泰山是一项重大的文化活动，为了广召天下的儒生博士跟随伴驾，显示大唐王朝弘儒重文，一派臻盛昌隆的气象，朝廷宣告招贤海内，为东封泰山做好前期准备。不久，丽正书院在东都洛阳明福门外的集仙殿正式设立。

开元十三年（725年）早春，把“为官一任造福一方”作为诺言恪守了一生的韩思复在长安病逝，享年七十四岁。孟浩然得知韩思复病逝的消息，泪流满面，悲不自禁。

韩思复两任襄州刺史，他生为民计、死为民谋的优秀品格，深深地印刻在襄阳人民心中。孟浩然认为，昔有羊公德行天下，今有韩公恤民襄州。千百年来，到襄阳为官者芸芸无数，但是，可以把名字刻在岘山之石上的，只有他们两个。

为了表达对韩思复的无限崇敬，孟浩然和襄州长史卢僎一起，对韩思复的英名事迹，在岘首山刻石凭吊，立碑以记。

对于孟浩然、卢僎为韩思复立碑之事，《新唐书·韩思复传》做了如下记载：“复为襄州刺史。……卒，年七十四，谥曰文。天子亲题其碑曰‘有唐忠孝韩长山之墓’。故吏卢僎、邑人孟浩然立石岘山。”

孟浩然在岘山为韩思复立碑之后，他想起在临汉门城楼前送别时，韩思复对自己的谆谆教诲，感同身受。面对在他老人家面前曾经的承诺，孟浩然决定要用自己的学识，去为国家、为人民做更多的事情。

在孟浩然看来，朝廷迁居洛阳，现在张说位居中书令，并且总知丽正书院院事，对自己来说，这是实现自己一腔鸿愿的最好机会。

打定主意，孟浩然踌躇满志离开襄阳，前往洛阳。

孟浩然来到洛阳后，在洛阳城东的白社安顿下来。

孟浩然来到洛阳之后，虽然是张说的座上客，但是，朝廷的官宦任用，皆有定制。张说身为宰辅，事务庞杂，由于他在李隆基面前多次提起孟浩然，却未见皇上回应，也就只好把这件事情慢慢给放下了。

开元十三年（725 年）四月，张说作为封禅泰山的封禅使，把拟定好的封禅仪式呈递给李隆基，李隆基非常高兴，便召集中书门下两省官员、礼官及丽正书院众学士到东都洛阳明福门外的集仙殿聚宴。酒过三巡，李隆基看到满座人才济济，龙颜大悦，他一时兴起，便决定把集仙殿改名叫集贤殿。随之，设立在集仙殿的丽正书院，也被改名叫作了集贤殿书院，并且只有五品以上的官员才能在这里称学士，六品及以下的官员，只能在这里称直学士。

张说没想到，自己苦心设立的丽正书院，竟被皇上一句话就改了名字，并且要求在集贤殿书院著书讲学的，必须是朝廷的官员。

李隆基的这一决定，无异于把孟浩然这样的民间学儒之士完全拒于集贤殿书院门外。

孟浩然来到洛阳之后，除了结识了贺知章、袁仁敬、张九龄、卢鸿一、包融、袁十等一些文人学士之外，仕途上并没带来任何转机。

时间转眼到了秋天，孟浩然想到昔日在襄阳结识的洛阳香山寺僧人湛然，他决定趁着闲暇寻访一见。

洛阳香山寺坐落在离洛阳城南近三十里伊河东岸的龙门山上。龙门山被伊河自南向北如刀劈斧削般一分为二，形成两山隔河对峙，伊河以东的龙门山因为盛产香葛，故此得名，又叫香山。香山寺就建在与龙门隔河相望的香山西山坳里。

孟浩然一早从洛阳城东的白社草堂出发，出山之后，雇下一匹老马前往香山寺，故人相见，欣喜不已。二人在湛然的兰若禅室内彻夜长谈，到天亮的时候，依然还没有一点儿睡意。湛然行迹四海，心无旁骛，在孟浩然眼里，这才是个参禅向佛的真隐士。而自己真想像他一样投身此山，做一回真隐士。

孟浩然在洛阳香山寺住过几日之后，他还是告别湛然，回洛阳城东的白社草堂。

开元十三年（725 年）十月，封禅使张说为皇上李隆基筹备了将近一年的泰山封禅终于成行，十月十一日，皇上李隆基带着满朝文武百官、皇亲国戚以及众多的羽林军卫队，浩浩荡荡地离开洛阳，前往泰山而去。十一月初六这天，李隆基一行数万之众，来到泰山脚下。在山下斋戒三日之后，于开元十三年（725 年）十一月十日正式登山。

李隆基带领着自己钦随的文武百官，两个皇后，孔子的后人，从全国各地派来参加朝贺封禅礼仪的使官和儒生文士，突厥国的额利发，契丹和奚的国王，高丽的朝鲜王，百济的带方王，摩阿史那的可汗，日南、西竺、凿齿、乌浒的酋长，日本、新罗、靺鞨的侍子及使臣等数千之众，浩浩荡荡地登顶而上。

只可惜，在跟随李隆基登山的儒生文士中，孟浩然没有能够成为其中的一员。

十一月十一日，李隆基正式在泰山举行封禅大典，祭祀上帝天神，李隆基站在搭建于山顶的圆坛之上，参请天上诸神，下界受祭。祭祀仪式，恢宏壮阔。

在泰山拜祭完天神和地神之后，十一月十二日，李隆基在泰山脚下的帐殿接受群臣朝觐，他下诏大赦天下，封泰山山神为天齐王，泰山山神所享用的祭祀礼仪，加为三公一等。

对于此次封禅泰山，李隆基很是满意，他决定对随行官员加封行赏。张说作为此次东封泰山的封禅使，这论封行赏之事，自然就交由张说全权执行。

这次封禅泰山，张说大都推荐中书、门下两省和与他关系亲近的官员，随侍在李隆基的身边，并让他们以朝廷官员的身份，和李隆基一起登山。现在李隆基欲加封行赏，于是，张说便决定把这些与他关系亲近的官员，全部都破格提拔到五品以上。

当中书令张说授意中书舍人张九龄据此草拟奏书，然后呈报给李隆基批奏时，张九龄对张说的如此做法，觉得颇为不解。

张九龄，字子寿，生于唐高宗凤仪三年（678 年），韶州曲江人。武则天长安元年（702 年）进士及第，调校书郎，后迁左拾遗、左补阙、司勋员外郎等诸职。张说自兵部尚书迁任中书令之后，对张九龄颇为看重，他们共通张姓谱系，二人的关系由此更近了一层。所以，在张说位居中书令后不久，受张说的倾力举荐，张九龄便进入中书省，晋升为中书舍人。

张九龄认为，官爵是天下为公之器。加官晋爵，应当先德望，后劳旧。他提请张说对加封提拔之人严加审计，再做定夺。

张说对张九龄的好心提醒，颇为不快，他不屑一顾地要张九龄就按照他的意思办。于是，中书省便只得按照张说的意思拟诏呈奏。

中书省拟奏的这份诏书被李隆基批奏之后，人们见只有中书、门下两省和那些跟在皇上身边前呼后拥的朝廷官员得到了加封提拔，而那些真正为封禅大典跑前忙后的普通官员和护驾士卒只是记功空赏，却没有得到一点儿实际的赏拔。封禅大典论封行赏之事，闹得朝野上下，怨声载道。

十一月十四日，李隆基离开泰山前往曲阜拜祭孔子。十六日到达孔庙，拜祭孔庙时，李隆基在孔子像前郑重许诺，他将号令天下，尊崇孔孟，实行以儒治国。在曲阜拜祭完孔子之后，李隆基一行方才经宋州（今河南商丘）往东都洛阳而还。

开元十四年（726年）春，尽管孟浩然欲求在洛阳入仕为官、为国做事的愿望没能实现，但是，他在洛阳结识的友人却变得更多了。

这一时期，孟浩然结识了寓居在淇上的王维。

王维，字摩诘，生于武则天长安元年（701年），祖籍太原祁县（今山西祁县），自父辈始迁蒲州（今山西永济），故为蒲州人。王维不仅精于诗文，而且工于书画，九岁即负才名。后与弟弟王缙一起寄居洛阳，出入于岐王李范、薛王李业等皇室贵胄门下。王维从不恃才而骄，他为人谦和，品行正直。上至王公贵族，下至文人庶子，尽皆与之友善，故此结交甚广。开元九年（721年），时年二十一岁的王维，位居榜首，进士及第，被朝廷官封太乐署太乐丞。

太乐丞虽然官职品级不高，但他却是在宫廷之内可以和皇上打交道的人，可谓是官虽不大衙门高，所以，在世人眼里，这也算是个了不得的职位。

然而，好景不长。

由于王维是皇上李隆基的亲弟弟岐王李范的门生。李范在朝廷与很多官员结交甚密，这不禁让李隆基对自己的这个弟弟起了疑心，他担心岐王李范会慢慢坐大。开元八年（720年），李隆基下旨，禁止亲王与朝臣结交，结果裴虚已仅是陪李范出城游赏，就被李隆基下旨，将裴虚已流放新州。而王维在进入宫廷太乐署之后，依然和李范过从甚密，这让李隆基在心里对他很是不满。

开元九年（722年）中秋节，王维属下几个在太乐署舞狮子的伶人为图热闹喜庆，他们竟然私自出宫，跑到长安城的大街上去舞起了黄狮子，李隆基闻知消息，勃然大怒，于是，借此将王维贬到了远离京城的山东济州去做司仓参军。由此，王维在仕途上十年不顺。

李隆基东封泰山，途经济州，在张说的举荐之下，王维跟随伴驾，离开济州，然而，王维跟随圣驾来到洛阳之后，李隆基却没有给他安排职位，从而使得几近赋闲的王维寓居淇上，过起了回归田园的生活。

孟浩然和王维都有着满腹的才华，也都面临着相似的境遇。王维听说孟浩然寓居在洛阳城东的白社之后，便亲自探寻拜访。王维虽然年纪轻轻，但在当时的文坛上，他早就是名动京师的大才子。孟浩然本就欲求一见，现在王维寻到白社登门拜访，孟浩然自是欣喜若狂。

洛阳白社坐落在洛阳城东的一片浅山上，这是一片掩映在青松翠柏之下的草庐、草堂和草亭。

二月之末，白社的草亭外百花初绽，暖意融融。草亭内，和风拂面，花香扑鼻。孟浩然和王维就着亭内的石桌相对而坐，二人一见如故，把盏共饮。谈到文学，谈到诗，他们总有说不完的话。

孟浩然认为，《诗经》汇集了诗歌最早的表现形式。《诗经》来源于民间，反映的是人民大众的生活和情感。然而，经过上千年的演变和发展，到了盛唐时期，诗歌却越来越脱离最广大人民的生活，吟赋社会中上层人士生活和情感的诗多了，而反映人民大众质朴生活和情感的诗少了。诗歌如果脱离了人民大众这块深厚的土壤，终将失去最坚实的社会根基。

孟浩然的观点让王维感同身受。虽然他当时吟咏了很多脍炙人口的辞赋华章，但那些诗作的视角大都来自宫廷应制，贵族宴饮，官宦交游，仕女惜别，边塞风情，这些与人民大众都离得很远。只是在他被贬到山东济州之后，才逐渐开始走近平民百姓，让他感受到了百姓情感的质朴和田园生活的鲜活。诗歌的吟赋应该贴近最广泛的劳动人民，要从阳春白雪，走向下里巴人，让诗歌回归《诗经》的本源。

孟浩然和王维的思想，在这方小小的草亭里形成了统一。

孟浩然认为，与人民大众生活贴得最近的，是田园，是山水。陶渊明是田园诗的鼻祖，他的田园诗作，充分表现了诗人对淳朴田园生活的热爱，以及对劳动的认识和对劳动人民的友好感情。他的田园诗以纯朴自然的语言、高远拔俗的意境，反映出对污浊现实的厌烦和对田园生活的热爱。在他的诗中洋溢着劳动者的喜悦，表现出只有劳动者才能感受到的思想感情。这也是能够被最广泛人民大众理解和接受的思想感情，所以，陶渊明的诗能够被老百姓喜爱和传诵。而谢灵运的诗，虽然对山水自然刻画细腻，文辞优美，但在描画自然山水的同时，却明显糅杂了个人的情感和情绪，美丽的山水有了明显雕琢的痕迹，从而缺少了自然的通透和清丽。

说到陶渊明和谢灵运，王维告诉孟浩然，陶渊明很喜欢喝酒，但是弃官以后，因为家境贫困，不能经常买酒喝了，他也无所谓。所以，陶渊明真正是个心性豁达的人，而谢灵运就不一样，谢灵运虽然人在山水间，却心在青云里。所以，雕琢和自然总是在谢灵运的诗中杂糅并陈。

孟浩然和王维坐在白社的草亭内，从日影西斜，谈到夜半更深，依然意犹未尽。

草亭内点亮的油灯，早就因为灯油耗尽而熄灭了，酒壶里的酒，也因为温酒火炉里的炭早就烧完而变冷了，在一片清寂的草亭内，孟浩然和王维依然兴致勃勃，他们借着从亭外照进来的月光把盏对饮，谈笑风生。

孟浩然告诉王维，他结识的新科进士储光羲、綦（qí）毋潜，对诗歌的创作，也有和他相近的看法。王维告诉孟浩然，他的好友祖咏，还有他新结识的常建，都很喜欢陶渊明、谢灵运的诗。于是，孟浩然提议，可以把这些志趣相投的友人聚在一起，吟山水，赋田园，成立盛唐的山水田园诗派，让大家彼此交流互鉴，从而吟咏出更多被人民大众交口传诵和喜爱的诗。

孟浩然的提议，王维非常赞同，把谢灵运和陶渊明的诗风结合起来，开启盛唐山水田园诗的创作格调，既可以像陶渊明一样歌咏劳动和生活的鲜活，又能吸收谢灵运对山水刻画的文笔细腻，把田园和山水结合在一起，能够形成雅俗共赏的诗风格调。两人的意愿在相互的交流中不谋而合。

天已经快亮了，酒早就喝光了。孟浩然兴致勃勃地站起身来，抱着已经喝空的酒罐，径直向草亭外走去。

借着清丽的月色，孟浩然来到离草亭不远的水井旁，他打起一桶井水，倒进放在地上的酒罐里，然后兴致勃勃地抱着酒罐回到草亭，给二人各自斟上。孟浩然和王维端起装满清水的酒盏，一脸欣喜地来到草亭外，为他们形成盛唐山水田园诗派的共同思路，举水邀月，倾杯相庆。

几天之后，孟浩然邀请王维、储光羲、綦毋潜、祖咏、常建共聚白社草堂，商讨山水田园诗的创作事宜。由于孟浩然最先提出了形成盛唐山水田园诗派的思路，并且在山水田园诗的创作上卓有建树，因此，后人一致认为，孟浩然是开启盛唐山水田园诗派的一代宗师。

此后不久，孟浩然又在白社结识了前来拜访他的新科进士崔国辅，看到年轻的才子们步入官宦之路，孟浩然既高兴，又羡慕。二人相识不久，崔国辅被朝廷授官山阴尉，崔国辅在洛阳与孟浩然、王维告别，前往山阴（今浙江绍兴）就任。储光羲也被朝廷授官冯翊（yì）尉，离开洛阳前往冯翊而去。

綦毋潜在进士及第后，被朝廷授官校书郎，留在洛阳。綦毋潜等待上任之前，到白社来见孟浩然，约他一起到洛阳东南缑（gōu）氏山外的李十四庄去住几天，孟浩然欣然应邀，二人一同前往。

孟浩然在綦毋潜的陪同之下，在李十四庄探幽寻源，玩得很是尽兴，几天之后，綦毋潜要回洛阳就任校书郎，而孟浩然却在李家庄病倒了，綦毋潜只好让孟浩然留在李十四的庄上养病，自己先回洛阳去了。

李家的庄园很大，也建得很漂亮。寒食节这天，李家的人都踏青游赏、祭奠先人去了，孟浩然一人卧病在李家庄园的一隅，园舍内显得有些冷冷清清的。然而，过午之后，随着一阵春雷滚过，天空开始变得一片昏暗，阵阵山风袭来，春雨也随之潇潇而下。孟浩然无力地躺卧在病榻上，从病榻前的轩窗里向外看去，刚才还是花朵灿灿的花枝，现在却是百花飘零。

这让孟浩然联想到自己，不知不觉来洛阳就有一年了，自己此行洛阳的目的是为了践行送别韩思复时作出的承诺，打算靠张说举荐，入仕为官，从而为国家做些事情。然而转眼一年过去，官宦仕途对自己来说，依然遥不可及。想到自己的处境，孟浩然不禁触景伤情，赋诗一首：

李氏园卧疾

我爱陶家趣，园林无俗情。春雷百卉坼，寒食四邻清。
伏枕嗟公干，归山羡子平。年年白社客，空滞洛阳城。

孟浩然在李家庄住过一段时日，等病情完全好转之后，才回白社草堂。

随后不久，綦毋潜被朝廷授官宜寿尉，于是，綦毋潜与孟浩然、王维告别，离开洛阳前往宜寿而去。刚刚结识的崔国辅、储光羲、綦毋潜，又一个一个地离开洛阳，各自往异地就任去了。

储光羲、綦毋潜虽然走了，但是，孟浩然经常与他们书信往来。而王维则是经常带着祖咏、常建来到白社，与孟浩然一起探讨山水田园诗的创作。彼此的相互交流，拓展了他们的视野，开阔了他们的思路，每次都有满满的收获。随着他们创作交流的不断加深，慢慢孕育并形成了这些诗人清新恬淡、互为一脉的诗风格调。

盛唐山水田园诗派的形成，引导和激励诗人们创作出了很多反映田园生活、劳动场景和描写人们质朴情感的田园诗作，为唐代诗歌创作的兴盛繁荣，功不可没。

自洛之越　寄情山水泛湖海

开元十四年（726年）春，山水田园诗派的形成虽然让孟浩然收获满满，但是，在他的内心深处，还是希望得到张说举荐，向朝廷献赋求仕，从而实现自己为民请命、为国奉献的一腔夙愿。然而，接下来发生的事情，却让他有些出乎意料。

中书令张说因为深得皇上李隆基信重，以至位高权显，所以常常倨傲自恃，不把其他朝臣放在眼里。有时遇到朝中官员与自己意见不合时，有的甚至当面叱责，以至朝中不少大臣与其有隙。

御史中丞宇文融过去因为上书在州县设复田劝农使之事，与张说当庭力争，从此二人生隙，以至于自那以后，宇文融每有动议，张说就当庭驳斥，由此，二人之间的矛盾越闹越大。于是，御史中丞宇文融时时准备抓住张说的小辫子，在李隆基面前对他致命一击。

中书舍人张九龄对张说说，宇文融承恩用事，多诡辩，善权术。劝张说对此人多加防备。而张说却对宇文融依然不屑一顾。

开元十四年（726年）四月，李隆基在宫廷召集朝中五品以上官员聚宴，当他看到张说的女婿郑镒在座时，感到相当震惊。因为郑镒在一年之前，还只是个朝廷工部的九品小吏，他有何德何能官晋五品？

于是，李隆基找源乾曜、宇文融查问。

宇文融借机向李隆基讲说了事情的原委。原来，张说作为封禅使，将自己的女婿安排到泰山去负责修筑寺庙和道院。后来，在泰山封禅之后，张说奏请将跟随李隆基登山的朝廷官员，尽皆官晋五品。此事经李隆基恩准之后，郑镒因为跟随李隆基一起登山，并且也是朝廷官员，自然就堂而皇之地被晋升成了朝中的五品官员。李隆基知道了事情的原委之后，感到相当愤怒。虽然将跟随登山封禅的朝廷官员全部晋升到五品以上，是经过自己同意了的，但他没想到，张说竟会明目张胆地借此将自己的女婿晋升成了朝中的五品官员，他感觉自己受到了蒙蔽和欺骗。于是，当即指示御史台对张说进行查办。

随之，御史大夫崔隐甫、御史中丞宇文融、御史中丞李林甫联名上奏，以张说“引术士占星，徇私僭（jiàn）侈，受纳贿赂”三项罪名进行弹劾。接到御史台的弹劾呈奏，李隆基随即敕令宰相源乾曜带领刑部尚书韦抗、大理寺少卿明珪和御史大夫崔隐甫在御史台共同拘审张说。拘审的结果是，宇文融等所列举的张说的罪状，多属事实。

张说过去毕竟是李隆基的侍读老师，将张说羁捕入狱之后，李隆基派内侍高力士前去狱中看望，高力士从狱中回来对李隆基说：“说蓬首垢面，席藁（gǎo），食以瓦器，惶惧待罪。”

听高力士说完，李隆基面露怜悯之色。于是，高力士以张说曾有功于国为由，劝说李隆基对张说从轻发落。

李隆基觉得高力士说的有道理，于是，下令罢黜张说的中书令职务，然后将其免罪释放。随之，中书舍人张九龄也因为受到张说这件事儿的牵连，被调离中书省，只让他做个管些祭祀之事的太常寺少卿。

张说的罢相入狱，将孟浩然打算通过张说举荐献赋求仕的希望，化作了泡影。

时间转眼到了五月，适值与孟浩然、张九龄、王维都有结交的包融休沐放假，包融在洛阳城外的洛水河边上，建有一座私家园宅，于是，包融邀请众多文人学士到这里聚宴，孟浩然自然也在应邀之列。

包融，润州延陵（今江苏丹阳）人，与于休烈、贺朝、万齐融为“文词之友”，在开元初即负才名，与贺知章、张旭、张若虚，号“吴中四士”。

对于文人学士宴饮聚会这样的事儿，孟浩然是非常乐意参加的。孟浩然与包融和众友人相见，自是乐在一处，他们之间总有说不完的话。

包融是延陵人，说起吴越之地，他告诉孟浩然，那里山水旖旎，风景奇秀，他建议孟浩然到那里去走一走，看一看，去游览那里的山水物华之胜，定能领略到不同凡响的美妙情境。包融的建议，仿佛打开了孟浩然的一扇心窗，他想，自己何不前往越地，借此泛舟湖海，这样既可以拜访张子容、崔国辅这些故交好友，又能饱览江南山水物华之胜，为自己山水田园诗的创作开阔眼界，如此也是人生的一大收获。

适逢在洛阳结识的好友奚三动身回扬州，孟浩然前去送行，临别时，奚三非常热情地邀请他到扬州去，孟浩然此时已经有了前往吴越的打算。所以，他十分高兴地把这件事儿答应了下来。

开元十四年（726 年）夏秋之交，孟浩然在洛阳对张说、贺知章、袁仁敬、张九龄、包融这些官宦学儒之士逐一登门拜谢，张说虽然对孟浩然的才华十分赏识，但是无奈自己下野被贬，已经没有机会在皇上面前说话，只得空自遗憾。

拜谢完各位公卿之后，孟浩然与王维、祖咏、常建诸友人挥泪作别。在离开洛阳之际，他心怀惆怅，赋诗一首：

自洛之越

遑遑三十载，书剑两无成。山水寻吴越，风尘厌洛京。
扁舟泛湖海，长揖谢公卿。且乐杯中物，谁论世上名。

诗的前四句说的是，自己已经三十多岁了，但却书剑无成，决定前往吴越去寻幽山水。因为走过了一路风尘，所以开始厌弃洛京。诗中既流露出书剑无成的遗憾，又表达出要在吴越的山水之间去寻找人生乐趣的豁达心境。后四句说的是，他打算坐船去泛舟湖海，所以在洛阳作揖拜谢各位给过他帮助的公卿显贵，只管行乐于杯中之物，去醉情于山水，谁还会去谈论世上那些虚幻的利禄和功名呢。诗中既表达了他离开洛阳时的心境，又透露了他决定自洛之越、泛舟湖海的行程规划。

离开洛阳之后，孟浩然坐船经洛水入黄河，经过几日行程，来到古城汴州（今河南开封）。孟浩然下船在汴州游赏几日，然后自汴州登船，沿汴水逆水往东南而行，适值西风正劲，航船扬帆借风前行，数日之后来到谯县（今安徽亳州），寻访在洛阳时结识的友人张主簿和申屠少府。

孟浩然在谯县住过几日，改由涣水乘船顺流而下，这日天晚时分来到临涣（今安徽濉溪），然后自涣水顺流直下，进入淮河。孟浩然乘坐江船一路穿江过湖，来到扬州寻访好友奚三，在扬州住过几日之后，孟浩然在扬州与友人告别，沿大运河登船南去。

这天傍晚，孟浩然站在船甲板上放眼远望，只见前面波翻浪涌，水天茫茫。孟浩然在心里暗暗地想，这前面水天相连之处，怕不该就是长江了吧！怀着一丝兴奋和激动，前去问询船家，船家告诉他，前面就是长江，但是，行船的人大都叫它扬子江。

天空阴沉沉的，看上去，雨就像要从云中滴下来的样子，阴冷的秋风呼呼地扑卷在江面上，站在船头的孟浩然，感觉到身上似有阵阵寒意。望着眼前风呼浪卷的扬子江，他知道，今晚船家是不可能会过长江去的了。

北风还在呼呼地刮个不停，江边层层涌起的浪花不停地拍打着船舷。虽然还只是八月，孟浩然没想到这寒冷的天气会在这中秋时节提前到来。中秋时节，本该在襄阳与家人团聚，而自己却如同孤雁只身万里，漂泊吴地，不知不觉间，一股乡思幽情袭上心来。归帆远在天际，自己前路缥缈，如同江上暮色漫漫。望着眼前的景色，遥想家乡万里，孟浩然思乡心切的一番心境，只有用自己的诗来表达：

早寒江上有怀

木落雁南渡，北风江上寒。我家襄水曲，遥隔楚云端。

乡泪客中尽，归帆天际看。迷津欲有问，平海夕漫漫。

第二天一早，已经在路途上颠簸了一个多月的孟浩然，终于可以渡江南去。过了眼前这条波涛翻涌的长江，前面就是他梦寐以求的江南水乡了。

孟浩然站在船头举目南眺，北固山上的枫叶火红一片。孟浩然的双眸一眨不眨地望着那连片的枫叶，他仿佛看到它们正在渐渐凄冷的秋风之中飘落凋零，瑟瑟而下。面对此情此景，孟浩然赋诗一首：

渡扬子江

桂楫中流望，京江两畔明。林开扬子驿，山出润州城。

海尽边阴静，江寒朔吹生。更闻枫叶下，淅沥度秋声。

江船满鼓着风帆，横过长江而去，远处的北固山近了，远处的润州城近了。让孟浩然曾经魂牵梦绕的江南水乡，已经真实地展现在他的眼前。

对于孟浩然自洛之越的时间，不同的专家学者之间存在着很大争议。

“自洛之越”到底应该在哪一年呢？

孟浩然在自洛之越这首诗里说，“风尘厌洛京”，也就是孟浩然自洛之越时，洛阳是京师所在地。在开元年间，洛阳作为京师有两个时段，一个是开元十二年（724年）十一月到开元十五年（727年）十月，皇上李隆基因为想要封禅泰山，把朝廷迁到洛阳。一个是开元二十二年（734年）正月到开元二十四年（736年）十月，因为长安闹粮荒，李隆基把朝廷迁到了洛阳。

孟浩然《自洛之越》的第一句是“遑遑三十载”，显然，孟浩然当时的年龄肯定不超过四十岁，否则的话，怎么能说遑遑三十载。而开元二十二年，孟浩然已经四十六岁了，所以，孟浩然自洛之越的时间只可能发生在开元十二年到开元十五年之间。

因为韩思复去世于开元十三年春，韩思复去世后，孟浩然和卢僎为他在襄阳岘山立碑，所以，开元十三年春孟浩然还在襄阳，随后在暮春时节，离开襄阳前往洛阳。

另外，崔国辅、储光羲、綦毋潜他们三个是不同地方的人，也在不同的地方做官，而孟浩然和他们三个人都相识，并且关系很好。因为他们三个都是开元十四年进士，开元十四年春，他们都在洛阳。所以，从一个侧面可以证明，孟浩然开元十四年春在洛阳。

在孟浩然《自洛之越》中，明显地表达了他有些惆怅的情绪。他为什么会觉得惆怅？因为被他寄予很大希望的中书令张说，在开元十四年四月被羁捕入狱，从而让他希望通过张说举荐献赋求仕这条路，一时变得行不通了。所以，孟浩然自洛之越的时间应该发生在开元十四年夏秋之交。

孟浩然坐船过长江来到润州（今江苏镇江）之后，继续南行，前往润州城西南的长山去寻访刘隐士。

孟浩然在长山住过几日后，一路南游，过茅山来到溧阳（今江苏溧阳）境内，登瓦屋山游赏。

瓦屋山是著名的道家圣地。孟浩然一路兴致高昂地登上瓦屋山山顶平阔的天台，北望茅山峰峦竞秀，南望溧阳一马平川。

孟浩然就是在游赏瓦屋山的路途中，遇到了云游吴地，正好来到这里的李白。

李白，字太白，祖籍陇西成纪（今甘肃天水市附近），隋末，其先人因战乱流寓于安西都护府碎叶城（今吉尔吉斯斯坦北部托克马克附近），武则天长安元年（701年），李白出生于碎叶。后来在唐中宗神龙初年（705年）李白五岁时，随父亲东归广汉，落户于绵州彰明县（今四川江油）青莲乡，故此号青莲居士。李白少年时，即显露才华，他五岁诵六甲，十岁观百家。李白广览博学，吟诗作赋，诗文并举，颇为当时的蜀人称道。

李白少好出游，他经常前往与绵州相距不远的道教圣地峨眉山，并在那里与入道多年的修道大士元丹丘结为莫逆之交。

开元十三年（725年），时年二十五岁的李白离开巴蜀之地，他沿江而下，一路向东，周游于湘楚吴越之间。

孟浩然与李白初次相见，彼此并不熟悉。孟浩然和李白在游瓦屋山时相遇，南游溧阳时，没想到他们又住到了溧阳城内的同一家客店里。

客店里的再次相见，加深了孟浩然与李白对彼此的印象，李白通过店主人打听，这才知道他就是知名荆襄的孟浩然。

李白早在云游湘楚时，就听说了孟浩然的名字，现在有幸相见，正是仰观眉睫。于是，李白盛情邀请孟浩然同游北湖亭，孟浩然对李白这位只有二十几岁的年轻人，虽然了解不多，但是看他谈吐不俗，仪态儒雅，所以，孟浩然就十分高兴地就把这件事儿答应了下来。

这天早上，天气晴朗，孟浩然和李白二人一起来到溧阳县北的北湖亭上，因为严寒天气的提前到来，在北湖亭四周的枯草落叶上，凝结着晶莹的白露。

孟浩然与李白在北湖亭上坐下来，二人促膝而谈，说起诗赋文章，孟浩然滔滔不绝，讲得李白连连点头，他完全把孟浩然当成了他的老师，在心里对他崇敬不已。

李白站起身来，走到北湖亭边扶栏北望，北边的瓦屋山烟云苍茫，青葱如黛。一群群雁阵从瓦屋山的莽莽山影中飞来，高高地从头顶的天空飞过，置身于吴地的山光水色之间，李白情思迸发，浮想联翩，他脱口成章，向孟浩然赠诗一首：

游溧阳北湖亭望瓦屋山怀古赠同旅

朝登北湖亭，遥望瓦屋山。天清白露下，始觉秋风还。
游子托主人，仰观眉睫间。目色送飞鸿，邈然不可攀。
……
壮夫或未达，十步九太行。与君拂衣去，万里同翱翔。

李白的诗浩瀚大气，纵论古今，让孟浩然觉得这个青年才俊很了不起，两人以诗为友，结为知己。

孟浩然和李白一起游完溧阳，李白要北去扬州，孟浩然则要南往越地。于是，二人在溧阳挥手道别。

孟浩然与李白在溧阳分别后，一路且走且游，自吴至越，来到杭州钱塘时，时值九月中旬。孟浩然来到钱塘县，他最大的愿望就是观钱塘潮，但是，观钱塘潮最佳的时间在八月十八前后，他已经错过了。

孟浩然来到钱塘县后，受到了县令颜钱塘的盛情接待。

孟浩然从颜钱塘这里听说，虽然错过了八月的钱塘大潮，但是，现在是九月十六前后，依然会有钱塘潮出现，这让孟浩然感到十分高兴。

接待孟浩然的午宴相当丰盛。吃过酒饭之后，颜钱塘坐到琴台后，丝丝切切地为众人拨弹鸣弦助兴。大家兴味正浓时，孟浩然听见屋外传来有如雷鸣般的轰轰隆隆之声，颜钱塘连忙停住手，琴辍声止时，众人细细一听，果然是钱塘潮来了。

众人连忙骑上早已备好的马匹，急忙往钱塘江边赶去。孟浩然与颜钱塘几人登上钱塘江边的樟亭，他倚着亭栏举目远望，只见一条白线从远处慢慢向这边移来，随着海潮越来越近，白浪翻涌的潮头伴着阵雷般的轰响，以排山倒海之势，向江岸这边直拍过来，它们在江岸上激起几丈高的水头，冲向秋日午后湛蓝的晴空。

浊浪翻卷扬起的飞沫在空中霰碎成层层水雾，向观潮台上飘散过来，让孟浩然和与他一起观潮的颜钱塘几人打着冷噤，个个觉得身生寒意。

望着眼前雄浑壮阔的自然奇观，孟浩然被钱塘潮的自然奇伟之力深深地震撼了，他抑制不住自己澎湃的激情，为颜钱塘赋诗一首：

与颜钱塘登樟亭望潮作

百里闻雷震，鸣弦暂辍弹。府中连骑出，江上待潮观。

照日秋云迥，浮天渤澥宽。惊涛来似雪，一坐凛生寒。

孟浩然在钱塘观潮之后，便离开钱塘，前往余杭，然后南渡浙江，决定往山阴拜会好友崔国辅而去。

经过一路问询，孟浩然来到山阴（今浙江绍兴）与好友崔国辅相逢，二人分外高兴。只是秋冬之交，万木凋零，景色寥落，加之崔国辅初到山阴上任，一是对山阴还不太熟悉，二是初到任上事务繁忙，所以，孟浩然在山阴住过一些时日之后，由于一心要往天台山去，于是，便在山阴与崔国辅告别，前往会稽（今浙江绍兴）。

孟浩然一路游赏会稽山水之后，坐船经杭州湾出海，来到波涛翻涌的大海上。这是孟浩然第一次来到海上，他被大海的波澜壮阔深深震撼了。经过几日之后，孟浩然来到了舟山岛，他站在船头，眺望着碧蓝的大海，看见一座座翠绿的小岛如同颗颗珍珠，镶嵌在碧蓝的海面上。而在座座相距不远的小岛之间，无数打鱼人自由自在地乘坐着浮槎（用竹木编成的小筏），在幽蓝的海面张网垂钓。

渔人的生活悠闲宁静，大海丰厚的馈赠又让他们富足而充实，来到这片海天相连之地，孟浩然感受到的是一番世外桃源般的奇幻秘境。

因为这次来到越地，天台山是孟浩然的必去之处，所以，他在这里稍作停留之后，坐船过舟山海峡，进入象山湾，然后弃船登岸，前往天台山。

天台山山峦奇秀，美丽多姿。它自古就是道家名山，其间石梁飞瀑、华顶归云、赤城栖霞、琼台夜月皆为天台山胜景，引得无数才子佳人慕名而来，在此流连忘返。在唐朝时，天台山更是作为道家圣地，首屈一指。

孟浩然遍游天台山的华顶、赤城山、石桥飞瀑等各处美景胜境之后，与结识的天台道士太乙子告别，离开天台山，经象山湾回到海上。

孔子说，道不行，乘桴（fú）浮于海。孔子的意思是说，如果治理国家之道得不到施展，那就乘着小筏漂浮到海上去吧！由于仕途不顺，孟浩然觉得自己心怀治国之道，却没有施展的机会，所以，他就追随着孔子的这句话，乘着小筏，要漂浮在海上。

回到大海之上的孟浩然，每天坐着租雇的浮槎（chá），自由自在地游赏在座座美丽的海岛之间，和当地的渔民一起乘槎赶海，扬帆垂钓，抛却了对功名利禄的渴望，所有郁积在心里的烦恼也一扫而净。

轻松悠闲的日子总是过得很快。这天黄昏，随着红红的太阳慢慢地没入海中，幽蓝的天空繁星点点，孟浩然躺在租雇的浮槎上，用手枕着头，仰望着满天繁星，他看见北斗七星的斗柄已经指向了北方。孟浩然在心里一惊：这一年就这样又要过完了！

坐着浮槎回到宿住的船上，孟浩然赋诗一首：

岁暮海上作

仲尼既已殁，余亦浮于海。昏见斗柄回，方知岁星改。
虚舟任所适，垂钓非有待。为问乘槎人，沧洲复何在？

这首诗中的“仲尼”是指孔子，《论语》中有“子曰：‘道不行，乘桴浮于海’”。“斗柄回”，是指北斗七星中第五至第七这三颗星的指向回到了正北方。古人用北斗七星斗柄的指向来确定季节的变化，当北斗七星的斗柄指向了正北方，表示一年即将结束，新的一年即将开始。“虚舟”，是指独自一人坐在船上，没有目的和方向，任其在水上漂泊。这首诗的意思就是，孔子既然已经去世了，还有我来像他一样，乘桴浮于海上。天渐渐黑了下来，抬头看见北斗七星的斗柄回到了正北方，知道新的一年又要开始了。独自坐在船上随波逐流，垂钩而钓，并不期待会得到什么。只是问一问乘着浮槎而来的人，海上的仙洲是不是依然还在哪里存在？

孟浩然在这首诗中想要表达的意思，和他自洛之越时，打算寻幽越地旖旎山水美景、回归自然的初衷是一致的。

孟浩然早就决定，要在年前赶到乐城去见张子容，从这里到乐城还有几百里的行程，于是，孟浩然登上海船进入外海，然后一路南行，往乐城（今浙江乐清）而去。

孟浩然乘坐的海船，满鼓起风帆，一路破浪前行，正好赶在除夕这天到达了乐城。

张子容自晋陵贬到乐城之后，朝廷仿佛把他忘到了九霄云外。这些年，张子容一直都在乐城做他的县尉，这让他非常的苦恼。

进士及第离开襄阳这十几年，张子容一直都有心回襄阳省觐双亲，但两地相隔的实在是太远了，更主要的原因，还是他仕途为官十几年，好歹也算中了个进士，而到现在只做个从九品的县尉，多少让他觉得有些归乡无颜。

除夕这天的乐城大街上，爆竹声声，气氛喧闹，人们的脸上都挂满了过年的喜庆，而张子容家的院宅内却显得有些冷清。天渐渐地黑了下来，孟浩然找到张子容府第门前，两位阔别了十几年的生死之交在乐城相见，都分外激动，他们紧紧地拥抱在了一起。

二人互致寒暄，过了好久，他们才松开臂膀，孟浩然和张子容的眼里都盈满了激动的泪水。张子容拉着孟浩然的手将他迎到府上。为了给孟浩然接风洗尘，张子容在自家府上摆酒设筵，并且请来歌女作陪，共度除夕之夜。

孟浩然与张子容一边听歌女弹唱古曲《梅花落》，一边喝酒守岁。他们你一盏，我一盏，酒兴正浓时，孟浩然触景生情，吟诗一首：

岁除夜会乐城张少府宅

畴昔通家好，相知无间然。续明催画烛，守岁接长筵。
旧曲梅花唱，新正柏酒传。客行随处乐，不见度年年。

望着眼前十几年未见的生死至交，张子容也心情激动，为孟浩然和诗一首：

除夜乐城逢孟浩然

远客襄阳郡，来过海岸家。樽开柏叶酒，灯发九枝花。
妙曲逢卢女，高才得孟嘉。东山行乐意，非是竞繁华。

张子容吟诗完毕，又与孟浩然连斟连饮，卢姓歌女又为他们二人弹奏几曲之后，离席退去。没有了外人在场，孟浩然与张子容更是畅叙心怀。他们回味家乡旧事，谈说时世风情，谊深情浓处，举杯再饮，及待天明时分，二人都已酩酊大醉，外面天就要亮了，时光的脚步已经悄悄地踏进了开元十五年（727 年）。

孟浩然来到乐城之后，被张子容安排住在乐城的驿馆里。张子容由于官任上的事情，前往永嘉去了。由于不习惯海边湿重的气候，孟浩然便头痛脑热地生起病来。身处异乡，忧思怀乡之情，与日俱增。及待病情好转，他便离开乐城前往永嘉，打算在那里与张子容告别，然后自越地回程归乡。

孟浩然离开乐城，自永嘉江支流楠溪江北上，来到永嘉之后，索性叫了一艘篷船，把他送到位于楠溪江上四面环水、春景怡人的偌大一座江岛上。虽然还是正月，但这永嘉之地地暖春早，江岛上水清林秀，花艳香浓。孟浩然一路赏景，不知不觉已是天色将晚，看到前面有一家酒馆，酒馆的招幌上写着“上浦馆”三个大字，于是，孟浩然便迈着大步往那酒馆里走了进去。

孟浩然走进店内，只见酒店之内坐着不少前来吃酒的客人，孟浩然不管这些，他径直走近店家的柜台前，要了吃食之后，又让店家安排了宿住的客房。

就在这时，张子容匆匆地找了过来。二人在楠溪江中的上浦馆相遇，欣喜不已。他们在上浦馆住过一宿，第二天孟浩然就要从永嘉动身启程归乡了。

孟浩然执意归去，张子容挽留不住，只好把他送到楠溪江边的码头上，两人依依惜别。临别之际，孟浩然为张子容赠诗一首：

永嘉别张子容

旧国余归楚，新年子北征。挂帆愁海路，分手恋朋情。

日夕故园意，汀洲春草生。何时一杯酒，重与季鹰倾。

孟浩然在永嘉与张子容离别后，坐海船自楠溪江南下，进入永嘉江（今瓯江），然后向东进入海浪汹涌的东海，一路北上，进入长江之后，再逆长江而上，一路西行，在正月之末来到润州。

由于坐船时间太久，孟浩然决定在润州下船，在这里歇息几日后，自润州登船沿长江溯流而上，这天傍晚来到浔阳（今江西九江）。天晚时分，要从润州远航到武昌的江船停在浔阳城外，孟浩然站在船上向远处望去，远远近近的山峦清晰可见。通过向船家询问，孟浩然知道了浔阳城外的这些山峦就是庐山，庐山上那座依稀可辨的山峰就是香炉峰。看到庐山，看到香炉峰，孟浩然就想起了曾经读过的《远公传》，这让他不由得想到慧远法师在庐山参禅向佛的故事。

慧远法师本姓贾，是雁门楼烦人，他本来打算前往罗浮山修道，东晋太元六年（381 年）来到浔阳之后，见庐山北临扬子江，南濒彭蠡（lǐ）湖（今鄱阳湖），山夷钟秀，优雅清静，于是，便在庐山住了下来。

慧远来到庐山之后，先是和师兄慧永住在西林寺，后因西林寺太小，于是，慧远就在西林寺旁边的赛阳石门涧，用土垒和竹草编造建成一个房子，取名叫龙泉精舍。慧远法师的精舍集安居、拜佛、接待僧友为一体，并在这里讲经布道，随之追随弟子众多。于是，师兄慧永找到时任江州刺史的桓伊说，远公弘道，生徒众多，我住的西林寺这个地方太过狭小，接纳不了慧远这么多的生徒，怎么办呢？桓伊听说了这个情况之后，于是为慧远在山的东面立佛建殿，后来人们就把慧远在东山的佛殿称为东林寺。随之，慧远也成就为佛学教派的一代宗师。

孟浩然站在船头，望着夕阳之下暮色苍茫的庐山，他似乎听到了远山寺院的声声钟鸣。想到远山寺院那些久远的故事，想到慧远法师曾经曲折坎坷的身世经历，他在心里唏嘘不已。

孟浩然自浔阳坐船逆水而上，继续前行，来到武昌的时候，正值二月中旬，长江两岸残冻初解，梅花正在开放。岸边的春柳绿意初绽，楼台掩映。望着眼前的情景，孟浩然将自己溯江而上的一路经历，赋诗以记：

溯江至武昌

家本洞湖上，岁时归思催。客心徒欲速，江路苦邅回。
残冻因风解，新正度腊开。行看武昌柳，仿佛映楼台。

孟浩然在武昌下船之后，在武昌找了间驿馆住下来，缓解一下旅途的疲惫。孟浩然在武昌期间，来到了位于蛇山脚下的黄鹤楼。黄鹤楼（今迁至蛇山山顶）是江南的三大名楼之一，传说这里原为一辛氏女子开设的酒栈，一游方道士在酒栈投宿之后，为了感谢她的千杯之恩，临行前在壁上画了一只黄鹤，告知它能下来起舞助兴。辛氏酒栈因为有了这只能下地起舞的黄鹤，从此顾客盈门，生意兴隆。过了十年之后，那位游方道士再次来到酒栈，他骑上黄鹤直上云天而去。发了大财的辛氏为了纪念这位乘鹤远去的仙翁，便在此地起楼，故而取名黄鹤楼。

孟浩然在武昌的黄鹤楼、鹦鹉洲一带尽情游赏，时间转眼已到三月，四野里百花绽放，春意盎然。当初，孟浩然自洛之越时，就已经作好了泛舟湖海的打算，现在大海泛舟的心愿已经实现，而洞庭湖却还没去。

三月春末，孟浩然登上前往巴陵（今湖南岳阳）的江船，离开武昌前往湖湘而去。

孟浩然来到巴陵之后，乘舟在洞庭湖游赏月余，然后越洞庭湖南去，这天早上，江船来到汨罗江与湘江交汇之处的南山地界。

孟浩然坐在船上，看见汨罗江的滚滚清流与湘江交汇，一路奔流北去。孟浩然坐着租雇的小船，来到屈原当年投江的地方，他心情特别沉痛。孟浩然自洛之越，从洛阳出发的时候，他就决定要泛舟湖海，来汨罗江凭吊屈原，就是他此次行程中重要的一环。

在此之前，孟浩然曾两次来到过洞庭湖，第一次仅仅只是路过，在这里几乎没做停留。第二次是为了拜访被贬到此地做岳州刺史的张说，那次虽然时间充裕，并且他也到过屈原投江处，但是那次到湖湘之地已是初秋，没有赶上五月初五屈原投江这天对他进行凭吊。而这次在来湖湘之前，他就已经对五月初五这天来汨罗江凭吊屈原做好了安排。

孟浩然坐在船上，看见人们在这里举行隆重的仪式对屈原进行纪念。这让他不禁想到了满腹才华、忠而斥弃，最后带着满腔愤懑，投汨罗江而死的屈原。从这里去往长沙已经不是很远了，这又让他想起曾在长沙做太傅的贾谊。贾谊做长沙太傅时，就经常前往汨罗江，并写下诗赋凭吊屈原。望着眼前滚滚奔涌的汨罗江，回想屈原为国而殇的先楚旧事，他似乎感同身受，心情沉痛。

孟浩然在汨罗江凭吊完屈原之后，坐船继续沿湘水南行，其时江上北风正劲，掌舵的船家正好扬帆欲借风势南行，想往前再多赶一些路程，所以，眼看天色渐暗，船家也没有靠岸停船的意思。

客船借着月光在夜色中继续挂帆南行，北风吹起层层涌浪，咕咕咚咚地拍打着木质的船舷，坐在船舱里憋闷了一天的行旅之人，都纷纷走出船舱，在甲板上感受着夜风的清凉。

孟浩然站在船甲板上向远处望去，他看见被朦胧夜色笼罩的江岸上，星星点点地闪亮着灯火。空气里弥漫着淡淡的杜若草的芳香，江面上不时可以看到时明时暗闪动的渔火，在清丽如水的月下，不知是哪条渔船上的女子，用清亮的嗓音唱起了江南的《采莲曲》。美丽的湘江夜色，让孟浩然不禁又怀念起投汨罗江而去的屈原，情思激越处，孟浩然在船上吟咏起屈原的《九歌·湘君》："驾飞龙兮北征，邅吾道兮洞庭。薜荔柏兮蕙绸，荪桡兮兰旌。望涔阳兮极浦，横大江兮扬灵……"

孟浩然的激情吟咏，引来一船人的不时相问，涔阳是在哪里？

客船终于在湘江岸边的一个小渔村前抛锚停泊了下来，孟浩然站立船头，望着湘江岸边的点点渔火，他情不自禁，赋诗一首：

夜渡湘水

客舟贪利涉，暗里渡湘川。露气闻芳杜，歌声识采莲。
榜人投岸火，渔子宿潭烟。行侣时相问，涔阳何处边？

孟浩然一路逆湘江而上，来到长沙。在长沙留驻几日之后，继续逆湘水而上，前往衡山。

衡山麋县令听说孟浩然来到衡山，非常高兴，他摆酒设筵亲自作陪，孟浩然对麋县令的盛情接待十分感激。

孟浩然在麋明府的陪同下，遍游南岳。几日后，孟浩然离开衡山，逆湘江的支流耒（lěi）水而上，继续南行，来到岭北之后，方才启程北返，然后沿湘江而下，越洞庭湖经沅江西上，前往武陵（今湖南常德、张家界一带）。

孟浩然乘船来到武陵这天，天已经黑了。由于武陵是座小小的山城，地偏人稀，这天晚上，偌大的江川之上，只有孟浩然搭乘的一艘孤舟，静静地靠泊在小城外的码头上。这是孟浩然第一次来到武陵，透过幽暗的夜色向远处看去，只见远峰近岭，山影崔嵬（wéi）。

夜宿江船之上，闻得猿啼声声。本来，孟浩然还是很小的时候，就读到了陶渊明的《桃花源记》，《桃花源记》中有关武陵描写的华美章句，曾经一次又一次地拨动过他的心弦，“阡陌交通，鸡犬相闻”这种世外桃源的生活，曾经让他对武陵这片山水幽美之地向往已久。然而，初到武陵给他的第一印象，就是人烟稀少，荒凉凄清。

夜色渐渐地沉了下来，孟浩然一口吹灭了燃在案头的油灯，伏卧在衾枕上和衣睡下。孟浩然躺在江船狭小的舱室内，从远处山上传来的阵阵猿啼吵得他难以入睡。孟浩然斜靠在枕衾上，他的目光透过舱室的木窗向幽暗的江面上望过去，他看见先前幽暗的江面上，竟然像星星眨眼似的，闪烁着几点渔火。借着渔火的光亮，孟浩然看见渔船上的渔人们，不时叩响船板，在幽暗的江面上赶鱼。

望着眼前的情景，让孟浩然不由得又想起了陶渊明的《桃花源记》，《桃花源记》中记载的是，武陵人捕鱼为业。原来这武陵人捕鱼也确实很有特色。进而，孟浩然突然想到，眼前的这些捕鱼人会不会就是陶渊明《桃花源记》里捕鱼的武陵人呢?

望着眼前幽暗江川上的捕鱼人，孟浩然感味喟叹之余，按捺不住自己的满腹思绪，赋诗一首：

宿武陵即事

川暗夕阳尽，孤舟泊岸初。岭猿相叫啸，潭影似空虚。
就枕灭明烛，扣船闻夜渔。鸡鸣问何处？人物是秦余。

武陵是田园诗鼻祖陶渊明向往的胜地，孟浩然来到武陵之后，决定追随陶渊明的脚步，来体验和游赏这里的山水景色和田园风光。在武陵稍作歇息之后，孟浩然自城外租雇了一叶小舟，他独自前往城外，去游赏探玩武陵的青山秀水。

孟浩然独自一人泛舟碧溪之上，摇橹荡桨，悠悠而行。一叶扁舟缓缓漂流在山水之间，清清的小河两边，木静风幽，花树成林，不知不觉中，孟浩然已经完全沉浸在这美丽幽妙的自然之境，让他觉得，他与这里的山水融为了一体。

眺看着远处云遮雾绕的壁立青山，坐听着溪边传来的阵阵猿啼，情思幽妙间，孟浩然吟诗一首：

武陵泛舟

武陵川路狭，前棹入花林。莫测幽源里，仙家信几深。

水回青嶂合，云度绿溪阴。坐听闲猿啸，弥清尘外心。

孟浩然追随当年陶渊明的脚步游完武陵，沿沅江而下，泛舟经过洞庭湖后，回到巴陵已是七月之末，秋天已经悄然来临。

孟浩然在巴陵歇息几日，他屈指一算，自己从开元十三年（725年）春离开襄阳，这一转眼两年多就过去了。他泛舟湖海的愿望已经实现了，所以，他应该回去了。

孟浩然坐上前往武昌的班船，沿长江顺流而下，来到武昌之后，再逆汉江而上，来到郢州。看着眼前的这片山水，孟浩然感到这里的一草一木都非常亲切。

回来了，回来了！眼前的桑土家园依然如故。想着马上就要见到自己的妻子，见到自己的儿子，孟浩然的脚步变得格外轻快。

一轮落日，悄然斜挂在远山的尽头。眼前绿树掩映的村落被四周的浅山环抱着。孟浩然抬头向村落后面的山上望去，山坡上乔木茂盛，有人正在树林里取木伐树，静静的山林里传来斧锯声声。

看着眼前的情景，孟浩然不由吟咏起《诗经》里的《伐柯》："伐柯如何？匪斧不克。取妻如何？匪媒不得。伐柯伐柯，其则不远。我觏之子，笾豆有践。"

"柯"是指斧柄。"伐柯"就是砍取做斧柄用的木料。《伐柯》是一首男子在新婚燕尔时唱的诗，诗中表达的是自己新婚的妻子已经摆好酒食，等着自己这个丈夫回家。

已经有三年多没有回过这里了，沿着进村的土路拐进山湾，掩映在绿树浓荫之下的韩家园宅展现在他眼前，孟浩然怀着无比急切的心情，情不自禁，吟诗一首：

归至郢中作

远游经海峤，返棹归山阿。日夕见乔木，乡园在伐柯。

愁随江路尽，喜入郢门多。左右看桑土，依然即匪佗。

孟浩然诗中的最后两句，分别源自《诗经·小雅·小弁》中的“唯桑与梓，必敬必止”和《诗经·小雅·頍（kuǐ）弁》中的“岂伊异人，兄弟匪他”。前一首诗要表达的意思是，自己对父母亲非常地尊敬，但是跟父母的关系很不融洽，让自己非常地愁苦。后一句诗表达的意思是，这里没有外人，都是亲如兄弟的一家人。

《伐柯》是叙写夫妻感情的诗，《小弁》是叙写儿子与父母产生矛盾让自己很痛苦的诗，《頍弁》中“岂伊异人，兄弟匪他”两句，表达的是没有外人，要亲如一家。

把这三个点放在一起，清楚地表达了孟浩然回到郢州时的心情。就是他们夫妻感情很好，但是却跟父母之间存在着难以调和的矛盾，其实他非常希望看到自己的亲人能亲如一家，因为他们之中没有外人。

孟浩然回到郢州，让妻子襄客和儿子仪甫高兴不已。孟浩然抬头看着仪甫，三年多不见，他已经长得和自己一样高了。几乎一眨眼的工夫，儿子仪甫就已年近二十，到了该成家立业的年龄，但是，他和妻子的身份，却依然得不到孟家认可，这成了横亘在孟浩然心里抹不去的阴影。

要想把妻子和儿子名正言顺地接回襄阳，唯一的办法只有自己仕冠加身，等自己在家族有了身价和威望，接她们回孟家自然也就有了希望。

这次前往洛阳，既然献赋求仕这条路一时走不通，但是，科举应试的大门依然还在向自己敞开。现在自己快四十的人了，若是再不抓住机会，或许再也没有把她们接回孟家的可能了。

孟浩然在郢州住过一些日子之后，决定离开郢州，回襄阳报名参加每年一度的科举考试。

孟浩然从郢州回到襄阳，已经是九月初。从开元十三年（725 年）春离开襄阳前往洛阳，然后因为张说的入狱问罪，他离开洛阳，经洛水入黄河，到汴州（今河南开封）后，逆汴水南去，到达谯县（今安徽亳州），然后经涣水南下到达临涣（今安徽濉溪），再由涣水入淮河，过高邮湖，经运河到扬州，然后从扬州过长江到润州（今江苏镇江），经长山、过茅山、登瓦屋山后，南下溧阳（今江苏溧阳），在这里初识李白，随后继续南下到杭州，在钱塘江观潮后，到山阴（今浙江绍兴）、会稽（今浙江绍兴），然后自杭州湾出海，过舟山群岛经象山湾前往天台山，结识了天台道士太乙子，然后从天台山回到舟山群岛，浮舟于海。在开元十四年（726 年）岁末离开舟山群岛，前往乐城（今浙江乐清）与好友张子容相见，然后从乐城到永嘉（今浙江永嘉），再从永嘉坐船经楠溪江入永嘉江（今瓯江），越东海北上，入长江逆水而行，到达润州，继续西上到浔阳（今江西九江），过武昌，然后溯流而上到巴陵（今湖南岳阳），过洞庭湖到汨罗江悼念屈原，然后入湘江南去，过长沙，游衡山，继续南行到达岭北，然后沿耒水入湘江北返洞庭湖，入沅江西上，追随当年陶渊明的脚步到达武陵，遍游武陵之后，泛舟经过洞庭湖，回到巴陵，然后经长江入汉江，逆水而上，到达郢州（今湖北钟祥）之后，再从郢州回到襄阳，前后历时近三年之久，这是孟浩然人生中旅途最远的一次行程。

孟浩然这次离家入洛的初衷，本来只是前往洛阳，希望通过张说的举荐献赋求仕，实现自己为国效力、为民请命的一腔夙愿。然而，由于张说的入狱问罪，从而使得他的这个愿望没能实现。但是，孟浩然在这次行程中，不仅先后结识了贺知章、袁仁敬、张九龄、王维、崔国辅、储光羲、綦毋潜、包融、李白、太乙子等不同凡响的人物，而且还完成了他泛舟湖海、凭吊屈原的心愿。最为重要的是，孟浩然和王维、储光羲、綦毋潜、祖咏、常建在洛阳白社，组成了盛唐山水田园诗派的中坚力量，开启了盛唐山水田园诗派的风气之先，从而为他不同凡响的人生，谱写了极其重要的一环。

应试长安　进士落第滞京城

孟浩然回到襄阳，虽然花去了家里一大笔银钱，但是，当母亲孟夫人知道他打算参加进士科考试时，还是相当高兴。让孟浩然参加进士科举，一直都是孟老爷生前的愿望，也是孟夫人的愿望，她当然希望能在自己有生之年，看到这个愿望得以实现。

孟浩然回到襄阳后，前往襄州州府拜会襄州长史卢僎，向他讲述这次洛阳之行以及后来自洛之越、云游湖湘的经历，并向卢僎表明了参加科举考试的打算。

卢僎见到远游归来的孟浩然，非常高兴，当他听说孟浩然打算参加科举考试，更是赞许不已。他一直都认为，孟浩然才学满腹，早就应该参加科举考试，然后去为国家、为民众做更多的事情。

卢僎摆酒设宴，对孟浩然进行盛情接待。吃过酒饭之后，卢僎带着孟浩然一起来到襄州刺史独孤册的书房，进行当面引见。

独孤册对孟浩然慕名已久，两人侃侃而谈，相见恨晚，彼此结为忘形之交。

听说孟浩然回到襄阳后，王迥、辛谔、丁凤、吴悦、朱去非几位昔日好友登门看望，孟浩然与家乡故知欢聚一堂，更是喜不自禁。

这次远行归来，孟浩然确实觉得吴越之地山奇水秀，但他总是认为，和吴越之地比起来，襄阳的山水风光更为清秀壮丽。

这天吃过午饭之后，孟浩然独自一人牵上家里的小毛驴，沿着山脊往屋后的岘山登去。时值暮秋，天高云淡，日暖风轻，孟浩然骑着毛驴行走在山路上，看见满山的栎树，落叶飘零。沿着岘山与望楚山相连的山间小径继续前行，只见前面山峰削若壁立，越往上走，则山林越见稀疏，沿途野菊满径，花香扑鼻。走到最后，由于山势陡峭，孟浩然不得不牵着毛驴，攀缘而上，直到落日西垂，方才登上与望楚山岭脉相连的最高顶。

孟浩然举目四望，众山皆小。群山之下白水茫茫的汉江，如同一条九天飘落的玉绫，柔柔地蜷曲着、弯卷着，静静地铺陈在广袤无垠的苍茫大地上。碧水环绕的襄阳城，如同一颗镶嵌在玉绫上的宝石，钟灵毓秀，清晰可辨。夕阳辉映之下，美丽的襄阳胜景让孟浩然久久沉醉，他的思绪飘飞在云蒸霞蔚的山光水色之中，他为家乡山水的壮美感到由衷的骄傲与自豪。

“山水观形胜，襄阳美会稽。”

在孟浩然的眼里，家乡襄阳的山水景色，可是要比江南水乡的会稽美得太多了。

孟浩然抬头南望，苍茫的云梦之泽似如掌中之小，远处起伏的山岭如同自己去过的武陵一样景色迷人。

站在望楚山巅，孟浩然激情澎湃，赋诗一首：

登望楚山最高顶

山水观形胜，襄阳美会稽。最高唯望楚，曾未一攀跻。
石壁疑削成，众山比全低。晴明试登陟，目极无端倪。
云梦掌中小，武陵花处迷。暝还归骑下，萝月映深溪。

“山水观形胜，襄阳美会稽”，孟浩然以议论和感叹开始，开门见山，直抒胸臆。会稽是古越国的都城，以山水秀丽而著称，位置在今天的浙江绍兴。孟浩然一从越地归来，就急切地用襄阳和会稽进行比较，足见他对襄阳炽烈的热爱。置身于家乡的山水之间，那种迫不及待的喜悦心情，跃然纸上，溢于言表。他在诗的一开始，就得出结论，家乡的山水风景，远远比人们交口赞誉的会稽更美。孟浩然对襄阳的山水美景十分自信，并为之感到无比自豪。诗的三、四句，“最高唯望楚，曾未一攀跻”，写的是在襄阳城外最高的山是望楚山，而自己之前一直都还没有攀上过最高的山顶。狭义上的望楚山今天叫马鞍山，是指羊祜山后面的那座山。而孟浩然诗中的望楚山，显然指的是今天的扁山。扁山与马鞍山岭脉相连，或许孟浩然认为它们是连在一起的，于是，把它们统称为望楚山。诗的五、六句写的是从远处仰望望楚山的美丽景色，“石壁疑削成，众山比全低”，望楚山的石壁像刀劈斧削那么险峻、陡峭，四周的众山都低伏在它崔嵬的山影之下。七、八句写的是孟浩然登上山巅之后的真切感受。“晴明试登陟，目极无端倪”，在晴明的天空之下，一步步艰难地登上山顶，目极之处，无边无际。诗的九、十句，“云梦掌中小，武陵花处迷”，作者发挥自己最大的想象，由实到虚，他极目南眺，仿佛看到云梦之泽比自己的手掌还小，而武陵似乎在一片迷迷蒙蒙的花海之中若隐若现。云梦泽是一个在春秋战国时经常被提到的古地名，它是中国古代最大的湖泊，方圆九百里，横跨长江南北。春秋时，梦在楚方言中为“湖泽”之意，与漭（mǎng）相通，由于长江泥沙沉积，云梦泽分为南北两部分，长江以北成为沼泽地带，长江以南还保持着浩瀚的水面，称之为洞庭湖，洞庭湖古亦称云梦。所以，孟浩然诗中的“云梦”，指的是古代的云梦之泽，而不是今天的湖北省云梦县。孟浩然在这里采用夸张的笔法，通过想象在望楚山巅看到烟波浩渺的洞庭湖，看到景色迷人的武陵，来渲染望楚山的巍峨高峻，同时，诗人也借用开阔博大的视野来展现他高远深邃的胸襟。诗的最后两句，“暝还归骑下，萝月映深溪”，从虚景又写回实景。只到太阳落山，才归骑而下，林间的薜萝在明丽的月色之下，和月亮一起，倒映在清清的溪水之中。诗句不仅展现了作者依恋望楚山巅的胜色美景，流连忘返，依依不舍的生动画面，而且用清新细腻的笔调，为读者描画了一幅活灵活现的月下山溪图。

《登望楚山最高顶》文辞优美，作者在清新淡雅的基调中，穿插进夸张的手法，在细腻刻画景物的同时，展现出作者博远的视野和开阔的胸襟。于无声处胜有声，孟浩然运用虚实结合的神来之笔，把写景和抒情巧妙地弥合在一起，显现出似淡实腴，丰茸绵密，采秀内映的诗歌创作特色。

开元十五年（727 年）闰九月，随着皇上李隆基一声令下，朝廷的文武百官和宫廷的皇后嫔妃，在数万羽林军将士的护卫之下，浩浩荡荡地离开洛京，向长安开拔而去，十月初，李隆基在离开长安整整三年后，又回到帝都长安，长安再次取代洛阳，变成了大唐王朝的政治、经济和文化中心。

自从决定参加科举考试之后，孟浩然整天都在涧南园南山坡上的草庐里翻读书卷，孜孜以求。时间转眼到了开元十六年（728 年）元日这天，按照庄户人家的惯例，要在新年元日这天，到地里给麦苗松土，以求新的一年，农家的田地能有好收成。

孟浩然作为孟家的长子，在新年的第一天，扛着草锄来到自家南山坡下的麦畦里，和几个长工们一起给已经开始分蘖（niè）的麦苗松土。孟浩然向长工们问今年的农时气候，几个长工十分兴奋地告诉孟浩然，去年冬天下了一场大雪，开年之后地里的墒情好，所以，今年肯定会是个丰收年。

在新年的第一天，孟浩然在和长工们一起劳作之余，赋诗一首：

田家元日

昨夜斗回北，今朝岁起东。我年已强仕，无禄尚忧农。
野老就耕去，荷锄随牧童。田家占气候，共说此年丰。

孟浩然在这首诗里说，自己年已四十，到了强仕之年，身无俸禄还在忧心农事。村野老人到前面的田间去从事耕种，他正扛着锄头跟在牧童后面往前走。向他们问起今年的气候，那些种田人都说，今年是个丰收年。这首诗格调清雅，但从“共说此年丰”这句话中可以看出，孟浩然在新年的第一天，对自己的未来充满了希望。

开元十六年（728 年）春夏之交，李白自安陆来襄阳寻访浩然，友人相见，格外高兴。

孟浩然带着李白游赏了襄阳的老龙堤、汉江和岘山几处胜景之后，来到了白马山下的习家池，向他讲说昔日山简醉酒的故事。

山简镇襄阳时，常游憩于此，每次来到这里，便置酒池畔，大醉而归。有一次酒喝得实在是太多了，他欲回襄阳，却醉得连上马都上不了。他对部将葛彊（qiǎng）问道：“这里是哪里？”葛彊对他说：“这里是襄阳城南的习家池。”听葛彊说完，山简醉意朦胧地对他叱道：“此我高阳池也。你这并州小儿何故唬我？”部将葛彊没有办法，只得连连说道：“这里是高阳池，这里是高阳池。大将军，今天天色已晚，我们就从这里登车回襄阳去吧！”山简一听，很不乐意地说道：“身为战将，岂能登车，你以为是我喝多酒了吗？骑马！”实在没有办法的葛彊只好把他绑在马上，让山简伏于马背倒骑而还。就因为这个典故，习家池又被后人称为高阳池。

李白在孟浩然的陪同下，尽游襄阳胜景，情醉心迷处，他诗兴大发，作《襄阳曲四首》，对襄阳的人情风物赋诗以记。

李白在襄阳游赏十数日后，方才与孟浩然告别，自回安陆而去。

李白走后，孟浩然也开始为自己即将参加的科举考试做好准备。

因为孟浩然特别出众的才华，再加上独孤册、卢僎等州府众官员的支持，他很顺利地通过了县试和府试的两级选拔，九月末，正式成为能够参加朝廷进士科考试的襄州举人。

就在孟浩然即将动身前往长安之际，辛谔也要离开襄阳，往长安去了。

辛谔前往长安，是因为他经过十几年时间创作的《叙训》长卷已经完成，他要把这部长卷敬献朝廷，一是为了展示自己的才华，二是希望由此能在仕途上为自己谋个一官半职。

辛谔离开襄阳这天，孟浩然说好了要去相送，但是他赶到码头的时候，因为去得有些晚，辛谔已经走了，这让孟浩然感到很是内疚。

随着入京应试的日子越来越近，孟浩然天天都住在自己南山坡上的草庐里，他闭门苦读，决心为入京应试背水一战。

转眼已是十月末，孟浩然就要动身前往长安去了。这天晚上，母亲孟夫人把浩然和洗然兄弟二人叫到自己的寝居，从衣柜里拿出一包用几千两银子换回的官封金锭，递到浩然手上。

尽管孟浩然上次自洛之越，已经花掉了家里一大笔银钱，但是，为了儿子能够顺利地通过科举步入仕途，作为母亲，孟夫人又为浩然筹备了一大笔钱。

孟浩然从母亲手上接过装满金锭的沉甸甸的钱袋，他能够感受到这钱袋里沉甸甸的分量。母亲充满热望的眼神，让孟浩然的入京应试之旅，变得格外步履沉重。就像一个只能一去不归的勇士，一旦踏上征程，就有了“风萧萧兮易水寒”的压力和悲壮。

冬日的寒江之畔，人山人海。襄阳城北的临汉门码头上，锣鼓喧天，气氛热烈。襄州州府在汉江上举行的行乡饮礼仪式已经开始了。襄州刺史独孤册临风把酒，来到孟浩然和其他两个襄州举子面前，与他们举杯共尽。孟浩然向刺史独孤册、州县众官员和送行的众乡亲鞠躬致意后，在众人灼灼的目光中，跟在襄州长史卢僎身后渡江北去。在与襄阳城隔江相望的樊城江岸上，停在江边的马车早就候在了那里。

孟浩然、卢僎一行几人乘坐的马车，经过洛阳城西之后，往前西行几日，道路便开始在人烟稀少的山间穿行。不巧，一场漫天大雪不期而至，覆盖了前面的山川道路，耽误了几日行程。时值冬月之末，孟浩然、卢僎几人乘坐的马车在满是积雪的道路上艰难前行，每天只能走几十里。望望前面去往长安似乎没有尽头的迢迢长路，望望头上布满阴云的晦暗的天空，看看空寂无人只有一群饥乌在争抢啄食的茫茫四野，一丝新愁袭上心来。孟浩然下车站在路边，面对此情此景，他心情复杂，赋诗一首：

赴京途中遇雪

迢递秦京道，苍茫岁暮天。穷阴连晦朔，积雪满山川。
落雁迷沙渚，饥乌集野田。客愁空伫立，不见有人烟。

尽管道路积雪难行，但在几天之后，孟浩然还是在卢僎的带领下，第一次来到了京城长安。

跟随着熙熙攘攘的车马人流，孟浩然、卢僎一行坐着马车进入长安城的正南门——明德门。沿明德门往北，是一条几十丈宽十几里长的笔直的大街，叫朱雀门大街。沿着这条笔直的大街一直向北，可以到达皇城的正南门——朱雀门，如果从朱雀门沿着大街再往北行，就可以一直到达宫城的正南门——承天门。沿承天门往北，就是李隆基临朝摄政和日常起居之地，那里就是国家权力的中心。

孟浩然、卢僎几人来到长安之后，在离朱雀门不远的东城客栈住了下来。卢僎前往位于皇城内的都省试院，按照规定的程序，为孟浩然几人办好各项考试手续之后，与孟浩然和另外两名襄州举人告别，自回襄阳而去。

孟浩然来到长安之后，一刻也没闲着。

在东城的客栈内落脚之后，孟浩然通过打听，前往张说的府第。洛阳一别几年之后，两人再次相见，张说得知孟浩然这次入京是来参加进士科举时，欣喜万分。只要浩然能够考上进士，他相信自己一定能说服皇上，对浩然给予重用。

虽然张说宰相下野，但李隆基对他还很尊敬，毕竟他做过李隆基的侍读老师，所以，在李隆基那里他依然能说得上话。

孟浩然知道王维来了长安，目前待诏金銮，住在蓬莱宫侧的内教坊里。而张九龄已经离开长安，做洪州都督去了。但是，贺知章、袁仁敬眼下都还留在长安。

王维跟随圣驾离开洛阳来到长安之后，被临时安排在宫廷太乐署下面的内教坊，为一帮歌舞伶人从事些赋曲填词之事，若遇皇上饮宴群臣时，又为皇上应制赋诗，赞和皇上圣明。由于没有正式委任的官职，所以，王维大多数时间，都住在宫廷内教坊一间不大的居室内，无所事事。

仕途不顺的境遇让王维对孟浩然有更多理解，他们的关系在无形之中更近一层。所以，听说孟浩然来了长安，王维就找到东城客栈，二人相见，喜不待言。

孟浩然让店家送来好酒，他们边谈边饮，说到山水田园诗的创作，说到山水田园诗派的方向和未来，他们相互探讨，一夜共话到天明。

孟浩然来到长安后，四处寻访前来京师向朝廷敬献《叙训》长卷的辛谔。几经打听，方才相见。辛谔告诉孟浩然，虽然他已经把长卷献给朝廷都几个月了，但是事情依然没有一点儿眉目，这让他感到非常失望。眼看岁末将近，他已经决定离开长安，打算回到襄阳之后，前往鄂州。

辛谔离开长安那天，孟浩然前去送行。望着坐上马车的辛谔，孟浩然心情沉重地走上前去，紧紧地拉着他的手。曾经患难与共的生死兄弟四目相望，无语凝噎。

送走辛谔之后，年末将至，离进士科考试的时间只有半个多月了。孟浩然这才开始把时间全部都用在学业上，他日以继夜，悉心苦读。他要为明年正月的考试做些准备。

对于孟浩然入京长安的时间、次数，不同的专家学者之间存在着很大争议。

对于孟浩然前往长安的次数，有一次说、二次说、三次说、四次说。对于孟浩然第一次前往长安的时间，有开元八年（720 年），开元十一年（723 年），开元十三年（725 年），开元十五年（727 年），开元十六年（728 年），开元十八年（730 年）等说法，不一而足。

对于以上各种说法，可以明确的是，孟浩然前往长安，有历史资料记载的只有两次。由于其他几种说法仅仅只是推测，所以，孟浩然两次前往长安的说法是比较准确的。

对于孟浩然第一次前往长安的时间，《新唐书》记载的很清楚，“年四十乃游京师”，也就是孟浩然四十岁这年才来到京师长安，孟浩然四十岁这年是开元十六年（728 年）。

时间转眼到了开元十七年（729 年）正月，孟浩然与从各地来到长安的举人们一起，前往朝廷考试院，参加开元十七年的进士科考试。

按照唐朝科举取士的惯例，进士科的考试实行两次三场制。所谓两次三场制，就是在每年的正月二十前后，从各地两百多个州经过层层选拔入京应试的举子，与京城国子监下属的国子学、太学、四门学、律学、书学、算学六所学堂选拔出的考生，一起参加进士科的首场考试——诗赋。

参加进士科诗赋考试的考生，每年都有近三千人。所以，当时有诗说：二十二年文教主，三千上士满皇州。

诗赋是进士科考试的第一关。诗赋应试之后，文之高者，才能参加后面的试策和帖经两场考试。所以，参加进士科考试，诗赋这一关尤其重要，因为诗赋不能及第，连参加后面两场考试的机会都没有了。每年的诗赋考试，仅仅只从近三千名考生中，选拔出数百人参加后面的两场考试，再经过试策和帖经，选拔出三十余人进士及第。由此不难想象，一个州县考生要想考上进士，是何其艰难。所以，当时有很多应考士子虽老死于文场，也终生不能及第。故有诗曰：太宗皇帝真长策，赚得英雄尽白头。

开元十七年（729 年）正月的进士科考试，由考功员外郎严挺之担任主考。第一场诗赋应考的题目是《骐骥长鸣》。

《骐骥长鸣》的诗题，来源于三国诗人曹植的《求自试表》，曹植在这篇文章里说："臣闻骐骥长鸣，伯乐昭其能；卢狗悲号，韩国知其才……"

如果将曹植引用的典故再往上追溯，那就要将诗题追溯到《战国策》了。《战国策》上记载的是："楚客谓春申君曰：昔骐骥驾车吴坂，迁延负辕而不能进，遭伯乐，仰而长鸣，知伯乐知己也。今仆屈厄日久，君独无意使仆为君长鸣也……"

对于曹植的《求自试表》和《战国策》上楚客对春申君说话时引用的典故，孟浩然自是了然于心，这个题目的中心意思就是选才识才。

孟浩然端坐在考场上，他蘸墨提笔，在考卷之上挥笔成诗：

骐骥长鸣

……

逐逐怀良驭，萧萧顾乐鸣。

……

几天之后，第一场考试——诗赋上榜的考生名单，张贴在了考试院的南院东墙上，试院的东墙前面，人头攒动，人们都希望能在榜上找到自己的名字。

孟浩然随着涌动的人潮挤到了东墙下面，他在文榜的第一行名单中，一眼就见到"乡贡孟浩然"几个字，这让他的内心激动得怦怦直跳。诗赋上榜的孟浩然从考试院出来，走在早春的长安大街上，看见车水马龙的街道两边，重楼掩映，沿街之上，歌舞升平，一派祥和。他把目光向远处看去，他仿佛看见远山的积雪已经融化，被冰封的黑水河正在渐渐开凌。

孟浩然的心情非常轻松，他觉得，等考完了后面的试策和帖经，在二月柳条发青的时候，自己就可以荣归故里了。孟浩然越想越觉得高兴，他抑制不住自己的满怀喜悦，在长安的大街上赋诗一首：

长安早春

关戍惟东井，城市起北辰。咸歌太平日，共乐建寅春。
雪尽青山树，冰开黑水滨。草迎金埒马，花伴玉楼人。
鸿渐看无数，莺歌听欲频。何当桂枝擢，归及柳条新。

几天之后，试策和帖经两场考试在都省试院进行。

所谓试策，就是写一篇有关时事政论的文章。考官出题之后，要求考生的文章至少应该涉及引论、立论、论据、阐述、结论五部分内容，故俗称策五道。并且在这五部分内容所诠释的观点，均不得与出题者的初衷相悖，否则，这篇文章便视为跑题，所以，就不能通过考试。于是就逐渐形成了后来八股文章的结构形式。

孟浩然端坐在考场上，看着文卷上的试策题目，他引经据典，直陈时弊，对当前出现的各种弊政，对国家治理由此产生的种种不良后果，奋笔疾书。尘封的心门一经打开，奔放的情思便如汹涌的潮水。他希望朝廷革除政弊，让社会回归公正和公平，让人民安居乐业。洋洋千言，一气呵成。

第三场考试帖经，就是默写节选的部分经史子集，这对孟浩然来说，更是手到擒来，轻松自如。

虽然孟浩然的帖经考试十而通九，名列前茅，但是，他在试策考试文章中针砭时弊，与出题者希望诠释和歌颂大唐王朝臻盛昌隆的出题初衷完全相悖。所以，他的试策文章被阅卷考官视为跑题，没能通过考试。

二月初，应试上榜的新科进士名单在都省试院的南院放榜。

孟浩然满怀期望地挤到放榜的东墙前，他看见有几个学子因为在榜上找到自己的名字，兴奋地从人群中跳了起来。望着眼前这些上榜的幸运学子，孟浩然本就有些忐忑的心，更是感到一阵紧张。

孟浩然在人头攒动的人群中，把贴在南院东墙上的大红名榜从头到尾地找了几遍，结果都没有找到自己的名字，孟浩然的心一下子凉到了冰点。他愣愣地站在那里，心里边沉沉的像灌了铅。

孟浩然这次入京应试，背负了那么多至爱亲人的期望，现在进士科举落第，如何向他们交代。沉重的思想压力让他几近崩溃。

二月末，孟浩然在长安得知，辛谔向朝廷敬献的《叙训》长卷，最终得到朝廷认可，被吏部正式委官长社尉。

听到这个消息，孟浩然既是高兴，又是惭愧。高兴的是，辛谔经过这么多年的努力，通过向朝廷敬献长卷，终于步入了仕途。惭愧的是，自己现在进士不第，反而流落京师。不过，从辛谔向朝廷敬献《叙训》长卷中，他又看到了献赋求仕的希望。

孟浩然在长安，毕竟有张说、贺知章、袁仁敬这些故知，他们在朝廷都有一席之位，这样看来，如果有他们举荐，自己通过献赋来求仕，希望也不是一点儿没有。

有了这个思路，孟浩然的心情不再灰暗，于是，他便在长安住了下来。

时间转眼进入三月，清明节这天，孟浩然走出客栈来到长安的大街上，街道两边的杨柳已经开始含绿吐翠，路边树上的花已经落了，树下的草旺旺地从土里长了出来。草树间，蜂嘤蝶舞，莺飞雀跃；大街上，人流如织，车马如潮。孟浩然独自穿行在熙熙攘攘的大街上，却是一片心情寥落。

从街上回到客栈，客栈里住的人大都因为这天是清明节，各自到街上去了，客栈的大堂内冷冷清清的，显得有些空旷。孟浩然沏来一杯茶水，独自坐在空荡荡的客栈大堂内品啜。

嗅着茶水的清香，伴着抑郁的心情，孟浩然赋诗一首：

清明即事

帝里重清明，人心自愁思。车声上路合，柳色东城翠。
花落草齐生，莺飞蝶双喜。空堂坐相忆，酌茗聊代醉。

孟浩然住在京城客栈内，也不是整日空寂无事，王维经常带些友人前来看望，和他一起探讨和思考山水田园诗的创作和拓展。慢慢地，孟浩然在长安结识的友人多了起来。在长安的这些友人中，王昌龄最是和他投缘，二人相识不久，就结为至交。

王昌龄，字少伯，生于武则天天授元年（690 年）。王昌龄早年贫窘，困于农耕，直到开元十五年（727 年）已近不惑，始中进士，时任秘书省校书郎。

随着结识的友人越来越多，滞留在长安的孟浩然，虽然一天天过得平淡，但是时常有友人前来探望，和他们一起参加集会和聚宴，那些难熬的日子便不再觉得冗长。

暮春时节，王维邀请孟浩然和他一起前往终南山，寻访隐居在丰德寺读书的阎防和薛据，和这些文人就山水田园诗的创作进行探讨和交流，以利于扩大山水田园诗在长安的影响。

终南山又叫太乙山，位于长安城南三十里。终南山主脉自东向西，逶迤绵延近百里，如同一道翠绿的屏障，守护在长安城南。它的主脉又向南北分出道道支脉，远远看去，终南山峰岭错列，壑谷幽深，叠峰邃谷，钟灵毓秀。终南山上，不仅山寺众多，而且道院林立，所以，它不仅是长安城南的一座佛家名山，而且也是知名海内的道家圣地，素有“仙都”“洞天之冠”和“天下第一福地”之美称。

孟浩然、王维二人一起打马南行，巍峨耸立的终南山在眼前越来越近。时值三月春末，长安城外，天高云淡，山青四野。放眼远望，满眼皆是一片绿意盎然。忘却了抑郁在心间的纷纷扰扰，置身于壮美奇丽的自然之境，孟浩然一路纵马南行，那种如若放飞的心情，好不欢畅。

直至近午时分，二人才赶到位于终南山沣峪口的丰德寺。

丰德寺坐西向东，坐落在沣峪口的东山坡上，这里林荫蔽日，古木参天，寺深庙古，静僻清幽，唐代出使西域的第一高僧玄奘就圆寂在这里。

阎防和薛据都是王维的好友，在王维的引见下，孟浩然和他们一见如故。

阎防，河中人，隐居在终南山丰德寺读书多年；薛据，河中宝鼎人，和阎防一起隐居在丰德寺，二人发愤求读，孜孜不倦，他们在此积极准备科举应试，期待进士及第，从而步入仕途。

孟浩然的到来，让阎防和薛据非常高兴，他们带着孟浩然、王维走进丰德寺，按照佛家礼俗，进入大殿拜祭佛祖，游赏山寺，沉浸在美丽的青山碧岭之间，四人一起就山水田园诗的创作进行交流，他们各抒己见，意气风发，大家从日影西斜，一直谈到繁星满天。

孟浩然和王维在丰德寺与阎防、薛据告别之后，一路穿岭过壑，前往终南山的腹地而行。

一场初夏的雨水不期而至，把远远近近的山岭淋洗得一尘不染。直到天色向晚时，雨水才停了下来，孟浩然和王维因为这场雨水的到来耽搁了行程，在天黑之前赶到要去的地方已经不可能了，这让他们两人夜晚的留宿成了问题。

就在焦急万分时，小溪对面的山路上走来一个樵夫。

王维急忙向樵夫询问山间夜晚投宿之事，樵夫告诉王维，离这里不远有座翠微寺，那里可供路人投宿。打听到夜晚落脚之地，王维悬在心里的石头总算落了地，望着眼前逶迤连绵的雄秀山姿，他情不自禁，吟诗一首：

终南山

太乙近天都，连山接海隅。白云回望合，青霭入看无。

分野中峰变，阴晴众壑殊。欲投人处宿，隔水问樵夫。

王维吟诗完毕，孟浩然拉着王维，他们拄着竹杖兴奋地登上山巅，看见离此不远的翠微寺就在眼前。

孟浩然和王维拄着竹杖来到翠微寺投宿，受到了空上人的盛情接待。

一轮夕阳斜挂天边，漫天霞光把远处的山峦辉映得如同一片燃烧的火焰。望着远处红灿灿的山峦，不禁让孟浩然想起他吴越之行去过的天台赤城山，更让他回想到泛舟海上的那些经历。望着窗外的落霞晚景，看着空上人的一脸热情，孟浩然禁不住提笔挥毫，在空上人屋内的墙壁上题诗一首：

宿终南翠微寺

翠微终南里，雨后宜返照。闭关久沉冥，杖策一登眺。
遂造幽人室，始知静者妙。儒道虽异门，云林颇同调。
两心相喜得，毕景共谈笑。暝还高窗昏，时见远山晓。
缅怀赤城标，更忆临海峤。风泉有清音，何必苏门啸。

孟浩然与王维的终南山之行，不仅加深了彼此的友谊，而且为盛唐山水田园诗的创作统一了思想，凝聚了共识，从而让他们作为盛唐山水田园诗派的灵魂，被后人尊称为“王孟”。

孟浩然回到长安之后，前往张说、贺知章、袁仁敬几位官宦府第，汲求引荐，献赋求仕。

张说、贺知章、袁仁敬虽然对孟浩然满腹的才华颇为欣赏，但是，献赋求仕毕竟不像科举及第那样，是朝廷正规的取仕之道。由于献赋求仕不符合朝廷科举取士的规制，所以，除了皇上李隆基特别允许之外，谁也没有通过献赋来取士的特权。

贺知章、袁仁敬虽然是朝廷高官，但是显然，他们都不具备影响李隆基做出决定的能力。

张说虽然被罢黜了宰相职位，但李隆基对他非常尊敬，又授任他为尚书左丞。

张说多次找机会在李隆基面前提到孟浩然，希望李隆基能够允许通过献赋，来展示他的才华。

然而，李隆基是个特立独行、性格果敢的皇上，尽管张说做过他的老师，尽管他对张说也很尊重，但他知道，如果因为某人引荐，自己就随随便便答应献赋求仕，无疑会对朝廷的科举取士造成巨大的伤害。所以，尽管张说在李隆基面前多次举荐，但他一直都没作回应。

随着时间一天天过去，季节很快进入秋天。

入秋之后，秘书省要在长安举办一个盛大的诗会，孟浩然被邀请参加。

当孟浩然从王维和王昌龄这里知道，远在洪州的张九龄也要前来长安参加诗会的消息，实在是高兴极了。自从开元十四年（726 年）在洛阳一别，一转眼和张九龄就有三年多不曾见面。想到过不了多久就能见到张九龄，他觉得日子一天天过得特别轻快。

唐朝当时设置秘书省，专门负责掌校典籍、刊正文章之任，所以，当时的秘书省是个人文荟萃、才学之士云集之地。

时间转眼便是八月之初。

这天晚上，一弯新月斜挂在蓝蓝如洗的碧空，久雨初晴，秋夜的空气格外清新。秘书省内，高低错落的楼廊亭榭，静静掩映在绿荫葱茏的花草树木间。省署后面的大花园里火烛通明，人们纷纷提笔在白纸长卷上即兴联句赋诗，每出佳句，必能邀来和声一片。

这次秘省联句，孟浩然在长安结识的很多友人都来参加了。

眼看一幅长卷已写去数丈，这时，有人把笔递给站在长卷前面的薛据，薛据提笔写道：

省署开文苑，沧浪学钓翁。

薛据的联句诗意平平，几乎听不见掌声。于是，他把笔递给自己的同乡阎防，阎防仓促之中，续下两句：

熊踞庭中树，龙蒸栋里云。

阎防的两句续诗，更是将众人看得莫名其妙。

阎防在匆忙之中把笔递给刘昚虚。刘昚虚句工精巧，诗负盛名，他接笔在手，提笔写道：

归梦如春水，悠悠绕故乡。

写完两句，意犹未尽，接着又写两句：

驻马渡江处，望乡待归舟。

诗中流露出的思乡之情，顿时让人们的心情一片凝重。

刘昚虚把笔递给王昌龄，王昌龄当时任秘书省校书郎。参加秘书省赋诗联句这项活动，王昌龄自然不会袖手旁观，他蘸墨挥笔，一蹴而就，写下两句：

长亭酒未醒，千里风动地。

诗句由情及景，与前诗语意契合，句意磅礴大气。不待他“地”字落笔，掌声就哗哗哗地响成一片。

王昌龄一回头，看见孟浩然、张九龄、王维三人正在对自己所续之诗啧啧称赞，他顺手把笔递到孟浩然手上，请孟浩然相续。

孟浩然与王昌龄私交深厚，有王昌龄递笔相邀，孟浩然欣然接受。只见他走到案台前，提笔蘸墨，在长卷上挥毫写下两句：

微云淡河汉，疏雨滴梧桐。

好诗，好诗——众人喝彩一片，掌声不绝。张九龄、王维更是击节称道，赞赏不已。

孟浩然的两句续诗，由王昌龄“千里风动地”中的“风”写到“云”，然后由“云”又进一步写到“雨”，续接平顺自然，渐次推进。前句写的是片片微云之下，万里河汉淡如墨描，后句写的是星星的几点雨珠正从梧桐树间疏疏落下，前句写远，后句写近，前句写虚，后句写实，既有远近层次，又能虚实结合，环环相扣。如果说王昌龄的联句磅礴千里，那孟浩然的续诗则是气吞万里。从立意上来说，孟浩然的续诗远在王昌龄之上。

孟浩然把笔递给张九龄，请张九龄相续，张九龄思虑良久，把笔又递王维，王维接笔在手，思虑再三，觉得孟浩然的联句写得太好了，自己实在是难以相续，于是，他把笔直接就放到了白纸长卷旁边的砚台上。

众人见大才子王维都难续佳句，就再也无人敢去案前提笔了。

孟浩然一句“微云淡河汉，疏雨滴梧桐”冠绝京华，从此传为千古佳话。

进入九月之后，京城长安阴雨绵绵。孟浩然的心情也像九月里的天气，在经历了众人一阵热烈的盛誉和赞和之后，渐渐变得冷寂了下来。张九龄回洪州去了，其他友人也都各自离散。

长安的冬天，几乎比襄阳要早来半个多月。尽管只是九月之末，绵绵的阴雨便让长安变得冷风嗖嗖，寒意逼人。走在长安大街小巷里的人们，都开始穿起了冬衣。

孟浩然住在东城的客店里，每天穿着秋衣单鞋，一天比一天渐浓的寒意，渐渐冷得他瑟瑟发抖。进入秋末之后的这些天里，孟浩然几乎不再从客店往外出去了。

孟浩然从放在床头的箱子里翻出去年冬天穿来的冬衣一看，他立刻就傻了眼。这些冬衣放在箱子里，由于一个夏天都没有拿出来晾晒，冬衣夹层里的袍绒长出了一串串的絮，这样的冬袍穿在身上，实在让人觉得难堪。要过冬天，就只有到街上的裁缝铺里去做两件新的了。

孟浩然来到长安后，参加友人聚会，每次总是出手大方，从襄阳动身时带来的金锭，到这时已经剩得不多了。

可是，冬衣不做又怎么行呢？这样冷的天，如果没有冬衣，实在是熬不下去的。

从年初到现在，一转眼好几个月过去了，自己汲求引荐，献赋求仕，到现在依然还没有一点儿消息。

孟浩然步态沉沉地走到书桌旁边，从砚台上提起墨笔，不无失落地在客舍的墙壁上题诗一首：

题长安主人壁

久废南山田，叨陪东阁贤。欲随平子去，犹未献甘泉。
枕席琴书满，褰帏远岫连。我来如昨日，庭树忽鸣蝉。
促织惊寒女，秋风感长年。授衣当九月，无褐竟谁怜！

时间转眼进入腊月，眼看着除夕一天比一天临近了。想到远隔千里的家乡，想到千里之外的亲人，孟浩然思归心切，他觉得自己连一天也不想在长安再待下去了。既然皇上目中无人地看不起自己，自己为什么还要向他献赋求仕呢？与其如此，还不如收捡行装，回自己襄阳的南山去。想到这里，孟浩然不禁情绪低落，赋诗一首：

岁暮归南山

北阙休上书，南山归敝庐。不才明主弃，多病故人疏。
白发催年老，青阳逼岁除。永怀愁不寐，松月夜窗虚。

就在孟浩然决定离开长安回襄阳时，昔日故知陶瀚到长安参加开元十八年（730年）的进士科考试，经过一路询问，来到客栈与浩然相见。

孟浩然流落长安的境遇，让陶瀚愤愤不平。孟浩然告诉陶瀚，他打算回襄阳去。陶瀚曾有岷峨之行，他建议孟浩然从长安前往蜀地，然后从那里沿长江顺流直下，经汉江回襄阳。孟浩然觉得陶瀚的这个建议很好，自己经蜀地回襄阳，还能到郢州去看望自己的妻儿，于是，便有了从长安绕经蜀地回襄阳的打算。

陶瀚见孟浩然有了入蜀的打算，便写下《送孟大入蜀序》赠予浩然，并打算在孟浩然离开长安前来送别时，写《送孟大入蜀》的正文相赠。

由于陶瀚知道浩然只有兄弟二人，却不知道他在家族中的排行，所以，就误把孟六当成了孟大。

眼看进入年末，王维前来客店看望孟浩然，得知浩然即将离开长安回襄阳去，感到很是遗憾。

王维是孟浩然最为情深谊厚的挚友，他决定在浩然离开长安前，请他到自己在蓬莱宫侧内教坊的寓所去坐一坐，以尽地主之谊。

王维来到长安之后，待诏金銮。因为没有被皇上委任官职，所以，也没有具体的事儿做。王维住在宫廷太乐署内教坊一间不大的寓所内，除了赋曲填词、应制赋诗之外，多数时间，无所事事。

王维的寓所在宫廷之内。宫廷是皇上理政、起居之地，这里有宫城四围，戒备森严，外人不得擅自进入。但是，这样的禁令对王维而言，不是太大的问题。因为太乐署经常有歌舞伶人出入宫廷，王维原来做过太乐丞，弄个出入宫廷的令牌对他来说，其实是件再简单不过的事。

第二天早上，孟浩然按照事先约定好的时间，赶到约定好的地点，被王维顺利地带进宫内。

王维所住的内教坊，位于宫城东北部的蓬莱宫侧。内教坊隶从于太乐署，是宫中艺女伶人编舞练声、习奏排演之所，同时也是这些艺女伶人们在宫廷内的休憩寝卧之地，所以，在宫廷之内，这里的人员比之别处，显得较为复杂。

王维带着孟浩然沿着宫城之内宽阔的青石甬道，来到位于内教坊旁边一间独住的院落内，王维打开院门，把浩然迎了进去。

孟浩然进屋落座，环顾四壁，只见满壁诗画。王维为孟浩然沏来茶水，然后二人一起品茗对饮，共言诗赋，商较风雅。

就在此时，忽有执事太监站在外面的院子里高声唱喏，让王维到屋外去恭迎圣驾。

王维一听是皇上来了，顿时大惊失色。皇上李隆基平时很少会到这里来，他怎么也没想到，皇上今天偏就来了这里。而私邀入宫和擅入宫廷，让皇上知道了，可是欺君犯上的杀头之罪呀。

王维没想到，本是私自邀请孟浩然到他这里来这样一件简简单单的事儿，竟然一下子会弄得这样不可收拾。

孟浩然见王维手足无措，便用手势让王维赶紧到屋外接驾。孟浩然十分镇静地轻走几步，来到王维的寝卧之处，看别处也没有藏身的地方，来不及细想，就抖抖衣衫，一猫腰钻到王维的床下躲了起来。

王维有些神色慌张地来到外面的院子里，他看见李隆基带着礼部侍郎贺知章正立在门外，于是连忙上前，在李隆基面前跪地伏拜，恭迎圣驾。

李隆基兴致勃勃地上前把王维从地上扶起来，几人进入屋内。

李隆基正待落座，他看见桌台上放着的两杯茶水还正在腾腾地冒着热气，再看王维有些神色慌张的样子，于是指着桌上的茶水问王维，这里是不是有人来过。

王维见皇上看出了隐情，不敢再相隐瞒。只好扑通一声，在李隆基面前跪了下去。他将自己私自邀孟浩然到这里来谈论诗作、商较风雅之事，如实向李隆基说了出来。

李隆基听完陈述，紧锁的眉头缓缓地舒展开来，他故作轻松地向王维问道："孟浩然这个人，我多次听人说起过了，可就是还没见到过他。他为什么要害怕得躲起来？"

事情到了这个份上，孟浩然只好从床下出来，在李隆基面前行跪拜之礼。

李隆基望着一脸清瘦的孟浩然，连忙把他扶起来，望着他问道："孟卿是带着诗到这儿来的吗？"

孟浩然回答说，碰巧没带诗来。

既然没带诗来，李隆基就让孟浩然把最近的诗作吟一首给他听。

孟浩然见皇上要他吟一首近作，于是，就不卑不亢地吟诵《岁暮归南山》这首近作：

北阙休上书，南山归敝庐。

孟浩然这两句诗刚一出口，李隆基的心就猛地一沉。

北阙休上书？我到底哪里做得不好，让这个谦谦文人竟敢公然在我面前藐视于我？李隆基听到这里，不由得就拉长了脸。

不才明主弃，多病故人疏。

孟浩然这两句还没吟完，李隆基便抓住了他的话柄，一脸恼怒地说："是你自己不能应举考上进士，朕什么时候弃你不用了？你为什么要这样诬蔑我？"

站在李隆基旁边的贺知章见皇上一脸盛怒，正欲帮孟浩然辩解，不料，李隆基不屑一顾地向贺知章一挥手说："他为什么不在我面前吟'气蒸云梦泽，波撼岳阳城'？孟浩然欲回南山，就让他回他的南山去好了。"

李隆基说完，满脸盛怒，忿忿而去。

李隆基带着贺知章几人走后，留下王维和孟浩然面面相觑。

王维见李隆基如此盛怒，担心他会对自己私邀浩然入宫和浩然擅入宫廷予以追究。于是，便和孟浩然一起前往张说府上，向张说详陈事情的前因后果。

张说听完二人陈述，不禁一脸感叹地望着孟浩然说："你吟你的'气蒸云梦泽，波撼岳阳城'不好吗，为什么要去吟'北阙休上书，南山归敝庐'呢？"

张说对李隆基十分了解，他知道，既然皇上已经说了让孟浩然回南山去这个话，就不会对他擅入宫廷再予追究。但是，孟浩然必须尽快低调离开长安，免得再惹麻烦。

王维没想到，自己这次私邀孟浩然入宫，竟会惹下一个这么大的乱子。

对于孟浩然与李隆基在王维住处的这次偶遇，元代辛文房所著的《唐才子传·孟浩然》所作的记载，描述最为详细，“维待诏金銮，一旦私邀入，商较风雅。俄报玄宗临幸，浩然错愕，伏匿床下。维不敢隐，因奏闻。帝喜曰：‘朕素闻其人，而未见也。’诏出，再拜。帝问曰：‘卿将诗来耶？’对曰：‘偶不赍。’即命吟近作，诵至‘不才明主弃，多病故人疏’之句，帝慨然曰：‘卿不求仕，朕何尝弃卿，奈何诬我？’因命放还南山。”

对于这次偶遇，唐末五代初王定保所撰的《唐摭言》和《新唐书·孟浩然传》也都作了相似的记载。《唐诗纪事》因记载的是张说向李隆基举荐孟浩然而稍有不同。但是，自清代以来，有不少学者都把这次偶遇说成是“小说家言词”“人为杜撰”“附会传云”等等，凡此种种，都是对这些历史资料的真实性予以否认，致使现在有些孟浩然的研究文献认为，孟浩然与唐玄宗的这次偶遇是人为杜撰的。

有些学者对偶遇之事提出质疑，他们认为理由最充分的就是，《旧唐书·孟浩然传》和王士源的《孟浩然集·序》都对偶遇只字未提。他们认为，《旧唐书》是后晋刘煦在唐人旧文的基础上增删而成，写《旧唐书·孟浩然传》的人实际上就是与孟浩然同时代的史官，如果真有偶遇之事的话，为何会在《旧唐书》里没有任何记载？假如真有偶遇之事，王士源怎么可能也对这件事一字不提？

《旧唐书·孟浩然传》对孟浩然一生的记述仅四十四字，它记录的最主要两件事就是“年四十来游京师，应进士不第，还襄阳。张九龄镇荆州，署为从事，与之唱和，不达而卒”。那么我们是否就可以说，除了这两件事以外，在孟浩然身上就没有发生过其他比较重要的事呢？

王士源的《序》对孟浩然的一生记录得稍为详尽，他记述的最主要的两件事一是孟浩然游秘省，“诸英华赋诗作会，浩然句曰：‘微云淡河汉，疏雨滴梧桐。’举座嗟其清绝，咸搁笔不复为继。”第二件事就是山南采访使韩朝宗把孟浩然带到长安，打算向皇上李隆基引谒孟浩然，可是到了约定引谒那天，孟浩然却跑到小酒馆里和几个故知谈诗喝酒，“遂毕席不赴，由是间罢。”

王士源的《序》对《旧唐书·孟浩然传》所记录的两件事只字未提，我们是否可以说，王士源对孟浩然“应进士不第”和“张九龄镇荆州，署为从事”这两件事根本就不知道或者是根本就没听说过呢？而《旧唐书·孟浩然传》对王士源《序》中所记的“孟浩然游秘省诗惊四座”和“韩朝宗引谒孟浩然”两件事也是只字未提，我们是否可以就此怀疑王士源所记录的这两件事的真实性，从而认为王士源的《孟浩然集·序》中所作的记录是“附会传云”“人为杜撰”和“小说家言词”呢？答案显然是否定的。因为它们之间记录的不同，是记录者站在不同的角度，站在不同的立场上，对孟浩然的一生所作的评价和阐述。

写《旧唐书》的史官，享用朝廷俸禄，其立场自然是站在朝廷的立场上的。它着重记录孟浩然“应进士不第”，显然要表达的是孟浩然没有受到朝廷重用，是因为他没有考中进士这样一种信息。《旧唐书》对孟浩然的评价极为低调，仅说他“以诗自适”。

随着开元十七年岁末年终的来临，孟浩然滞留在长安已经快一年了，孟浩然对献赋求仕的希望一点点变成了失望。他正是在这种极度悲观落寞的心境之下，写下《岁暮归南山》这首诗的。

孟浩然在这首诗中要表达的意思是，由于向朝廷献赋求仕已经没有希望了，所以他决定回自己的家乡襄阳去。

“阙”这个字，准确的定义是“皇宫门前两边的望楼”，如果从狭义上理解，“北阙”指的是“皇宫”。但是从广义上理解，“北阙”也可以理解为“朝廷或者京城”。

这首诗的前四句显然应该理解为，“就不要在京城上书求仕了，还是回南山的敝庐去。没有才能不被明主任用，身体多病，和友人们之间也变得疏远了。”所以，在孟浩然看来，这首诗只是叙写自己一份真实的处境和心境，自己在皇上面前吟《岁暮归南山》这首诗，根本就没有要藐视和挑衅皇上的意思。

因为李隆基“即命吟近作”，于是，孟浩然就自然而然地按照皇上的意思吟诵了这首新近的诗作，他根本就没意识到，别人会对“北阙休上书”这句诗作出不同的理解。

在皇上李隆基看来，这“北阙”指的就是“皇宫”，“北阙休上书”的意思就是休要到皇宫去给自己这个皇上上书。李隆基是个性格敏果的皇上，这句“北阙休上书”，他显然是不能接受的，当孟浩然吟到“不才明主弃”时，李隆基以此为由头，愤慨地说道：“是你自己没有考中进士，而我并没有弃你不用，你为什么要这样诬蔑我？”李隆基的话似乎也有李隆基的道理。

不管是《新唐书》中的“维私邀入内署”也好，还是《唐才子传》中的“维待诏金銮，一旦私邀入”和《唐摭言》中的“维待诏金銮殿”也好，它们记载的王维的住处都在宫禁之内。所谓“待诏”，是指以才技征召士人，使之随时待命供奉内廷的人。唐代不仅文词经学之士，而且医卜技术之流，亦供直于内廷别院，以待诏命。所以有“医待诏”“画待诏”等名称。到了宋、元时代，“待诏”已经逐渐扩散到对手艺工匠之人的一种尊称。比如：《水浒传》第四回：“智深走到铁匠铺门前看时，见三个人打铁。智深道：‘兀那待诏，有好钢铁么？’”《醒世恒言·吕洞宾飞剑斩黄龙》：“看那娘子，正与浇蜡烛待诏说话。”

“内署”显然指的太乐署内教坊（位于蓬莱宫侧），所以，它与“维待诏金銮”丝毫不相矛盾。

在古代，宫廷是禁地。私邀入宫和擅入宫廷，直接危及皇上和皇宫的安全，历来都是重罪。

王维私自把孟浩然邀请到自己位于宫廷之内的住处，他却没想到皇上偏在这个时候也会来他这里。这件事儿如果让皇上知道了，孟浩然和王维二人很可能重罪加身。所以，孟浩然听说李隆基驾临，躲到王维的床下，实属情急之下迫不得已。孟浩然躲起来并不是害怕见皇上，而是害怕让皇上知道了王维私自邀请他进入宫廷这件事情。

王维的诗文札记之中没有对此事直接做任何的记述，是因为王维私自把孟浩然邀入宫廷内自己的住处，如果皇上李隆基追究起来，他犯下的可能是杀头重罪。虽然李隆基没有追究，但是他再傻也不会傻到把这件事直接写出来让所有的人都知道吧。

关于孟浩然与唐玄宗的这次偶遇，从唐代诗人贯休为孟浩然写的诗中，也能可窥一斑。

贯休在《经孟浩然鹿门旧居》一诗中写道：“孔圣嗟大谬，玄宗争奈何。空余岘山色，千古共嵯峨！”

贯休诗中的“孔圣”指的是孔子，“玄宗”指的就是唐玄宗。由此我们可以理解，贯休诗中的“玄宗争奈何”，指的就是唐玄宗偶遇孟浩然时所说的“奈何诬我”这句话，否则，我不知道贯休的“孔圣嗟大谬，玄宗争奈何”这两句诗该如何去理解。

故此，唐代诗人贯休的诗，更是为孟浩然偶遇唐玄宗之事，提供了佐证。

对于孟浩然在长安与李隆基的这次偶然相遇，后来的唐代诗人张祜，在孟浩然去世数十年后，为他赋诗感叹：天子好文才自薄，诸侯力荐命犹奇。贺知章口徒劳说，孟浩然身更不疑……

偶遇事件发生之后，为了避免再生事端，除了张说和王维之外，孟浩然没有将自己离开长安回襄阳这件事儿再告诉任何人。

第二天一早，天特别冷。客店的伙计把孟浩然的行李搬出他住了一年多的客房，搬上停在院子外面的马车。由于天色才刚刚见亮，外面的大街上冷冷清清的，还没有什么行人。

孟浩然走出客店，他身上穿的冬袍，因为高瘦的身形，显得单薄而修长。

在客店外的马车旁边，只有王维前来送行。

王维一直把浩然送到长安城的正南门——明德门外，方才下车与浩然含泪道别。临别时，王维向孟浩然赠诗一首：

送孟六归襄阳

杜门不复出，久与世情疏。以此为良策，劝君归旧庐。

醉歌田舍酒，笑读古人书。好是一生事，无劳献《子虚》。

王维在诗中劝孟浩然，只要一生平安就是最好的事儿，不需要向朝廷献赋求仕。王维已经看破尘世，他在诗中为自己挚友留下的，也只能是这样一声叹息。

王维向孟浩然赠诗之后，孟浩然也向王维回赠一首：

留别王维

寂寂竟何待，朝朝空自归。欲寻芳草去，惜与故人违。
当路谁相假，知音世所稀。只应守寂寞，还掩故园扉。

孟浩然与王维挥手告别，带着凄楚无奈的心情，登车向东南而去。

孟浩然离开长安，由于临行仓促，他还没有做好入蜀的打算，所以并没有前往蜀地，而是直接坐着马车往襄阳南归。陶瀚由于没能送浩然入蜀，所以，他也没能为孟浩然写《送孟大入蜀》的正文。

孟浩然离开长安，经过几日颠簸之后，过了潼关。就在出潼关的这天晚上，睡在官道旁边的车马驿栈内，他辗转反侧，难以入眠。孟浩然这次匆匆离开长安，连好友王昌龄那里都没去辞行，这让他感到很是不安。

已经是夜深人静了，孟浩然独自一人披衣起床，轻轻地打开房门，走到驿栈外面的旅亭里。独自坐在干冷漆黑的旅亭里，更是倍感凄清，这让他更加怀念起自己的好友王昌龄。

这天晚上，孟浩然独自在旅亭里坐了很久，直到天色渐明时，方才起身，然后坐着马车一路东行。

开元十八年（730 年）正月初六这天，孟浩然途经南阳，在南阳的驿馆里宿住下来。正月初七这天早晨，他独自一人登上驿门馆舍外面的一座亭子，南望襄阳，近乡情怯，这让他不禁想到了自己在襄阳的那些故交知己。这次从长安回襄阳，由于临行仓促，他连封信都没有提前给他们寄，这让他心里总觉得有些过意不去。

坐在驿馆的亭子里，望着一轮旭日正从东方冉冉升起，孟浩然情思黯然，赋诗一首：

人日登南阳驿门亭子怀汉川诸友

朝来登陟处，不似艳阳时。异县殊风物，羁怀多所思。
剪花惊岁早，看柳讶春迟。未有南飞雁，裁书欲寄谁。

孟浩然在南阳驿馆外的亭子里吟完诗作，随即离开驿馆，乘坐马车再往南行。只需两三天的行程，他就可以回到自己涧南园的家了。

二游吴越　丽山秀水入诗境

开元十八年（730 年）正月，孟浩然带着身心的疲惫，从长安回到了襄阳涧南园的家。

这次长安之行，孟浩然花去家里黄金百镒，却两手空空而归，这个结果对他的自尊是一次严重的伤害。

孟浩然离开襄阳这一年多，襄州刺史独孤册、襄州长史卢僎都先后离开了襄阳，而那些新调任来的官员，孟浩然也不想和他们去打交道。

开元十八年（730 年），孟浩然已经四十二岁，弟弟洗然也到了不惑之年，而洗然的儿女们，渐渐到了成家立业的年龄。由于洛阳之行和长安之行，花销了家里大笔的银钱，这对洗然一家很不公平。所以，孟浩然在母亲面前主动提出和弟弟分家，母亲实在拗不过他，最后只好同意。

孟浩然把涧南园的园宅、磨坊、畜厩、田舍和大部分田地都分给了洗然，执意只要了涧南园的几十亩田地和果树，外加他南山坡上的几间草庐和林园。

田地有涧南园的长工帮着打理管护，孟浩然在田地的农事耕作和果树的看管收获方面，没有后顾之忧。所以，他心里有了再次云游吴越的打算。

随着二月水暖，襄水河里的水涨了起来，涧南园后坡上的桃花春蕾绽开，粉红一片。恰在这时，李白的好友——蜀地道士元丹丘到涧南园来寻访浩然。见是李白好友寻见，孟浩然自是高兴，对元丹丘盛情接待。

元丹丘在涧南园住过几日后，欲前往鄂州武昌，去寻访那里的观主张骖鸾。孟浩然也打算远游吴越。于是，二人约定，等过些日子，他们到黄鹤楼再相见。

孟浩然把元丹丘送上远去武昌的江船，临别时，他向元丹丘赠诗一首：

送元公之鄂渚寻观主张骖鸾

桃花春水涨，之子忽乘流。岘首辞蛟浦，江中问鹤楼。
赠君青竹杖，送尔白苹洲。应是神仙子，相期汗漫游。

送走元丹丘后，孟浩然卖掉自己名下的部分田产，一是打算前往郢州，给妻子襄客和儿子仪甫再置买些田地，二是为自己远游吴越准备些盘缠。

这天过午之后，孟浩然在南山坡上的草庐里自斟自饮，适逢村上有人从他的草庐前路过，告诉他，云表到北面的山下打柴，顺便往西边的村子卖药来了。

过去遇到不顺心的事儿，孟浩然总是喜欢到岘山道观去找道士云表指点。但这次从长安回来，因为求仕无果的原因，他一直还没有去拜会云表。现在听说云表就在附近，他便急忙寻了过去。

正是夕阳西下时，山下的村子里炊烟袅袅，孟浩然看见荆棘丛生的山路上走来一人，仔细一看就是云表。一年多未见的两人在此相遇，都非常高兴，畅叙别后情景。说到进士落第，云表惊讶地认为，凭浩然的才华，科举及第应该是轻而易举的事情。

孟浩然告诉云表，自己本来是有机会入仕的，但却阴差阳错，被遗草泽。

不知不觉，天色渐晚，孟浩然与云表在山中道别，各自归去。

回到涧南园后，孟浩然将这次与云表相见的经过，赋诗以记：

山中逢道士云公

春余草木繁，耕种满田园。酌酒聊自劝，农夫安与言。
忽闻荆山子，时出桃花源。采樵过北谷，卖药来西村。
村烟日云夕，榛路有归客。杖策前相逢，依然是畴昔。
邂逅欢靓止，殷勤叙离隔。谓予搏扶桑，轻举振六翮。
奈何偶昌运，独见遗草泽。既笑接舆狂，仍怜孔丘厄。
物情趋势利，吾道贵闲寂。偃息西山下，门庭罕人迹。
何时还清溪，从尔炼丹液。

孟浩然这首诗中的云表，是岘山道观的观主，岘山道观无疑是在岘山上。从诗中“采樵过北谷，卖药来西村”两句，我们知道，孟浩然的家在岘山道观的西北面，也就等于在岘山的西北面。

开元十八年（730 年）二月末，孟浩然带着一大笔钱，前往郢州为妻子和儿子置办田产。孟仪甫二十多岁了，已经在郢州成家立业，落地生根，这让孟浩然很放心。他在郢州住过数日，按照事先与元丹丘做好的约定，告别妻儿，前往武昌而去。

自从元丹丘离开襄阳，孟浩然便往安陆给住在那里做许家上门女婿的好友李白修书一封，告诉他，自己与元丹丘约定，将在武昌相见。

李白得知这个消息，便自安陆动身，提前来到了武昌。

孟浩然、李白、元丹丘在武昌，受到了道观观主张骖鸾的盛情接待。三位好友在武昌相聚，玩得尽情尽兴，然而，天下毕竟没有不散的筵席。孟浩然欲前往吴地，李白得回安陆，元丹丘要去颍阳。

黄鹤楼下的黄鹤矶码头上，泊锚的江船已经挂帆待航，孟浩然登上挂帆的客船，与李白、元丹丘和众友人挥手道别，依依难舍。李白站在黄鹤楼前（注：黄鹤楼本来是在蛇山脚下的黄鹤矶头，现在已移建至蛇山山顶），望着孟浩然乘坐的江船在茫茫长江之上渐行渐远，直到远去的帆影一点点消失在浩远无垠的天尽头，他依然伫立在那里，无限怅惘地望着滚滚长江向天际流去。带着难分难舍的一腔思绪，李白满怀深情，为孟浩然赋诗一首：

黄鹤楼送孟浩然之广陵

故人西辞黄鹤楼，烟花三月下扬州。
孤帆远影碧空尽，惟见长江天际流。

李白是一个非常浪漫的诗人，这次与孟浩然的离别，并没有让他觉得忧伤和不愉快，相反，他觉得烟花三月，在春意最浓的时候，送浩然前往扬州去进行一次欢畅快乐的旅行，是件值得让他高兴的事情，所以，他的诗句清丽明快，表达了作者内心的浪漫与喜悦。诗的后两句，看起来似乎是写景，但在唯美的情境之中，却表达出他对孟浩然难分难舍的厚谊深情。孟浩然乘坐的江船已经扬帆远去，消失在了碧空之下的天尽头，然而，他却依然伫立在那里，无限怅惘地望着滚滚长江向天际流去。李白对孟浩然浓浓的情愫，已经无声地融进他优美的字里行间，极为传神地表达了出来。

李白这首《黄鹤楼送孟浩然之广陵》，语调明快，意境开阔，情景交融，文辞优美，成为历代文人交口称颂的千古佳作。

孟浩然离开武昌之后，沿长江往东南而去，几日之后，来到江州浔阳（今江西九江）。孟浩然来到浔阳下船之后，决定前往庐山游赏。

孟浩然上次途经浔阳，时值早春，到处天寒地冻，所以未游庐山。而这次前往扬州，因为准备远游的时间非常充裕，并且来到浔阳时，正值初夏，是庐山风景最美的时节，所以，他决定前往庐山，特别要去看一看当年慧远法师曾经住过的龙泉精舍和东林寺。

庐山，又称匡山或匡庐，唐朝时隶辖于江南道江州九江郡。传说殷周时期有匡氏兄弟七人结庐隐居于此，后成仙而去，其所居之庐幻化为山，故而得名庐山。

“一山藏六教”，庐山不仅是一座风景名山，而且还是一座宗教、文化名山。庐山道释同尊，早在魏晋时期，随着西域佛教传入中原，自那时起，便有人在庐山上开始陆陆续续地建起了寺院。不过，直到东晋太元六年（381年），慧远法师来到庐山在赛阳石门涧建起了龙泉精舍和东林寺，庐山的佛教文化才开始得以广泛传播。

孟浩然来到庐山之后，前往龙泉精舍，找到易、业两位上人，然后就在他们的山房里住了下来。不知不觉间，炎炎夏日便在庐山的一片清幽中过去，孟浩然欲离开庐山时，竟然病倒了。幸亏有易、业二位上人对他细心调理，一直到仲秋之末，孟浩然的病才渐渐痊愈。

九月初的庐山，已经橘红霜起，寒意初露，在庐山最高的山峰上，渐渐开始有了积雪。这天傍晚时分，孟浩然来到龙泉精舍，此时精舍佛门洞开，长廊饭僧斋膳已毕，他径直走进寺院，去向易、业两位上人辞行。

易、业二上人听说浩然要走，对他盛情挽留，但孟浩然说自己本来是路过庐山要到扬州去的，没想到在这里避暑以至落病之后，一下子就在庐山逗留了几个月。

两位上人见孟浩然欲往维扬，不好再相挽留，于是，二人一起从龙泉精舍相送而出。

在龙泉精舍不远，有泉流成溪，溪水奔腾如虎号，因名虎溪。虎溪溢流湍急，山寺送客，大都只是把客人送到这里就行了。晋朝时，陶渊明、陆静修来到这里，慧远法师和他们言语契和，每次临别相送，都是不知不觉间便一起走过了虎溪，直到发觉过了虎溪，三人方知醒悟，于是开怀大笑。这在后世被誉为《三笑图》，而慧远法师与陶渊明、陆静修三人言语相投的故事也由此传为佳话。

孟浩然和易、业二上人亦行亦言，不知不觉便走过了虎溪，回想起当年慧远法师与陶渊明、陆静修临别相送的故事，孟浩然不由得感慨赋诗一首，赠送给龙泉精舍的易上人和业上人：

疾愈过龙泉精舍呈易业二人

停午闻山钟，起行散愁疾。寻林采芝去，转谷松翠密。
傍见精舍开，长廊饭僧毕。石渠流雪水，金子耀霜橘。
竹房思旧游，过憩终永日。入洞窥石髓，傍崖采蜂蜜。
日暮辞远公，虎溪相送出。

九月初，孟浩然离开庐山之后回到浔阳，从这里南去豫章已经很近了，于是，他决定南游豫章（今江西南昌）。九月初九这天天晚时分，孟浩然搭乘的江船在豫章北面的龙沙泊下来的时候，他听见这里的人们在江上唱着船歌，船歌语调婉转，悠扬动听，他对这里的风土人情很是好奇，于是便在龙沙下船，几日之后，方才启程南去。

孟浩然来到豫章时，张九龄早就离开洪州，调迁桂州（今广西桂林）刺史兼岭南道按察使去了。张九龄不在洪州，让孟浩然有些遗憾。

孟浩然遍游豫章，转眼月余过去，眼看着一年的岁末就要来了，然而，自己扬州的行程到现在才走了一半，他觉得自己应该从这里启程前往扬州去了。于是，孟浩然在豫章坐上前往扬州的客船，沿赣江入彭蠡湖北返。

天晚时分，船在彭蠡湖（今鄱阳湖）中停泊下来。第二天一早，孟浩然早早起床，走出船舱抬头看去，月亮已经挂在了西边的天陲，东边的天空亮起了一抹黎明的曙光。置身于渺漫无际的平湖之中，在黎明前的夜色之下远望庐山，只见迷蒙的山影黯黕如黛。这让他想到，旭日初上的时候，香炉峰飞流的瀑布就会映照出道道七色彩虹，只不过这美丽的山水景色自己已经无暇欣赏了。

经过近半个月的行程，孟浩然历经漫漫水路，终于在年前，来到了位于秦淮河畔的古城扬州。

孟浩然在扬州与友人薛业和奚三相见，自是分外高兴。薛业和奚三带着浩然遍游扬州古城。月余之后，薛业要跟随船运，去往江湘。孟浩然也打算离开扬州，前往吴中和越地。

孟浩然在扬州与薛业和奚三告别之后，乘船沿运河南渡长江，在润州遍游京口三山，其时，两年前从襄阳前往会稽的从弟孟邕，听说孟浩然来到吴地，便从越中赶来，二人在润州相遇，喜悦之情自不必言。开元十九年（731 年）初春，孟邕在吴越之间游历已有两年多，他打算从这里回襄阳去了。

孟浩然在北固山下的京口码头为孟邕送行，站在异乡的长江埠头上，兄弟二人泪流满面，难分难舍。

孟浩然在润州送走孟邕不久，就听说了张说病逝长安的消息。

开元十八年（730 年）十二月，开元文学泰斗张说，在历经三起三落的坎坎坷坷之后，悄然与世长辞，享年六十四岁。

张说的病逝让孟浩然难过了好久，到二月初，他才从悲痛中慢慢走出来。待情绪好转，才自润州动身，沿运河南下，经余杭前往山阴而去。

二月末，孟浩然来到山阴与崔国辅相见，正赶上山阴一带阴雨绵绵，直到时近谷雨节气，天才终于开始晴了。

春夏之交，山阴一带的河野山川，林青水秀，正是游赏观览的好时节。

镜湖是位于山阴、会稽一带最大的天然淡水湖。它西邻山阴古镇，东连梅山，湖面宽阔，并且湖中小岛由古桥与湖堤相连，这里雁翔鹭舞，桑青水碧，景色秀美怡人。

暮春时节，阳光明媚。孟浩然与崔国辅一起来到镜湖游赏，水上青山相映，水下游鱼历历，满眼山青水阔，鸥鸟翩飞，船行水上，如游画里。望着眼前美景，孟浩然情不自禁地唱起屈原的《渔父》来：

沧浪之水清兮，可以濯我缨；沧浪之水浊兮，可以濯我足……

崔国辅也被孟浩然的情绪感染，二人一路纵情欢歌，玩得好不尽兴。

游完镜湖之后，孟浩然与崔国辅告别，然后沿若耶溪而上，向东南前往会稽山。

若耶溪在山阴城南二十里的若耶山下，相传春秋时，越国美女西施曾经在这条清溪浣纱，所以，若耶溪又被称作浣纱溪。孟浩然缓缓摇橹溪上，但见溪水两岸，树密林幽，山雾轻笼，雀鸟声声，观之如真如幻，闻之似喧似静。耶溪两岸的奇丽景色，看得浩然如梦如醉。孟浩然轻轻地划动着小舟，他看见夕阳之下，一个白首老翁垂钓岸上，悠然娴静。再往前看，一个美丽的村姑垂着一头如瀑的黑发蹲立在溪边的青石之上，只见她穿着一身簇新的衣裙，弯曲着如柳的腰肢，挥动着白皙的手臂，撩动着清清的溪水，忙着在溪边浣纱。

落日，清溪，钓翁，浣女，孟浩然被眼前这如画的美景深深地吸引了，他不自觉地把小船向溪边浣纱的女子划去，等到离得近了，却又人近情怯，只好默默不语，荡舟离去。

泛舟在美丽的若耶溪上，孟浩然情思悠妙，赋诗以记：

耶溪泛舟

落景余清晖，轻桡弄溪渚。澄明爱水物，临泛何容与。
白首垂钓翁，新妆浣纱女。相看未相识，脉脉不得语。

游完若耶溪后，孟浩然按照先前的计划，游赏兰亭。兰亭位于山阴城南几十里外的兰渚山下，春秋时越王勾践种兰于此，东汉时始建驿亭，故名兰亭。东晋穆帝永和九年（353 年）三月初三，王羲之与谢安、孙绰等四十一人，在兰亭“修禊”，会上各作诗，王羲之为他们的诗文执笔作序，史称《兰亭序》，也叫《兰亭集序》。《兰亭序》文笔优美，既抒写了兰亭四周的山水之美和友人相聚的欢乐之情，也抒发了作者人生短暂、生死无常的声声感慨。兰亭因《兰亭序》而闻名海内。

游赏完兰亭之后，往山阴城南的大禹寺，去拜会大禹寺的义公大师。

大禹寺坐落在一道水波潋滟、树深林密的幽寂山湾里，孟浩然放眼望去，只见寺院前面的一方荷塘里，荷叶田田，莲花初绽。一轮夕阳西下，万道霞光辉映着远处天边团团浓密的黑云，看样子远处是在下雨了。

傍晚的山路上见不到一个行人，整个大禹寺前显得特别的幽寂，就连划破山涧的几声鸟鸣，在孟浩然听来，竟然也是那样的亲切而生动。

孟浩然在义公大师的陪同下，一起探大禹穴。随后，孟浩然向义公大师辞行，他沿着会稽山往东北而行，来到会稽时，已经是四月之初。

孟浩然来到会稽寻访贺朝，二人相见，异常欣喜，贺朝为浩然摆酒设宴，请众人作陪，在这次酒宴上，孟浩然与贺朝的好友谢南池结识。

谢南池十分热情地邀请孟浩然到他位于会稽乡下的家里住上一段时间，孟浩然十分高兴地答应了下来。

谢南池的家，依山临河，离海边不远。站在屋后的山顶上，可以看到大海掀起的翻天巨浪，也可以听到大海咆哮时发出的震天訇响。

每年四月，位于江南的会稽，田里的农事耕作开始忙碌了起来。

这日午后，谢南池正在东山坡下的水田里和几个丁壮们一起插秧。孟浩然来到田边，挽起袖子卷起裤管，也要下田里和他们一起插秧。

谢南池一见，连忙到田埂上拦住他，不让他下田。

孟浩然告诉谢南池，自己在涧南园，早就学会了栽秧种稻这些农事，于是执意要下田插秧。谢南池拦不住他，只好让他下田。

孟浩然拿起一把秧苗，和大家一起手脚熟练地分蔸，栽插。只见浩然栽出的秧苗，横笔竖直，自然成行。众人都没想到，孟浩然一个满腹经纶的文士，竟然会把农活也干得这样好。于是，谢南池便和众人一起，纷纷向他问起襄阳在这个季节的农事安排。

由于襄阳地处内陆腹地的长江与黄河之间，而会稽则位于江南水乡的濒海之地。孟浩然告诉谢南池，襄阳在这个季节才刚刚开始浸谷下种，而会稽却已经开始整田插秧。不同的地理位置，对应的是不同的农时，襄阳与会稽插秧的时间，前后要相差大半个月。

孟浩然正在高兴地和大家说着农事，突然，天边滚过几声闷雷，随之天空也开始变得昏暗起来。随着一阵劲风吹过，乌云很快便翻卷到了头顶上。

眼看暴雨将至，谢南池和几个丁壮们拉起孟浩然，赶忙从水田里来到田埂上，然后往东山坡上为临时歇息避雨搭建的草棚里跑去。

孟浩然和谢南池几人还没跑进草棚，豆大的雨点就哗哗啦啦地从天上洒落下来。

倾盆大雨一直下了半个多时辰方才停了下来，这时，天边一道彩虹横跨在东边的天空，似乎与远处的大海相连，而不远处小河边的岸柳被雨水洗染得更加浓绿。望着眼前的这片水田，在自己和众人的辛勤劳作之后，已经插上一片嫩绿的秧苗，孟浩然心里很是高兴，他情不自禁，向谢南池赠诗一首：

东陂遇雨率尔贻谢南池

田家春事起，丁壮就东陂。殷殷雷声作，森森雨足垂。

海虹晴始见，河柳润初移。余意在耕稼，因君问土宜。

孟浩然来到山阴、会稽，玩了两个多月，而临安的李主簿那里还一直都没去，于是，孟浩然在会稽与谢南池告别，前往临安。

四月中，孟浩然来到临安与李主簿相见。在临安游玩月余后，他打算离开这里前往天台山。

孟浩然在上次云游吴越，就去过天台山，不过，那次是直接出杭州湾从海上去的，这一次，他打算把行进的线路作些调整。过去读谢灵运的诗《富春渚》，其中就有“宵济渔浦潭，旦及富春渚。定山缅云雾，赤亭无淹薄”的句子，然而，由于上次来越中，时间仓促，谢灵运诗中的富春，自己没来得及去，这次时间比较充裕，所以，这次他打算沿浙江西上，前往富春、桐庐、建德这些地方之后，经越西往天台山去。

四月末，孟浩然离开临安，一路且走且游，直到五月中旬，方才来到余杭，此时，好友薛业也从扬州来到了这里，两位离别多日的友人在此相见，非常高兴。薛业从事船运，经常在江湘吴越间往返。由于从事船运，每到一地，都要洽谈和装卸货物，所以，船一靠岸停泊，往往要停留很长时间。于是，二人结伴，遍游余杭。在游赏期间，经过薛业引见，孟浩然又结识了他的本家兄弟薛司户。

一个多月后，在杭州装卸完货物，薛业就要离开杭州往北而返。送走薛业之后，时间已经进入七月，离八月十八观钱塘大潮的时间已经不是太远了。孟浩然索性在余杭住了下来，他决定要在杭州看完了钱塘大潮之后，再前往越西的腹地。

孟浩然上次游吴越时，就在颜钱塘的陪同下观看过钱塘潮，但是那次是在九月。九月的钱塘潮虽然也有气势，但它终究比不上八月十八前后的大潮壮观。

八月十八这天，午后的阳光格外明媚。

孟浩然与薛司户一同来到钱塘江畔的樟亭上，樟亭内早已人头攒动，只听得江边潮水隆隆作响，声若霹雳。孟浩然抬头看时，只见一座几丈高的水头以排山倒海之势向江岸这边直压过来，一道排空巨浪在猛烈地撞击到岸边的山石之后，掀起的白色浪花，径直飞溅到了青林之上。

八月里的钱塘潮雄伟壮阔，让孟浩然叹为观止。

孟浩然在杭州观潮后不久，崔国辅离开山阴入使京华，途经杭州与浩然相见。二人在杭州告别之后，孟浩然自浙江西上，沿水路向西南而去。

浙江又名之江，它的上游发源于新安江和兰溪两大支流，新安江和兰溪二水合于建德后，称建德江，建德江往东北流经桐庐一带时，称桐庐江，桐庐江再往东北流经富阳一带时，称富春江，富春江流经余杭、钱塘一带时，又称为钱塘江。浙江则是这整条江水流域的统称。

浙江江面宽阔，河汊众多，沿江两岸青山依依，田园如画。孟浩然坐在江船上，听船家唱着悠长的号子摇橹西上，感到又新鲜，又好奇。

初下浙江舟中口号

八月观潮罢，三江越海浔。
回瞻魏阙路，无复子牟心。

进入九月的钱塘江，风静浪平，这里虽然还是钱塘县境，但是离海面较远，海上的潮起潮落对这里的江上行船已经没有多大影响，但是汹涌的潮水，也还会在江上涌动起波浪。

这天早上，孟浩然自舟中醒来，抬头向东南望去，只见漫天朝霞映红了远远近近的山峦，这让他不禁想到了天台的赤城山，想到了在赤城山炼丹修道的好友太乙子。上次去天台山时，看见的赤城山呈赭红色，从远处看去，就像是挂在天边的一抹云霞。自己这次沿浙江西上，虽然是要遍游水乡，但最终还是要到天台山，去与好友太乙子一起习学修道的，可是，从这里往天台山，到底还有多远呢？孟浩然自己也不知道。

早晨江上风起，江面上白帆点点，无数的江船借风而进，船在江上走得很快。孟浩然站在船头，望着天边朝霞映红的山峦，他情不自禁地想，前面该不会是要到天台的赤城山了吧！

孟浩然坐船在江上行走几日，来到离富阳还有三十余里的渔浦潭时，天已经黑了下来，船家只好在这里把船停下来，靠泊行宿。

当年，东晋诗人谢灵运，也是在晚上到的渔浦潭，可是，天亮的时候，他就到了富春渚，难道他是晚上行船的吗？夜里行船，那天上一定有很好的月亮才行。一轮明丽的皎月之下，一条江船满鼓着风帆，静静地行进在月色迷蒙、银波万顷的江面上，那该是一幅怎样清新的曼妙画卷啊！

孟浩然很想体验一下当年谢灵运夜行富春江的感受，可是，他途经这里的时间比谢灵运当年提前了十多天，现在还是月初，太阳才刚刚没入西边的山峦，一弯月牙儿便已斜挂西陲。此时，船家已经把船在渔浦潭口泊了下来。孟浩然站在船头，只得望着远处星光夜色中崔嵬幽暗的山影，空自遗憾。

第二天一早孟浩然醒来时，一缕朝霞从船舱隔板的缝隙里照进船内，他听见沙渚上的草丛里，传来阵阵禽鸟的鸣叫。孟浩然连忙起身，走出船舱之外，他看见已经有好多船开始起锚扬帆，启航南去，渔浦潭一带的江面，响起了一片摇橹推桡击起的哗哗水响。

晨曦初露的宽阔江面上，一时间千帆林立，百舸争渡，景致颇为壮观。孟浩然低下头来，向停在江上不远处的一条船上看去，只见几个美丽的女子正侧依在船舷上，对着江水顾影自照，梳妆发髻。望着眼前清冽的江水，他很想从船内伸出双手，掬水入口，可他又怕自己一弯腰，会惊跑了正在江边喝水的猴子。孟浩然轻轻地一转身，只见一只捕鱼的水獭惊得一头扎进了水里。置身于鲜活的自然之境，孟浩然仿佛被眼前的情景所感染。于是，他踱步船头，赋诗一首：

早发渔浦潭

东旭早光茫，渚禽已惊聒。卧闻渔浦口，桡声暗相拨。
日出气象分，始知江路阔。美人常晏起，照影弄流沫。
饮水畏惊猿，祭鱼时见獭。舟行自无闷，况值晴景豁。

江船一路西行，直至过午时分，方才赶到富阳。孟浩然登岸之后，与一路同行的同船人告别，前往富阳县府寻裴、刘两位少府而去。

来到富阳之后，孟浩然追寻着当年谢灵运游赏富春的足迹，前往离富阳县城六七十里外的定山、赤亭山一带，尽游富春名胜。谢灵运一直是浩然最为崇敬的诗人，站在云雾缥缈的定山之巅，吟读着谢灵运当年愁思怅远的诗句，他的心仿佛在这片丽山秀水之间，已经和逝去的先贤找到了共鸣。

孟浩然在富阳游赏了一两个月，及至岁末，方才与裴、刘两位少府告别，然后沿富春江往西南而进，前往桐庐。

孟浩然来到桐庐的时候，已是年终岁末。他决定乘舟沿浙江的支流分水而上，前往天目溪游赏。开元十九年（731 年）除夕，孟浩然是在游赏天目溪的船上度过的。及至正月初，方才自天目溪回到桐庐。

开元二十年（732 年）正月初，孟浩然离开桐庐，沿桐庐江西上，前往建德而去。

离开桐庐不久，两岸的山势便越来越见险峻。孟浩然站在船头望去，只觉得大江两岸风烟俱静，天山共色，青山异水，美不胜收。自桐庐往西南行十数里，便至芦茨溪口，从这里再往前走，前面叫七里滩。七里滩是从桐庐到建德水流最急最险的一段。

船过七里滩后，就来到建德境内，再往前面的江段叫建德江。

船在建德江上逆水上行，天色将晚时，来到建德城外，只见这里江平如镜，视野开阔。江船在烟波迷蒙的江渚边停泊下来，落日慢慢没入了山峦，一轮明月静静地挂在天空。望着天上的明月，望着月下清波粼粼的建德江，孟浩然带着些许思乡的淡淡愁绪，吟诗一首：

宿建德江

移舟泊烟渚，日暮客愁新。

野旷天低树，江清月近人。

《宿建德江》是五言绝句中的写景名篇。前两句写的是客船悄然停泊在春江的沙渚之畔，暮色迷离的沙渚上，笼罩了一层淡淡的炊烟，浓浓的生活气息感染了远游越地思乡的游子，让作者怀念在家乡与亲人相聚时其乐融融的幸福时刻，平添了一份思念家乡的淡淡惆怅。后两句则写的是四野旷远无垠，远处的天边低到了树的下面，挂在天上的明月倒映在清冽的江水中，让人感觉与明月近得触手可及。作者把淡淡的愁思融化进广袤自然的宁静之中，美妙的意境随之戛然而止，给人留下无限美丽的遐思。

这首诗先写孤旅夜泊，再写日暮愁新，接着再描写自然的广袤宁静，以及融入自然的美好意境。作者把江边的景色和自己的情思，一明一暗，一虚一实，巧妙地结合在一起，抒发了作者热爱自然，寄情山水的情感和思绪。

建德位于浙江的上游，新安江和兰溪两大水系在这里交汇，形成了山水奇秀的自然地貌。

孟浩然来到建德之后，遍游越西。然后，再沿兰溪而上，一路且走且游，来到衢州。然后经松阳溪往东南而下，进入永嘉江（今瓯江）。

五月初，孟浩然沿永嘉江顺流而下，这天晚上，江船停宿在永嘉江上，听得远处海潮声声，孟浩然怎么也睡不着，他在心里想，这里离永嘉（今浙江永嘉）该是不远了。

孟浩然躺在船舱内的衾枕上，屈指一算，从去年与崔国辅告别之后，不知不觉，就有快一年了，也不知道他使入京华之后，现在是不是已经回到了山阴。孟浩然索性坐起身来，披着衣衫，走出船舱，仰望着天上的一轮新月，心中思绪如潮。想到自己远游江乡，孤帆千里，他更加思念起家乡的亲人和远方的友人。

孟浩然上次与张子容在永嘉告别，一转眼就是五年多，而张子容早就离开了乐城。

孟浩然来到永嘉月余之后，乘海船北上，经象山湾进入天台地界。

时值中秋，天高云淡，水秀山清。孟浩然弃船登岸，租雇一匹老马，一路向天台山寻幽而去。

上次来天台山时，与赤城山修道的太乙子结为挚友。此次登山前来，想到马上就能见到几年不曾谋面的好友，他的心里止不住一阵激动。望着远处的苍茫山色，孟浩然情不自禁，吟诗一首：

寻天台山

吾友太乙子，餐霞卧赤城。欲寻华顶去，不惮恶溪名。

歇马凭云宿，扬帆截海行。高高翠微里，遥见石梁横。

孟浩然来到天台山后，便径直前往赤城山去寻太乙子。

孟浩然来到这里后，方才听道士们说，太乙子已经离开天台山，前往剡县，在那里寻羽穴修道炼丹去了。

在天台山行宿月余后，孟浩然自曹娥江支流新昌江，前往剡县（今浙江嵊州）寻访太乙子。

孟浩然来到剡县，由于不知道太乙子的羽穴到底位居何处，便只好在这里住了下来。腊月初八这天，适逢石城寺礼拜。孟浩然听说，腊月初八这天，石城寺礼拜的仪式将会非常的盛大和隆重，而方圆百里前往这里参加朝觐的僧侣信众，更会是人山人海。于是，孟浩然决定慕名一游。

石城寺位于剡县西南的南明山中。

孟浩然走进一片如铁山四围的山坳，只见这里壁削岩悬，垂石如帘。流瀑飞泉外，柏翠竹青；古木森森间，曲涧回转。还没有走进石城寺，他那颗还有着凡尘的内心，仿佛就被这里的幽山秀水洗涤了一回。

再往前走，只见一尊十几丈高的巨大佛像，呈现在如同被巨斧劈开的石壁上，一眼望去，是那样的撼人心魄。傍晚时分，夕阳西下，山寺四周暮气渐生，孟浩然和众人一起前往泉堂沐浴更衣之后，再听佛门大师讲授精义。经过大师的一番讲解，洗去内心追名逐利的尘垢，他觉得自己仿佛走进了超凡入净的极乐世界。

在石城寺作完礼拜之后，孟浩然回到剡县，终于打听到太乙子在一山溪之畔因穴而居，潜心修道。于是，他独驾一叶轻舟，沿山溪而上，二人在越中相见，欢止眉睫。开元二十一年（733 年）初春，孟浩然在剡县与太乙子告别，从这里前往西北方向的会稽山去。

入春时节，山花烂漫。孟浩然独自一人游赏山间，好不惬意。

这天，孟浩然前往云门寺，没想到在半路上遇见好友薛业，二人意外相见，喜不自禁。

云门寺始建于东晋义熙三年（407 年），位于秦望山脚下的一条狭长的山谷里。相传这里曾经是王献之位于秦望山的私宅，一天夜里，有人在这片园宅的屋顶上，看见了五彩祥云，王献之将此事向晋安帝禀奏，于是，晋安帝便颁布诏令，在此敕建寺院，后来，人们便把建成的寺院取名云门寺。

孟浩然与薛业一起在秦望山一带游赏几日，回到山阴。薛业因为要随船动身前往扬州，二人在山阴告别。

孟浩然来到山阴的时候，崔国辅已经自京城返回，二人久别相逢，分外高兴。从崔国辅这里，孟浩然打听到了很多来自长安的消息。

就在张说去世后不久，张九龄就被李隆基从岭南召回长安，虽然只是官封秘书省少监，但是，李隆基却让他总知集贤殿书院院事。随后不久，又把张九龄擢升为工部侍郎，并且让他以集贤院学士之名，负责为皇上制诰。这显然是李隆基打算对他予以重用的信号。

知道张九龄有可能会被皇上重用，孟浩然十分高兴。张九龄可谓是自己的挚友，照这样的情形，他早晚有一天会在朝廷里主事儿。只要是张九龄在朝廷主了事儿，自己或许就仕途有望了。到了这样的年纪，如果还能实现自己为国效力的一腔夙愿，也就此生无憾了。

孟浩然在崔国辅府上住过一些日子之后，离开山阴前往会稽，来到谢南池的庄上住了下来。

三月春末，随着春鸟的啼声再起，谢南池庄上农事渐忙，于是，庄上的人开始各忙各的，倒让浩然觉得自己成了闲人。

这次到越地，他本来有意像梅福一样做个隐士的，可是现在，张九龄开始得到皇上的信任和重用。既然圣明的君主现在把贤才当作珍宝，自己为什么还要隐迹异乡，不问世事呢？孟浩然内心一时陷入到矛盾之中。

孟浩然掐指一算，自己来越地已有两年，而离开襄阳已是整整三年了。

这天，会稽县尉贺朝来到谢南池庄上看望孟浩然。贺朝的到来，让谢南池和孟浩然高兴不已，三人在酒宴之上推杯换盏，酒过三巡时，孟浩然带着些许醉意，赋诗一首，赠给谢南池和会稽县尉贺朝：

久滞越中赠谢南池会稽贺少府

陈平无产业，尼父倦东西。负郭昔云翳，问津今亦迷。
未能忘魏阙，空此滞秦稽。两见夏云起，再闻春鸟啼。
怀仙梅福市，访旧若耶溪。圣主贤为宝，君何隐遁栖！

孟浩然在会稽向谢南池和贺朝赠诗之后，离开会稽来到山阴，他打算从这里动身，启程回襄阳去了。

孟浩然来到山阴，已是四月中。山阴县令卫明府在酒宴上听崔国辅说，孟浩然即将远归襄阳，便主动劝浩然在山阴多住些日子，因为他新修的亭池即将落成，卫县令诚邀孟浩然参加他亭池完工的落成仪式之后，再动身归去。

对于卫县令的盛情挽留，孟浩然欣然接受。

五月初，孟浩然参加完卫县令的亭池落成仪式之后，在山阴与崔国辅、卫县令告别，经杭州沿运河一路北行，在润州稍做歇息，然后坐船沿长江西上。

孟浩然一路且走且停，来到宣州当涂（今安徽当涂）时，已是初秋。

当涂是著名的江南水乡，东有石臼湖，西有长江，中有姑溪河，素以风光秀丽、人文荟萃而闻名。孟浩然在当涂游赏数日，这天天晚时，孟浩然回到长江边上的牛渚码头，准备找一家客栈落宿，他打算第二天一早就从这里乘船，沿长江西上，然后经浔阳、武昌，往家乡襄阳而还。

孟浩然在牛渚下船之后，看见从远处又驶来几艘挂帆的航船，它们在牛渚的码头上抛锚停了下来，孟浩然定睛再一细看，只见是好友薛业正从船上下来，孟浩然欣喜异常地迎了上去。

薛业也没想到会在这里再次遇见浩然，他乡再会故知，也是非常高兴。

孟浩然决定坐薛业的船一起西行，当晚，他们就在这临江的客栈里同榻而宿，第二天一早醒来，江上却是大雾迷漫。因为大雾，让孟浩然和薛业在江边走失，结果孟浩然没有坐上薛业的货船，让他遗憾不已。

孟浩然只好登上客船，溯江而上，过彭蠡湖（今鄱阳湖）口来到浔阳之后，歇息一两日，再次登船北上，来到武昌，已是中秋之末。由于一路上都是坐船，时间久了，自然心生厌倦，于是，孟浩然来到武昌后，决定改走陆路，坐马车沿安州、随州往襄阳而还。

孟浩然途经随州时，正值秋末九月，早晨路边的落叶枯草上，已经挂上了一层薄霜，经过一天的疾行，这天晚上来到了随州唐城县，他原本打算经过随州时，前往随县拜会随州刺史杨使君的，但离家越近，就越是归乡心切，所以，他没有前往随县，而是自唐城向西而行，经过一日行程，孟浩然乘坐的马车来到了襄阳县东的蔡阳（今湖北枣阳市西南）时，天色已晚，他只好在蔡阳的小镇上找间驿馆投宿。

离开家乡襄阳已经三年多了，从蔡阳小镇再往前走，前面就是襄阳地界，自己明天就能回到涧南园的家里去了。想到明天就能见到家里的亲人，见到自己年过六旬的母亲，孟浩然抑制不住自己的满怀情思，在蔡阳宿住的驿馆赋诗一首：

夕次蔡阳馆

日暮马行疾，城荒人住稀。听歌知近楚，投馆忽如归。
鲁堰田畴广，章陵气色微。明朝拜家庆，须着老莱衣。

诗的最后一句，引用的是《艺文类聚》记载的一个典故。《艺文类聚》上说，“老莱子孝养二亲，行年七十，婴儿自娱，着五色采衣。尝取浆上堂，跌仆，因卧地为小儿啼，或弄乌鸟于亲侧。”老莱子非常孝敬自己的父母，他已经七十岁了，还穿着五彩的衣裳打扮得像婴儿一样，哄父母开心。孟浩然心中对母亲的孝敬，从这句诗里可见一斑。

过了蔡阳馆，再往前行，只需一天行程，孟浩然就能回到涧南园的家了。

孟浩然第二次吴越之行，一共耗时三年多，他耶溪泛舟，兰亭拜贤，钱塘看潮，富春寻源，建德夜泊，天台望月，石城礼佛，一路遍游越乡，在山水自然之中领略诗意情境，写下了《耶溪泛舟》《寻天台山》《早发渔浦潭》《宿建德江》等一批脍炙人口的山水清诗。

二游吴越，让孟浩然对自然山水有了更加浓烈的依恋和热爱，也让他的诗风有了从沉静到清远的意境转变，既能把情境景物描写得生动形象，又能把自己的情感不露痕迹地掺入其中，美妙情思与自然山水的水乳交融，让他的诗歌变得情味隽永，含蓄自然，由此进一步奠定了他在山水田园诗派不可撼动的核心地位，为中国山水田园诗的创作和探索，作出了不可磨灭的贡献。

归闲田园　故人庄上吟清诗

孟浩然回到涧南园后，决定前往岘山道观去看望云表。第二天一早，他便来到岘山道观，大声叫着云表的名字。他想，云表一定会一脸兴奋地从道观里迎出来。

一连叫了几声，却无人回应，只有道观的小道童迎了出来，一脸木然地告诉他，云表大师已经仙逝了。

孟浩然几乎不敢相信自己的耳朵。

三年前，自己离开涧南园前往吴越时，云表还来为他送行。而现在回来，听到的却是云表去世的消息。原来总以为，修道炼丹的餐霞之人，是会长生不老的，没想到他们竟然也会像早晨的露水一样，说没就没了。

孟浩然愣愣地站在那里，心情沉痛，赋诗一首：

伤岘山云表观主

少小学书剑，秦吴多岁年。归来一登眺，陵谷尚依然。
岂意餐霞客，溘随朝露先。因之问闾里，把臂几人全。

时光逝如流水，生活中的一切都随着岁月的流逝，时时刻刻在发生着改变。自己从小习学书剑，是为了修身齐家治国平天下，然而，一转眼几十年过去，自己避居乡里，夙愿未成。想到这些，孟浩然隐隐觉得有些难受。

十月，山南东道采访使韩朝宗兼任襄州刺史。

韩朝宗是已故襄州刺史韩思复的儿子。韩思复两任襄州刺史，在襄州的治行名扬天下。如今来到父亲执政故地赴任，面对古道热肠、民风淳朴的襄州民众，韩朝宗深恐自己有负父亲盛名，心里诚惶诚恐，丝毫不敢懈怠。所以，来到襄州伊始，他便一面巡视乡里，一面前往岘首山为百姓祈雨。当他看到当年孟浩然和卢僎为他父亲刻立的石碑时，更是感慨万千。

父亲因为在襄州的治行，父亲的名字被孟浩然和卢僎镌刻在这里。如今，来到父亲曾经执政的地方，自己以后要如何做呢？这让韩朝宗心里隐隐有了压力。

山川祈雨归来，孟浩然这个名字，沉甸甸地放进了韩朝宗心里。他觉得，像孟浩然这样满腹才学的文士，不应该被埋没在乡里，他决定找机会向朝廷举荐孟浩然。

开元二十一年（733 年）十月，考上襄州举人的丁凤要离开襄阳，前往长安参加进士科考试。孟浩然为他送行，想到在朝廷官位日重的张九龄许久未有联络，便决定呈诗一首，让丁凤给他带去，以此表达对他的问候：

送丁大凤进士赴举呈张九龄

吾观《鹪鹩赋》，君负王佐才。惜无金张援，十上空归来。
弃置乡园老，翻飞羽翼摧。故人今在位，岐路莫迟回。

送走丁凤之后，孟浩然不知道丁凤会在何时把自己的赠诗呈递到张九龄手上，他也不知道张九龄、王维还有王昌龄几位挚友，在长安都过得怎么样。自从让丁凤给张九龄带去赠诗之后，他每天都盼望着张九龄、王维、王昌龄这些友人来自长安的消息。

自从张说在长安病逝之后，李隆基常常追思恩师临终之言，深有感触。开元十九年（731 年）岁初，李隆基将张九龄调回京城，委任秘书省少监，同时总知集贤殿书院院事。其时，张九龄的母亲在家乡韶州曲江病重，他几次向李隆基上书，请求回家乡归养，在母亲面前尽守孝道，但是每次都被李隆基下制不许。

开元二十年（732 年），李隆基将张九龄迁任工部侍郎，同时让他以集贤殿书院学士之名，负责为皇上制诰。开元二十一年（733 年），又将张九龄迁升中书侍郎，同年十月，张九龄的母亲病故，张九龄向李隆基上书，请求辞去官职回曲江为母亲终丧。李隆基不但不同意张九龄辞去官职，而且还授他同中书门下平章事，让他以居丧之身，拜居宰相之位。

张九龄身为宰相，但恪守孝道，于开元二十一年（733年）冬，离开京师长安，千里迢迢赶回韶州曲江，为母亲奔丧。

自从韩朝宗有了举荐孟浩然的打算之后，他天天都在为这件事儿着急。孟浩然毕竟只是一个乡野之士，自己向朝廷举荐他做什么事儿呢？

时间转眼到了岁末，韩朝宗要在年前回长安一趟，亲自向皇上李隆基敬呈奏报，他觉得自己正好可以借这个机会，把孟浩然向李隆基当面引荐。可是，孟浩然没能进士及第，举荐他谋求官位，显然不符合官员任用的规制。但是，孟浩然辞赋绝华，精通韵律，自己若是举荐他入朝为宫廷清整音律，赋曲填词，日后一定能够吟咏出流芳万古的穆如之颂。

主意一定，韩朝宗便邀请孟浩然和他一起前往长安。

当孟浩然得知韩朝宗打算举荐自己为宫廷清整韵律、赋曲填词时，心里多少有些失望。他一直认为，自己希望入仕，是要以天下为己任，为国家、为人民尽一份属于自己的责任，而绝不是为了去做个博得宫闱一笑的凡夫俗子。

尽管孟浩然对韩朝宗的这次举荐有些不太如愿，但是面对韩朝宗的一番好意，他也不好拒绝。

开元二十一年（733年）腊月初，孟浩然和韩朝宗一起乘坐马车，一路偕行，来到长安。

韩朝宗自回府第，要去拜会朝中的阁部大员，而孟浩然则是住在皇城南面离韩府不远的客店里，也要拜会京城故知，二人各自有事。

韩朝宗回到长安之后，做的第一件事儿，便是在拜访朝中的官员时，向他们介绍孟浩然才华卓著，先在朝中为孟浩然扬名。仅仅几天时间，韩朝宗就把自己要向皇上引谒孟浩然这件事儿，告诉了朝中的很多大臣。

两三天后，韩朝宗觐见皇上的具体时间确定了下来，于是，韩朝宗据此与浩然提前约定了引谒时间。

到了引谒这天，恰逢几个过去的文朋故友得知孟浩然来了长安，于是前来客店寻访。孟浩然见众好友来访，非常高兴，就请他们一起来到离客店不远的小酒馆里小聚，他们一边喝酒，一边谈诗论赋，不知不觉，就把韩朝宗约好的引谒时间忘得一干二净。

眼看就到了提前约好的时间，可是，孟浩然还没有到自己的府上来，这下可把韩朝宗给急坏了。

皇上接受觐见的时间是提前约定，不可能更改的，而孟浩然在该来的时间却还没来，韩朝宗只好吩咐自己的侍从到客店相寻。

韩朝宗的侍从急匆匆地赶到孟浩然宿住的客店，却见孟浩然不在这里，只好沿路寻找，好不容易在路边的小酒馆里找到孟浩然，见他正和几个好友论诗喝酒，谈笑风生，感到非常生气，忍不住向他质问："你与韩公约好了觐见圣上，却又如此轻慢，你不可以这样的？"

孟浩然和几位友人边饮边谈，气氛热烈。他正在兴头上，却被人劈头盖脸地一阵质问，忍不住站起来大声说道："我已经喝了酒，身行乐耳，管不了其他的。"

孟浩然不屑一顾地端起酒盏，坚持和几个友人继续喝酒。

韩朝宗的侍从一脸无奈，只得转身离开小酒馆，怒气冲冲地回韩府复命去了。

孟浩然此举让韩朝宗十分不快，在觐见完李隆基之后，没有和孟浩然打声招呼，他就离开长安匆匆返回襄阳。

孟浩然来到长安时，张九龄已经动身回了韶州曲江，然而，王维、王昌龄、阎防以及从襄阳来京参加进士科考试的丁凤、德高望重的贺知章等诸人，都还在长安，孟浩然得知韩朝宗不告而别回了襄阳时，在众友人面前丝毫也没有流露出后悔的意思。孟浩然对友人重情重义，为了与他们尽情地谈诗喝酒，竟能把觐见皇上这样的大事放到一边。孟浩然如此好乐忘名，为他留下了铁骨傲帝王的一段佳话。

对于孟浩然第二次入京长安，《孟浩然集·序》记载的很清楚。“因入秦，与偕行，先扬于朝。与期，约日引谒。及期，浩然会寮友文酒讲好甚适……”把它翻译成今天的话就是，因此前往长安，和韩朝宗一起同行，韩朝宗先在朝中为孟浩然扬名。和孟浩然预先约定好引谒日期。到了约定引谒那天，孟浩然会见好友谈诗喝酒十分惬意……

而《新唐书》对此记载的要简略一些：“采访使韩朝宗约浩然偕至京师，欲荐诸朝。会故人至，剧饮欢甚……”翻译成今天的话就是，采访使韩朝宗约孟浩然一起到京师，打算举荐于朝廷。正好遇到了好友来，非常高兴地举杯痛饮。

如果简单地进行一下对比，后者很容易让人产生歧义。《孟浩然集·序》的记载，说的很明确。孟浩然和韩朝宗一起到了长安，韩朝宗先在朝中官员面前为孟浩然扬名，并且约定好了向皇上引谒的具体日期。稍有历史知识的人都知道，地方上的官员见皇上，具体觐见的时间是皇上决定的，而不是地方官员决定的。既然确定了引谒时间，那只可能是韩朝宗到了长安之后，先提出觐见皇上的申请，由皇上决定见还是不见，皇上决定见，然后由内侍省的官员告诉韩朝宗，哪一天什么时候见。既然引谒的日期都确定了，那孟浩然和韩朝宗此时肯定是在长安。

而《新唐书》记载得很含糊，如果简单地理解，那就是韩朝宗和孟浩然都还在襄阳，没有到京师去。

所以，有部分学者以《新唐书》为依据，认为韩朝宗这次举荐孟浩然，临行这天，孟浩然在襄阳和好友一起喝酒，从而没有接受韩朝宗的引荐。这就是入京长安“一次说”产生的原因。

当然，《新唐书》也没有明确地说，韩朝宗和孟浩然当时是在襄阳还是在京师，写得很含糊，更容易让人产生当时是在襄阳的理解。

《孟浩然集·序》是王士源专门为孟浩然一生所作的记录，细节描写更为详尽。并且写《序》时间仅在孟浩然去世的五年后，所以，《孟浩然集·序》肯定比《新唐书》所作的记载更具有史料价值。以《孟浩然集·序》所作的记载为依据，认为孟浩然两次前往长安的理由是充分的。

对于韩朝宗举荐孟浩然的时间，学术界也存在着是在开元二十一年（733年）还是在开元二十二年（734年）的分歧。

《资治通鉴》载：是岁（开元二十一年），天下分……山南东道、山南西道……岭南，凡十五道，各置采访使。

《旧唐书·地理志》载：开元二十一年，天下分为十五道，每道置采访使。

对于设置采访使，《资治通鉴》和《旧唐书》的说法是完全一致的。就是在开元二十一年，分天下为十五道，各置采访使。所以，《新唐书》“开元二十二年，初置十道采访使”的说法是存在问题的。

还有一点儿，在开元二十二年正月，因为长安闹粮荒，皇上李隆基把朝廷从长安迁往了洛阳，所以，开元二十二年正月以后，朝廷在洛阳，而不是在长安，如果认为韩荐浩然发生在开元二十二年，与《孟浩然集序》记载的“因入秦，与偕行，先扬于朝”是相冲突的。

孟浩然来到长安之后，王维把自己新结识的年轻友人裴迪进行当面引见，望着年纪轻轻的裴迪，读到这位年轻才子创作的田园清诗，孟浩然非常高兴，他十分欣慰地感到，山水田园诗的创作已经后继有人。至此，以孟浩然、王维、储光羲、常建、祖咏、裴迪、綦毋潜为代表的，把山水田园作为视角，具有清新淡雅诗风格调的诗歌创作，逐渐自成一脉。

山水田园诗以山水田园作为审美对象，把细腻的笔触投向静谧的山林，辽远的河湖，悠闲的田野，在借景抒情的同时，融入自己的主观情愫，去描画和歌咏牧歌式的恬淡和自由，借以表达对平和宁静生活的向往。正是因为山水田园诗的描写对象与普通人生活的视野重合相融，所以，得到了人民大众的欣赏和喜爱，成为盛唐最具影响力的诗歌一派。

开元二十一年（733 年）岁末，孟浩然与王维告别离开长安，在新丰与好友过完除夕之后，越秦岭，过嵩山，一路且走且游，过许昌后，在开元二十二年（734 年）二月初，来到南阳县北面的宛许之间。此时，天上下起了漫天大雪。由于风雪实在太大，孟浩然乘坐的马车一时不能前行，孟浩然和车夫只好在路边的小客栈里住下来。雪越下越大，仅是一夜功夫，整个山川道路，全都被厚厚的积雪覆盖。

天晚时分，孟浩然走出小客栈，他向着长安的方向望了很久，接着又把目光投向洛阳的方向，一片茫茫无际的大平原上，不知乡山该在何处，只有腾腾村烟袅袅而起，一只迷途归雁形只影单地往天边飞去。面对此情此景，孟浩然赋诗一首，言叙心境：

南阳北阻雪

我行滞宛许，日夕望京豫。旷野莽茫茫，乡山在何处。
孤烟村际起，归雁天边去。积雪覆平皋，饥鹰捉寒兔。
少年弄文墨，属意在章句。十上耻还家，徘徊守归路。

尽管这场雪下得很大，但是，春天毕竟已经来到，孟浩然在路上滞行几日，随着春日的阳光变得温暖，路上的积雪也融化得很快。孟浩然来到南阳后，为了让自己波澜起伏的内心变得平和，于是在南阳住下来，四处游山赏水，好让自己内心一天天变得平静。

开元二十一年（733 年）入夏之后，关中一带久雨成灾，造成三秦之地谷物粮食几乎颗粒无收，粮价飞涨。随着开元二十一年（733 年）岁末的来临，京师长安所需的粮食缺口巨大，尽管朝廷派出浩浩荡荡的运粮队伍，从东都洛阳源源不断地向长安运送米粮，但是，入冬之后的冰雪天气常常影响道路通行，从而造成长安这座人口几近百万城市的粮食供应，一时难以缓解。

为了减轻长安面临的粮食压力，皇上李隆基决定将朝廷迁往东都洛阳。开元二十二年（734 年）正月，随着李隆基一声令下，满朝的文武百官和宫廷的帝后嫔妃，以及众多的羽林军卫队，合计十数万之众，在李隆基的带领下，浩浩荡荡地离开长安，向洛阳开拔而去。

东都洛阳，由此再一次变成了大唐王朝的政治权力中心。

开元二十二年（734 年）春，张九龄自韶州曲江来到京师洛阳觐见圣驾，向李隆基提出辞呈，请求还乡为母亲守孝三年，以求终丧。

李隆基没想到，自己好不容易把张九龄盼归朝廷，而刚一见面，他竟然提出辞呈，李隆基心里颇是不快。于是，李隆基决定，让张九龄的弟弟张九皋代张九龄在曲江为母亲守孝终丧，他没有答应张九龄提出的辞呈请求。

五月，李隆基将张九龄擢升为中书令，同时封裴耀卿为侍中，封吏部侍郎李林甫为礼部尚书、同中书门下三品，张九龄由此登上了宰阁首辅之任。

孟浩然来到南阳，由于近乡情怯，徘徊于归路，他在南阳停留了下来。直到入夏之后，方才离开南阳，回到襄阳已是五月初，家里春播夏种这些农事早就忙完了。

这次从长安回来，孟浩然觉得自己已经与仕途无缘了，所以，平时除了拜会友人和参加一些宴集之外，更多时间，孟浩然都住在自己的草庐里，每天到山坡下的园圃荷锄而作，栽瓜种菜，灌蔬艺竹。盛夏时节，眼看着一棵棵瓜菜幼苗在自己的辛勤培育之下，变得花红蔬绿，心里便总能洋溢出一种说不出的逸雅和欢畅。劳作之余，把酒言咏，赋得闲适，却也自在。

入秋时节，孟浩然山坡下的田畦里，瓜菜满园，望着自己的辛勤劳作换来了秋天的收获，他日渐平静的内心，渐渐有了丝丝自豪和满足。

这天，友人邀请孟浩然到庄上的田户人家去吃鸡黍饭，他欣然应允。

秋天的襄阳城外，阳光明媚，菊花正黄。举目远望，满眼都是绿树青山，让人心旷神怡。孟浩然和友人一起来到几间草屋前，见是浩然前来，田户家的主人非常高兴地把孟浩然迎进屋内，招呼大家围坐到桌边，众人一起临风把酒，和主人谈论田园耕种之事，人人心爽意惬，个个笑逐颜开。

坐在农家香气四溢的饭桌边，透过打开的轩窗，望着眼前一片闲适的屋舍田园，孟浩然情思翩然，赋诗一首：

过故人庄

故人具鸡黍，邀我至田家。绿树村边合，青山郭外斜。

开轩面场圃，把酒话桑麻。待到重阳日，还来就菊花。

《过故人庄》这首诗，孟浩然用平缓无奇的笔调，自然流畅的叙事，记述了农家生活的恬淡闲适，没有刻意渲染和用心雕琢的痕迹，用真实的情感和近乎白描的手法，真实地呈现了农家的田园生活。

诗中的一二句，“故人具鸡黍，邀我至田家”，就像叙家常一样娓娓道来，显得轻松自如，简单而随和。“黍”是田中所收，“鸡”是田家所养，这里没有山珍海味，既让人联想起“鸡鸣桑树巅”的农家生活特点，又显现出庄户人家不虚礼排场，却淳朴热情的生活态度。虽语淡而味浓。诗中的三四句，“绿树村边合，青山郭外斜”，描写故人庄的自然环境，上句是近景，在绿树环抱之中，田园美如图画；下句是远景，作为田园背景的青山迤逦伸展到远处的城郭之外。这种近乎白描的笔法，把村后的绿树青山和远处的城郭，立体展现在诗人笔下的画板上，不禁让人身临其境，心往神驰。诗的五六句，“开轩面场圃，把酒话桑麻”，古人称种树的地方为园，种菜的地方为圃。两句诗的意思是，打开轩窗，看到的是平整的打谷场和瓜红蔬绿的菜园；端起酒碗，不经意间就和大家谈起桑麻耕种之事。庄户人家自然鲜活的生活场景，清新如画，让人历历在目。诗的最后两句，“待到重阳日，还来就菊花”，诗人在酒足饭饱之后，玩的意犹未尽，向主人提出重阳节这天，还要再来这里看菊花。这一次是受邀而来，下一次是主动要来，主人的热情随和，让孟浩然感受到田家生活的恬淡清新和轻松愉悦，他希望融入农家淳朴田园生活的情怀，溢于言表。

《过故人庄》词不华丽，言似直白，但却饱含真情实感。诗人用近乎白描的手法，真实地呈现了农户人家自然鲜活的生活场景和恬淡务实的生活气息，展现了劳动人民古道热肠的质朴情感和诗人融入和美家园的愉悦情怀。《过故人庄》以人民大众的生活场景作为视角，描写田园生活的自然美好，因为它贴近生活，贴近人民，从而让它作为山水田园诗的典范，成为人民大众喜闻乐见的千古佳作，被人民教育出版社作为语文课本教材选用。

进入秋末之后，新到任的襄阳县令卢象来到涧南园拜访浩然。

卢象，字纬卿，汶水人。开元中，由前进士补秘书郎，转右卫仓曹掾，张九龄担任宰相之后，将其提拔为左补阙，随后再次将其提拔，晋升司勋员外郎，不久，调迁襄阳县令。

孟浩然和卢象结识之后，时常前往州府、县府，对韩朝宗、卢象进行探访。韩朝宗也没有因为昔日的不快对孟浩然进行责怪，他们二人的关系恢复如常。

随着冬天慢慢过去，春天迈着轻盈的脚步，姗姗而来。

早春二月，群芳争妍。在涧南园的后坡上，成片成片娇艳欲滴的桃花漫山红遍，从坡脚一直连上了坡岭。成群的蜜蜂嘤嘤嗡嗡地穿梭在花丛之间，采蜜正忙。随着二月地气上行，在襄阳城外的乡下，已经渐渐进入春耕春种的农忙时节。孟浩然的竹篱园里花红蔬绿，生机盎然。

转眼到了三月，好友李白来到襄阳与孟浩然相见。阳春时节会故知，让孟浩然感到非常高兴。

其实，李白此行襄阳，不仅要与孟浩然谈诗论赋，他还有一个目的，就是希望得到韩朝宗的举荐，能够在仕途上有所作为。

李白向孟浩然说明来意，孟浩然觉得这有何难，他本来和韩朝宗的关系就非同一般，过去韩朝宗也向朝廷举荐过自己，只不过自己当时根本就没把那次面见皇上的引谒太当回事儿。

李白这次到襄阳来，已经提前给韩朝宗写好了一封书信——《与韩荆州书》，孟浩然听说此事，决定第二天一早，就带着李白去见韩朝宗。

第二天，韩朝宗正在襄州州府东斋藏心阁的书房内，翻看着州府七曹送来的呈报文牍，孟浩然率先请见，向韩朝宗说明来意。韩朝宗听说闻名遐迩的李白求见，连忙要孟浩然让他进来。孟浩然告诉韩朝宗，除非韩朝宗亲自到屋外去请，否则李白是不会进来的。

听孟浩然说完，韩朝宗连忙起身，和孟浩然一起来到屋外，只见李白身姿傲岸地站在书房门外的廊檐下，他头戴高冠，腰间佩一柄三尺长剑。李白抬头仰望着天空，慷慨激昂地朗声地咏诵道："生不用封万户侯，但愿一识韩荆州。"

韩朝宗连忙几步上前，紧紧拉着李白的手，把他迎进书房，三人落座之后，孟浩然把李白写好的《与韩荆州书》递到韩朝宗手上。

韩朝宗打开书信，一边看一边点头。看完书信，韩朝宗望着李白，问他能不能为襄阳一赋。李白轻轻站起身来，一边信步来去，一边声情并茂地在韩朝宗面前为襄阳献赋《襄阳歌》：

落日欲没岘山西，倒著接篱花下迷。

襄阳小儿齐拍手，拦街争唱《白铜鞮》。旁人借问笑何事，笑杀山公醉似泥。

鸬鹚杓，鹦鹉杯。百年三万六千日，一日须倾三百杯。

……

舒州杓，力士铛，李白与尔同死生。襄王云雨今安在？江水东流猿夜声。

听李白吟罢，他撼人心魄的诗句令韩朝宗和孟浩然赞许不已。但是，李白“百年三万六千日，一日须倾三百杯”的诗意情境，却让韩朝宗忧心不已。他告诉李白，若是仕途加身，晨不可安睡，酒不可狂饮，必须遵规守矩，谨言慎行。他担心李白狂放的性情，可能受不了仕途的这份约束。

李白没想到跻身仕途，却要守这么多规矩。自己一贯放浪形骸，要遵规守矩，岂不是作茧自缚，自入樊篱。

看见韩朝宗和李白各自面有难色，气氛尴尬，孟浩然连忙劝说李白放弃仕途，还是做个行山乐水的闲云野鹤更好。

最终，李白接受了孟浩然的建议，主动放弃引荐，继续做他“把酒问月”的诗仙去了。

到了入夏时节，孟浩然南山脚下的园圃里，瓜菜更是长得旺盛。

孟浩然把南山坡上的草庐收整得窗明几净。如今草庐屋前栽种的竹子早已成林，闲暇的时候，孟浩然对竹园的竹子进行修剪，从南山草庐到山下菜园穿过竹林的石板路，被孟浩然打扫得一尘不染，杂草不生。每当荷锄而作，觉得有些累了的时候，就往离菜园不远的南亭歇息。入夏时节，南亭下的水塘里，荷叶田田，游鱼历历，或把酒临风，或临水吟赋，孟浩然的心里总能寻找到一种说不尽的宁静和惬意。他真正过起了“千株橘树唯沽酒，十顷莲塘不买鱼”的世外桃源般隐逸田园的生活。

入秋之后，孟浩然听说好友崔国辅擢升为许昌县令，欣喜万分，因为从襄阳到许昌比襄阳到山阴可是要近得太多了。秋闲无事，孟浩然从襄阳动身，前往许昌向好友道贺。

孟浩然从许昌回到襄阳，已是岁末年终。

开元二十四年（736 年）春，汉江流域大部分地区蒙受严重旱情，襄阳县令卢象带领襄阳民众奋力抗旱，不久，旱情得以缓解，卢象十分高兴，便邀请孟浩然和他一起，沿汉江浮舟，巡视沿岸民情。

由于历任襄州官员非常重视农田水利基础设施建设，严重的旱情并没有在这里演变成严重的灾情。但与襄州毗邻的邓州，情况却变得完全不一样。邓州灾情严重，特别是在邓州州府所在地的南阳县，大片大片的土地几乎苗禾尽枯，绝产无收。

邓州南阳的严重灾情，让山南道采访处置使韩朝宗十分震怒，同样是蒙受旱情，为什么整个襄州的灾情并不严重，而邓州特别是南阳的大部分地区几乎颗粒无收？他觉得，这与南阳县令不重视水利基础设施建设的不作为，有着直接的关联。

韩朝宗一怒之下，向朝廷上书，将南阳县令贬谪异地，同时，将不久前才受到提拔的李泳，擢升为南阳县令。韩朝宗敦促新上任的李泳，要在南阳全面推进农田水利设施建设。

就在韩朝宗为邓州南阳的灾情感到心忧不已时，张九龄却在洛阳中书令任上干得有声有色。

于开元二十二年（734年）五月，张九龄在洛阳被李隆基授任中书令后，主张兴民力，重民生。力谏在黄河之南，开水屯田，得到了李隆基的恩准。于是，张九龄亲自担任河南稻田使，在黄河之南推广水稻种植。

为了表示对张九龄的全力支持，李隆基亲自在洛阳的宫城内开田种起了水稻。

尽管宰阁首辅张九龄日日都在为振兴大唐王朝倾心竭力，但也有人对他心怀嫉妒，憎恨不已。

礼部尚书、同中书门下三品李林甫，虽然和张九龄、裴耀卿同朝为相，但是此人心无学术，只会巧言令色，工于心计，所以，皇上李隆基对他并不看重。皇上对张九龄、裴耀卿二人的信任有加，让李林甫因妒生恨，他在心里对张九龄、裴耀卿憎恶不已。

虽然李林甫心无学术，但却深悟权谋之道，他与皇上后宫武惠妃、内侍高力士诸人打成一片，极尽逢迎谄（chǎn）媚之能事。

开元二十四年（736年）入秋之后，状告邓州南阳县令李泳擅兴赋役的状子，如同雪片般，一封接一封地呈递到洛阳。朝廷闻知此事，立刻从洛阳派人前往南阳核查。

原来，进入八月之后，邓州南阳就已经慢慢进入农闲时节。为了秋后能够在南阳推进水利设施建设的展开，早在八月之初，李泳就下令在南阳强行筹资派款，擅兴赋役，他打算把兴修水利之举，在秋后展开。

李泳强行摊款派役之举，由于方法过于简单，结果遭到了不少南阳民众的强烈抵制，于是，南阳民众便以李泳擅兴赋役的罪名，将他上告到朝廷。

兴修水利历来被中书令张九龄所重，他觉得南阳县令李泳向民众派款派役，是为兴修南阳水利，实则取之于民，用之于民，非为个人一己之私。朝廷宜当责令李泳量力而行，避免操之过急，致使民众赋役过重，引起民怨沸腾。

然而，同朝为相的李林甫却不这么认为。李林甫认为，李泳没有上奏获得朝廷的允许，就在南阳擅兴赋役，致使民怨沸腾，有损皇上的名誉，因此，请求朝廷将他革职查办。

李隆基权衡再三，认为他们两个说的各有道理。为了对上告的南阳民众有个交代，李隆基决定，采用折中方案，将南阳县令李泳贬往康州都城（今广东省郁南县）去做县尉。

由于将李泳擢升为南阳县令，是山南道采访处置使韩朝宗在任内荐用提拔，并且李泳在不到三年的时间内，因为韩朝宗的举荐，得到了两次提拔升迁。现在李泳出了事儿，荐用提拔他的韩朝宗自然也要承担罪责。

于是，李隆基让中书令张九龄向他拟写奏书，处理韩朝宗，这却让张九龄在心里边犯起了难。

韩朝宗和他的父亲韩思复一样，居官为民，品行正直，若是将这样的人罢贬，心中实在不忍。可是，现在皇上已经言明要自己对他进行处理，皇上的话就是圣旨，自己不对他处理肯定也不行。张九龄思前想后，权衡再三，方才以皇上李隆基的名义，代朝廷起草《贬韩朝宗洪州刺史制》：

……

荆州大都督府长史兼判襄州刺史事山南道采访处置等使上柱国长山县开国伯韩朝宗，亟登清要，爰委条察，宜恭尔职，以副朕怀。而乃私其所亲，请以为邑。未盈三载，已至两迁。既殊德举，自速官谤……

不能自律，何以正人？仍期后效，且示轻贬。可使持节都督洪州诸军事，守洪州刺史……

张九龄将草拟的诏令呈递到李隆基的手上，李隆基详阅奏制，提笔准奏。于是，朝廷便以皇上李隆基的名义，将此诏令公之于天下。

《贬韩朝宗洪州刺史制》中的陈述，进一步明确了韩朝宗被贬时的官职是，荆州大都督府长史兼襄州刺史，同时还担任山南道采访处置使，这里十分明确地说，韩朝宗是“山南道采访处置使”，而不是“山南东道采访使”，证明《唐会要》“开元二十二年二月十九日，初置十道采访处置使”的说法是正确的，而《新唐书》“开元二十二年，初置十道采访使，朝宗以襄州刺史兼山南东道”中存在两处错误，一处是“采访使”应为“采访处置使”，一处是“山南东道”应为“山南道”，由此说明，韩朝宗在开元二十二年后为“山南道采访处置使”，而在开元二十二年二月十九日之前应为“山南东道采访使”。

另外，有些学者还对《贬韩朝宗洪州刺史制》中“未盈三载，已至两迁”这句话，产生了明显的理解错误。

这句话说的是，韩朝宗在不到三年的时间内，“私其所亲”，也就是徇私自己亲信的人，将李泳进行了两次推荐提拔升迁。而有些学者却理解成了，在不到三年时间内，韩朝宗进行了两次职务调动。显然，李泳在不到三年时间内，被韩朝宗两次推荐提拔，是贬韩朝宗的理由和前提。而韩朝宗在不到三年时间内，进行两次职务调动，跟韩朝宗被贬能有什么联系？把它写进《贬韩朝宗洪州刺史制》，岂不是多此一举？

开元二十四年（736 年）秋末，韩朝宗就要离开襄阳前往洪州（今江西南昌）去了。在襄阳城北的临汉门码头上，孟浩然与韩朝宗依依话别，难分难舍。临别之际，孟浩然怀着十分感伤的心情，为韩朝宗赋诗一首：

送韩使君除洪州都督

述职抚荆衡，分符袭宠荣。往来看拥传，前后赖专城。
勿翦棠犹在，波澄水更清。重推江汉理，旋改豫章行。
召父多遗爱，羊公有令名。衣冠列祖道，耆旧拥前旌。
岘首晨风送，江陵夜火迎。无才惭孺子，千里愧同声。

送韩朝宗离开襄阳后不久，张子容做满三年奉先县令，休沐还乡，回到襄阳。

张子容的家，住在汉江岸边的白鹤山下。就在张子容做了奉先县令之后，张家上下倍感荣耀，于是，他们开渠引水，造池修亭，大兴土木，在白鹤山下建起了偌大一片山水园林。张家的园林依山取势，聚水成湖。由于张家园林水面开阔，所以，他们又在临水而建的曲廊水榭边，建起了一座高大的亭阁，张家人把它取名叫作海亭。

张子容回到襄阳后，与孟浩然、王迥众友人在海亭相聚，气氛热烈。推杯换盏间，众人不知不觉皆有醉意。这时，有人提议大家抽字赋诗，众人纷纷赞同，于是张子容差人送来书笺笔砚，众人各执书笺，写上一字，然后由一个侍女把书笺折封起来混在一起，让大家分别抽笺。一番礼让之后，孟浩然抽出一笺，打开一看，原来是一个“阶”字。这就是说，要让孟浩然以“阶”作首字或者尾字吟咏出一首诗来。

孟浩然轻轻往桌上放下书笺，他稍作沉思，吟诗一首：

奉先张明府休沐还乡海亭宴集探得阶字

自君理畿甸，余亦经江淮。万里书信断，数年云雨乖。
归来休浣日，始得赏心谐。朱绂恩虽重，沧州趣每怀。
树低新舞阁，山对旧书斋。何以发佳兴，阴虫鸣夜阶。

孟浩然吟咏完毕，众人和声一片。

随着休沐结束，张子容不得不离开襄阳，回奉先就任去了。

送走张子容后，冬去春来，转眼又是一年。

每年二月，都是瓜菜下种时节，孟浩然每天都在园圃里忙着栽瓜种菜，日子过得惬意悠然。

然而，孟浩然的忘形之交张九龄，却在奸相李林甫的挑唆和挤兑下，与皇上李隆基的关系正在变得岌岌可危。

就在韩朝宗贬为洪州都督之后不久，李隆基洛阳的寝宫内，经常传出鬼怪之事，这让他很是忌讳。按照李隆基最初的本意，他是打算等到开元二十五年（737 年）的二月初二这天，再从洛阳动身西回长安，因为到那时，李隆基离开长安来到洛阳恰恰整是三年。但是，现在宫中闹出的鬼怪之事，又确实把他弄得心绪不宁。

李隆基把张九龄、裴耀卿和李林甫三个宰相召入宫内的御书房议事。他开门见山地向张九龄三人，将宫中屡传鬼怪之事，自己感到很是不安和盘讲了出来，他说他打算动身离开洛阳西归长安，想听听他们三个人的看法。

听李隆基说完，张九龄、裴耀卿一致觉得，现在从洛阳到长安，沿途农收未毕，而皇上随行者十余万众，这么多人西行，必然会践踏沿途未收割的庄稼，所以，劝他等到仲冬时节，沿途农收完毕再动身。

李隆基见张九龄和裴耀卿二人开口就对他的想法进行反对，不禁面露戚色，心里很是不快。可是，张九龄、裴耀卿二人说的又都有道理，李隆基一时又找不到合适的理由对他们进行反驳。

就在张九龄和裴耀卿二人向李隆基极力谏言时，坐在他们旁边的李林甫却是一言不发。

事情在张九龄、裴耀卿这里没谈出个结果，李隆基心里很不高兴，于是站起身来，让大家改日再议。

张九龄、裴耀卿见皇上起身欲去，于是，随之起身，退出宫去。

深谙官场之道的李林甫看透了皇上的心事，他故意迟留一步，待张九龄和裴耀卿二人走后，他才起身对李隆基说道：“张九龄、裴耀卿他们算什么东西？这长安和洛阳就如同陛下的东西两座行宫，陛下往来行幸，想住到哪里就住到哪里。既然他们借口说现在西归会妨于农收，那免除掉沿途所经之地的赋税不就行了。臣请宣示百司，即日西行。”

听李林甫说完，李隆基顿时龙颜大悦，他随即向百司宣旨，明日即西行。

开元二十四年（736 年）十月初二这天，李隆基带着满朝文武、东西两宫和数万羽林侍卫，浩浩荡荡地离开洛阳，向西京长安开拔而去。由于临行仓促，各种车马物资准备严重不足，从洛阳到长安本来十多天的行程，李隆基此次西行，却整整用去了二十天，直到十月二十一日，方才回到长安。

随后，李林甫又在朔方军节度使牛仙客封爵这件事上，对李隆基与张九龄二人进行挑拨离间，从而引发李隆基和张九龄在朝堂上，当着文武百官的面儿，公开发生争执。

接着李林甫又在废立太子这件事儿上从中挑唆，让李隆基与张九龄之间的隔阂越来越深。最终，因为严挺之为罪人王元琰说情这件事儿，张九龄帮严挺之说话，对李隆基的观点又不认同，让李隆基觉得忍无可忍，于是，李隆基宣布罢黜张九龄的宰相之位，同时提拔李林甫为中书令。

开元二十五年（737 年）四月，又因为监察御史周子谅弹劾牛仙客这件事儿，李林甫在皇上李隆基面前挑唆，说是张九龄在背后指使周子谅所为，于是，李隆基作出决定，把张九龄贬出京师，出为荆州大都督府长史。

张九龄坐着马车，一路往东南而行，途经襄阳时，已是五月。

山南道采访处置使兼襄州刺史宋鼎得知张九龄行经襄阳，盛情相迎。宋鼎和张九龄的关系非常好，他熟知张九龄与孟浩然、卢象的关系也非同一般，所以，邀请孟浩然和卢象一同入宴作陪。

酒宴上，孟浩然得知张九龄罢相之后，被贬出京师，感到心情沉重。而张九龄也在与孟浩然的杯觥交错中，得知孟浩然闲居乡野，每日种瓜种菜，灌蔬艺竹，自在心下遗憾。

第二天，张九龄就要动身往荆州去了。宋鼎、孟浩然和卢象都来为他送行。张九龄的马车来到岘山垭上，他停车而下，和众人一起来到岘首山巅，张九龄思绪翻飞，联想到自己迁贬荣辱的身世际遇，一怀愁绪，不由袭上心来。

张九龄问起孟浩然以后的打算，年近五十的孟浩然，此时已经心系山野，情归田园，仕途在他眼里不再光艳夺目，弋钓草野，寻幽觅趣成了他心中的一份向往和追求。

心事落寞的张九龄在孟浩然的行山乐水中，似乎找到了自己寻求解脱的出处。于是，张九龄邀请孟浩然，待他在荆州那边落脚之后，到荆州去陪他游山赏水，尽览荆州风光。面对挚友的盛情相邀，孟浩然欣然接受，他决定等张九龄在荆州那边的事务处理妥当之后，方才动身。

张九龄走后，孟浩然整日只顾忙起园里地里的农事。这天，卢象骑着快马跑到涧南园来，说宋鼎请他到城里去一趟，孟浩然因为农事正忙，决意推辞不去。卢象以宋鼎有要事相商为由，要他往城里去一趟。

孟浩然不知道所商何事，只得骑着自家的毛驴，和卢象一起往襄阳城里赶去。

路上，孟浩然得知宋鼎请他进城，是因为临汉门城楼旁的城墙上，新修的一座亭子建好了，特意请他前去庆贺。

孟浩然得知是这件事儿，调转毛驴就要往回走，因为他不想参加这样的活动。卢象见孟浩然往回走，连忙上前拦住他，经过好一番劝说，孟浩然才极不情愿地和他一起往城北而去。

日近黄昏时，孟浩然登上襄阳城上的北楼新亭，宋鼎见孟浩然前来，欣喜无比，他让侍从将浩然安排在与他同桌的首席，其时暮色初上，众人推杯换盏，一片喜庆。孟浩然在酒宴上吟诗一首：

和宋大使北楼新亭

返耕意未遂，日夕登城隅。谁道山林近，坐为符竹拘。
丽谯非改作，轩槛是新图。远水自嶓冢，长云吞具区。
愿随江燕贺，羞逐府僚趋。欲识狂歌者，丘园一竖儒。

就在襄阳城上的北楼新亭落成后不久，宋鼎因为受到奸相李林甫的排挤，从襄阳被贬迁去了汉阳。

转眼已是入秋之始，孟浩然在南山坡的橘园里，看着满园黄澄澄的橘子在心里盘算着，等卖完了山坡上的这些橘子，自己就可以到张九龄那里去了。

客居荆州　寄闲无事还襄阳

开元二十五年（737 年）秋，孟浩然正打算前往荆州，没想到张子容又回襄阳来了。张子容这次回乡，是因为他被擢升为礼部郎中，从地方官员晋升成了朝廷官员，可谓是衣锦还乡。

张子容回到襄阳后，在张家海园大宴宾客。孟浩然作为昔日故交，卢象作为襄阳的地方官员，都在张子容邀请之列。

酒筵过后，孟浩然与张子容、卢象同游海园，三人猜字赋诗，结果卢象率先猜到一个“秋”字。于是，卢象以秋字作结，赋诗一首：

早秋宴张郎中海亭即事

邑有弦歌宰，翔鸾狎野鸥。眷言华省旧，暂拂海池游。

郁岛藏深竹，前溪对舞楼。更闻书即事，云物是清秋。

卢象赋诗完毕，轮到孟浩然猜字，结果浩然一口便猜出一个“珠”字，于是，他和卢象一样，以珠字作结，为卢象和诗一首：

同卢明府早秋宴张郎中海亭

侧听弦歌宰，文书游夏徒。故园欣赏竹，为邑幸来苏。

华省曾联事，仙舟复与俱。欲知临泛久，荷露渐成珠。

孟浩然和张子容、卢象三人一边游赏海园，一边猜字赋诗，玩得好不尽兴。

对于上面孟浩然这首诗中的卢明府是卢僎还是卢象，不同的学者之间存在着较大争议。

认为孟浩然诗中的卢明府是卢僎，主要的依据是，《宝刻丛编》卷三有《唐襄阳县令卢僎德政碑》，由此可知，卢僎曾经做过襄阳县令，而在历史资料上找不到卢象做过襄阳县令的记载。

在前面已经讲到过，根据《新唐书·韩思复传》中“故吏卢僎、邑人孟浩然立石岘山”，我们知道，韩思复做襄州刺史时，卢僎曾经是韩思复的副手，也就是襄州长史。再根据《送卢少府使入秦》这首诗中的“州县勤王事”这句诗，我们知道，卢僎在做襄州长史之前，曾经是县府主事的官员，否则，怎么能叫“州县勤王事”？根据《唐襄阳县令卢僎德政碑》，我们知道，卢僎在做襄州长史之前，做的是襄阳县令，并且这个襄阳县令还做得很出色，所以，被襄州刺史韩思复非常看重，然后由韩思复倾力举荐，卢僎从襄阳县令的职位上，被提拔成襄州长史，是合情合理的。所以，卢僎做过县令，并不代表孟浩然《同卢明府早秋宴张郎中海亭》这首诗中的卢明府就是卢僎。

而认为孟浩然《同卢明府早秋宴张郎中海亭》这首诗中的“卢明府”是卢象，是有依据的。

在孟浩然的诗集里有两首诗，分别是《卢明府早秋宴张郎中海园即事，得秋字》和《同卢明府早秋宴张郎中海亭》，两首诗的内容和韵律都非常相似，而这两首诗还写的都是同一件事儿。孟浩然怎么会就同一件事儿，而去写两首内容和格律非常相似的诗呢？

而在《卢象集》中有《早秋宴张郎中海亭即事》，与孟浩然《卢明府早秋宴张郎中海园即事，得秋字》的内容是一样的。孟集中的诗题前面多了卢明府三个字，很显然，这首诗前面的“卢明府”，是孟浩然在诗题前做的标注，意思是这首诗是卢明府作的，不是他本人作的。根据王士源《序》中所说的“其他人酬赠，咸录次而不弃耳”，虽然这首诗不是孟浩然作的，但是，王士源还是把它收集在《孟浩然集》中，把这两首诗专门放在一起。因为《卢明府早秋宴张郎中海园即事，得秋字》，在《卢象集》中也有这首诗，所以，这首诗题中的“卢明府”就是卢象。

张子容就要回长安去了，孟浩然和王迥众友人为他送行，临别时，孟浩然也把自己准备前往荆州的打算告诉了众人，大家知道他要到荆州去张九龄门下做事，都在为他暗暗高兴。张九龄虽然宰相下野，然而一旦被李隆基召回京师重新起用，孟浩然肯定也就迎来了机会。

暮秋时节，随着涧南园农事渐闲，孟浩然决定动身前往荆州，王迥也打算往江左而游，于是，二人结伴从襄阳出发，沿汉江顺流而下，前往武昌而去。

途经郢州时，孟浩然和王迥在郢州下船，前往郢州城外的韩家庄上，去看望韩襄客和孟仪甫。

孟浩然的儿子孟仪甫早已在郢州成家立业，如今也是儿女绕膝。孟浩然看见自己的孙子、孙女活泼可爱，自是心里高兴。可是，每当与妻子襄客四目相对时，他的心里总有一种说不出的负疚和难过。几十年岁月如白驹过隙，当年知名荆襄的楚楚歌女，如今已经满头华发。时光无情催人老，自己虽然一直和她信守着彼此对婚姻的承诺，但是，一晃几十年过去，他却依然没能在孟家给她一个应有的名分。几十年来，这成了一直隐藏在孟浩然心里不可触摸的痛。好在儿子仪甫对他母亲也很孝顺，这让孟浩然觉得心安了许多。

孟浩然和王迥一起离开郢州，沿汉江而下，来到武昌，二人一起登上黄鹤楼，极目远眺，只见宽阔的长江烟波浩渺，气势雄浑。而在远处江中的鹦鹉洲上，如缨如穗的芦花白茫茫一片，晶莹似雪。

秋末时节，孟浩然和王迥坐在悠悠徐行的小船上，看见位于江心的鹦鹉洲在长河落日的余晖映照之下，金沙熠熠。几个渔人牵着锦缆正在江边忙着泊舟，一群洗衣的浣女结起罗裙的下摆，系在纤纤的腰间，在暮色的掩映之下，她们是那样倩丽动人。

落日悄无声息地没入了西边的山峦，一轮皎洁的明月不知在何时，已经悄悄地爬上了半空。夜色初上，在如水的月色之下，鹦鹉洲上如泼银泻玉，芦花正白。随着江风吹过，阵阵杜若的兰香扑鼻而来，让人如入梦境。

面对此情此景，孟浩然情不自禁，为王迥赋诗一首：

鹦鹉洲送王九游江左

昔登江上黄鹤楼，遥爱江中鹦鹉洲。
洲势逶迤绕碧流，鸳鸯鸂鶒满滩头。
滩头日落沙碛长，金沙熠熠动飙光。
舟人牵锦缆，浣女结罗裳。
月明全见芦花白，风起遥闻杜若香，君行采采莫相忘。

这首诗写景抒情，意境优美。诗中的句子长短错落，读起来富有立体感和层次感，让人们的感情跟着作者的思绪跌宕起伏。

诗的第一、二句，“昔登江上黄鹤楼，遥爱江中鹦鹉洲”，由情入景，叙写作者过去登上屹立在长江边的黄鹤楼，就远远地眺看和喜爱江中的鹦鹉洲。紧接着三、四句是一组远景的描写，“洲势逶迤绕碧流，鸳鸯鸂鶒满滩头”，描绘出鹦鹉洲沙岸逶迤连绵，四周碧水环绕，滩头上全是嬉戏游弋的鸳鸯和水鸟，这样一幅生机勃勃的自然景象。五、六句由远及近，写的是沙滩上的石头在落日的映照下，在沙滩上留下长长的影子，江中风吹水动，落日金晖从水中反照到沙滩上，金光闪耀。七、八句的描写，由景及人，由近及细。泊舟的船公牵着华美的缆绳，洗衣服的女子，把漂亮的裙子打结系在腰间。诗人对细节的生动描述，明显带有浪漫主义色彩。诗的后三句，再由景及情，一轮明月之下，如银的芦花白茫茫一片，轻风吹来，远远地就闻到杜若的香气，沉浸在兴高采烈之中，不要忘了我们今天的相聚。后两句明显有引用屈原“采芳洲兮杜若”的意韵，整个字里行间，无不浸透着轻松愉悦的浪漫主义色彩。这是孟浩然写景抒情诗中，为数不多带有浪漫色彩的一首。

孟浩然与王迥在武昌告别，一路向西来到荆州。

张九龄在荆州，官任荆州大都督府长史。荆州大都督府总管荆州附近十州的兵马、甲械、镇戍以及军队的粮草、物资、仓廪诸事。荆州大都督府长史，官居从三品之位，官职稍逊于荆州大都府都督。

孟浩然来到荆州，与张九龄相见，喜不待言。他每日陪张九龄琴棋吟赋，有时也参加一些都督府的相关活动。虽然孟浩然没有官职和品级，但是，作为张九龄的随行幕僚，由都督府负责为他开一份薪俸。

每年入冬之后，都督府的主要官员都要到各州各县的军队驻扎之地，视察城防镇戍，巡视军容军纪。

随着冬至节气将近，张九龄带领孟浩然和折冲将军张都尉一行离开荆州，向西北而行来到当阳，受到当阳驻军的盛情接待。张九龄一行来到县西北的当阳城楼上。当阳旧城楼依临沮水，所以，又叫临沮楼。张九龄站在城楼上举目远望，只见漳水和沮水在这里交汇之后，清波粼粼，蜿蜒南去，他兴致高昂，赋诗一首：

登临沮楼

高深不可厌，巡属复来过。本与众山绝，况兹韶景和。
危楼入水倒，飞槛向空摩。杂树缘青壁，樛枝挂绿萝。
潭清能彻底，鱼乐好跳波。有象言虽具，无端思转多。
同怀不在此，孤赏欲如何。

听张九龄吟完诗句，站在张九龄旁边的孟浩然，望着眼前的依依碧水，让他不禁想到三国诗人王粲当年登楼赋诗的先前旧事。王粲当年独步汉南，就是登上这座城楼，吟咏千古名篇《登楼赋》。（注：襄阳有仲宣楼，是纪念王粲作《登楼赋》而取名，但并不是王粲作《登楼赋》时所登城楼。）站在王粲当年来过的地方，孟浩然思绪翩翩，他即兴为张九龄和诗一首：

陪张丞相登当阳楼

独步人何在？当阳有故楼。岁寒问耆旧，行县拥诸侯。
泱莽北弥望，沮漳东会流。客中遇知己，无复越乡忧。

张九龄一行在当阳巡视之后，一路向南，前往八十里外的道家圣地紫盖山而去，冬至这天，几人正好路经当阳县西南的玉泉山，于是众人跟随张九龄登玉泉山，往玉泉寺而游。玉泉山松青柏翠，涧谷深幽。虽值冬至之日，却也景色奇丽。众人登山而上，入得山寺，张九龄、孟浩然、张都尉几人依次步入佛殿，他们上香敬佛，个个一片虔诚。

从玉泉寺里出来，眼望满目幽山，张九龄情不自禁，赋诗一首：

祠紫盖山经玉泉山寺

指途跻楚望，策马傍荆岑。稍稍松篁入，泠泠涧谷深。
观奇逐幽映，历险忘岖嵚。上界投佛影，中天扬梵音。

焚香忏在昔，礼足誓来今。灵异若有对，神仙真可寻。
高僧闻逝者，远俗是初心。藓驳经行处，猿啼燕坐林。
归真已寂灭，留迹岂湮沉。法地自兹广，何云千万金。

张九龄吟罢，孟浩然情思翻涌，欣然为张九龄和诗一首：

陪张丞相祠紫盖山，途经玉泉寺

望秩宣王命，斋心待漏行。青衿列胄子，从事有参卿。
五马寻归路，双林指化城。闻钟度门近，照胆玉泉清。
皂盖依松憩，缁徒拥锡迎。天宫近兜率，沙界豁迷明。
欲就终焉志，恭闻智者名。人随逝水欢，波逐覆舟倾。
想象若在眼，周流空复情。谢公还欲卧，谁与济苍生？

张九龄一行从玉泉寺下山之后，一路向南往紫盖山而去。紫盖山是道家名山，相传道家名士葛洪曾在此山穿井炼丹，于是，紫盖山上的紫盖观远近闻名，后来这里慢慢就演变成荆州一带的官员为天下苍生祠祀祈福之地。张九龄作为官居从三品的一方大吏，上紫盖山为天下百姓祈福，自是分内之事。

张九龄一行在紫盖山做完祭祀之后，往东南而行，来到松滋境内。

本来说好了大家一起要到松滋县耆阇寺游赏的，但经过一路跋涉，张九龄倍感疲惫，不欲前往。于是，孟浩然叫上折冲将军张都尉一起前去游赏。

张九龄带领孟浩然一行在松滋稍做停留之后，乘船沿长江顺流而下，向东往渚宫而去，张九龄决定晚上把船泊在渚宫。船行江上，寒风冽冽，孟浩然迎风立在船头，他举目眺望沿江两岸掩映在落日余晖下的山水胜景，不由思绪翩翩，情思飞扬。

渚宫是春秋时楚国的别宫，位于郢都纪南城南面的长江边上。张九龄一行来到渚宫时，已经夜色初上，当晚他们在渚宫留宿，第二天一早改乘车马，前往楚国故都纪南城。

纪南城历来都是军事驻地，张九龄一行来到驻地巡视，驻扎在纪南城的众将领自是盛情相迎。孟浩然作为张九龄的幕僚随行，众人自然对他待若上宾。孟浩然没想到，在纪南城，他会遇见山水田园诗派的后起之秀裴迪。二人相见，裴迪对孟浩然尊敬不已。尽管孟浩然要比裴迪大了近三十岁，但是，谈到山水田园诗歌的创作和展望，他们之间总有探讨不完的话题。

一连几日，张九龄都在纪南城巡视，看到纪南城的驻军军纪严明，军容整肃。仓廪军械，刀锋箭利，储备充足。城防镇戍，固若金汤。这让身为大都督府长史的张九龄很是满意。

在纪南城巡视完毕，众将领邀请张九龄出城去打猎，张九龄高兴之余，欣然同意。然而，孟浩然却对出城打猎丝毫不感兴趣，但是，他又不好驳了众人的面子，于是，孟浩然便由裴迪、张参军二人作陪，登上城楼瞭望。

一轮冬日的暖阳之下，只见一群身着铠甲铁衣的公卿骑马来到城北纪山之下的一片旷野上，有人将几只飞禽走兽从笼子里放了出来，稍待片刻，随着一面黄旗舞动，身着铠衣铁甲的众骑士一拥而上，向那群放出笼子的飞禽走兽追杀而去。

望着远处一片血腥的杀戮场面，孟浩然实在不忍心再看下去。带着难以言说的心情，孟浩然赋诗一首，分别赠给陪在他身边的裴迪和张参军二人：

从张丞相游纪南城猎戏赠裴迪张参军

从禽非吾乐，不好云梦田。岁暮登城望，偏令乡思悬。
公卿有几几，车骑何翩翩。世禄金张贵，官曹幕府贤。
顺时行杀气，飞刃争割鲜。十里届宾馆，征声匝妓筵。
高标回落日，平楚散芳烟。何意狂歌客，从公亦在旃。

从纪南城回到荆州，已经是年终岁末，一场纷纷扬扬的大雪，一直从岁末下到了开元二十六年（738）初春，转眼已是立春之日，园宅外面，依然积雪处处。这天早晨，张九龄踏着满地白雪，信步来到宅第外面的林间小亭。站在亭里向园内望去，只见窗前的丛竹摇曳在初春的风雪之中，是那样的青翠欲滴，满园的红梅凌寒绽放，飘来幽香阵阵。张九龄站在园亭里，望着眼前的雪中胜景，止不住满怀情思，吟诗一首：

立春日晨起对积雪

忽对林亭雪，瑶华处处开。今年迎气始，昨夜伴春回。
玉润窗前竹，花繁院里梅。东郊斋祭所，应见五神来。

孟浩然此时也来踏雪赏梅，听到张九龄站在园亭激情吟赋，欣然为他和诗一首：

和张丞相春朝对雪

迎气当春至，承恩喜雪来。
润从河汉下，花逼艳阳开。

立春之后，随着地气上行，天气也日渐转暖。不知不觉已是仲春，孟浩然屈指一算，这马上就快到耕稼播种的时节了。

孟浩然来到荆州几个月，虽然每日有酒有肉，物质生活上过得优越，但是，来到荆州后，张九龄并没有给他安排什么事儿做，而他也帮张九龄做不了多少事情。除了偶尔参加一些聚宴，和众人一起应和赋诗之外，多数时间，他都觉得自己像个无所事事的闲人。这样的日子一长，那种寄人篱下的落寞之感，便一点点爬上了心头。他觉得这样待在荆州没有什么意思，与其如此，还不如回襄阳去栽自己的瓜，种自己的菜，在山水田园中去寻求一份心灵的安适与宁静。

打定主意后，孟浩然向张九龄辞行。虽然张九龄婉言相留，但他还是决定离开荆州回襄阳去。

与张九龄告别之后，孟浩然沿着长江顺流而下，来到巴陵，他举目远望，八百里洞庭，暮色初起，烟波茫茫。

来到巴陵之后，孟浩然决定经洞庭湖入湘江，南游桂水。

孟浩然决定游桂水，一是因为那里景色秀丽，与百越相通。二是因为想去追溯汉光武帝刘秀祖上那传奇般的渊源。三是因为过去在长安结识的好友阎防现在到长沙做了潭州司户，自己打算前去探望。

阎防当年隐居在终南山丰德寺读书，年年参加进士科考试，年年不中，一次次打击虽然也曾让他灰心丧气，但他始终没有放弃。经过多年的努力之后，开元二十二年（734年）春，阎防终于进士及第，几经迁升，现在做了潭州司户。

孟浩然坐在客船上一路南行，天晚时分，船在洞庭湖岸靠泊下来。站在船头北望，只见暮色苍茫，山云晚低。他不禁感慨，在这绮丽的云霞暮色中，虽然望眼欲穿，却依然见不到自己的家乡襄阳。

带着怀乡念友的悠悠情思，孟浩然赋诗一首，给好友阎防往长沙寄去：

湖中旅泊寄阎九司户防

桂水通百越，扁舟期晓发。荆云蔽三巴，夕望不见家。
襄王梦行雨，才子谪长沙。长沙饶瘴疠，胡为苦留滞。
久别思款颜，承欢怀接袂。接袂杳无由，徒增旅泊愁。
清猿不可听，沿月下湘流。

孟浩然且走且游，一路南去。在长沙与故知阎防相见，欣喜不已。在长沙住过一段时日后，他继续南行，过衡阳，经湘江进入舂陵水，游赏沿途风光，忘掉了世事烦恼，寻得心境空灵。继续前行，孟浩然来到桂水之滨，纵情于山水之间，观赏异乡异俗，让他大开眼界。在这里住过月余之后，返棹北行，在长沙与阎防再次相见，然后继续北归，回到洞庭。

时值初秋，阴雨绵绵，洞庭湖水位急剧上涨。孟浩然站在船头放眼望去，只见湖面宽阔如海，水天茫茫间，已辨不清哪里是荆楚，哪里是吴地，这让他觉得，眼前的洞庭湖是不是与大海连在了一起。

游完洞庭之后，孟浩然自巴陵启程，沿长江一路东行，来到武昌后，在那里歇息几日，然后逆汉江而上，经郢州往襄阳而归。

魂归鹿门　一躯忠骨埋故土

开元二十六年（738 年）秋，孟浩然从荆州回到襄阳，到了秋冬时节，竟然生起病来。开元二十七年（739 年）春，身体孱弱的孟浩然，经过一个冬春的病痛折磨，已经形销骨立。医病的郎中草药开了一副又一副，孟浩然也把药汤喝了一碗又一碗，可是他的病情也没见多大好转。孟浩然时常灰心地觉得，自己的病可能好不了了。

开元二十七年（739 年）清明节前，襄阳县尉李皓带着厚重的礼品，受李白之托来涧南园看望，这让孟浩然很是激动。因为离开安州安陆迁居东鲁任城的李白，虽然远隔千里，但却依然没有把他遗忘。

自从开元二十四年（736 年），李白来襄阳与浩然有过几天的短暂相见回到任城之后，两年多来，李白周游于鲁淮江吴间，与不少官宦名士结交往来，声名日噪。当他听说浩然落病的消息，一时间忧心不已。他赶紧写信，让在襄阳做县尉的堂兄李皓，代自己前来涧南园看望。这让孟浩然心里变得暖暖的。

自李皓看望之后，从阳春到炎夏，孟浩然的病情时好时坏，反反复复。

盛夏时节，张九龄在洛阳任职太常寺少卿时，曾经在他手下负责宣读祭祀祝文的祭祀官毕曜自南楚北归，离开荆州时，张九龄让毕曜带上自己准备的丰厚礼品，要毕曜在路过襄阳时，代他前来看望孟浩然。

毕曜经过一路询问，找到了孟浩然南山坡上的草庐。

推开草庐的屋门，由于草庐年久失修，草屋里潮湿阴暗。毕曜来到孟浩然的病榻前，当他看见斜躺在床榻上一脸枯瘦的孟浩然时，他根本就没想到，一个昔日意气风发的博学才子，如今因为病痛缠身，竟然会清贫窘困到如此境地。在与浩然一番叙旧和探望之后，毕曜站起身来就要告辞离去。

孟浩然见一别十几年的故友远道而来，连顿饭都不吃就执意要走，这是无论如何都过意不去的。他不顾一切地强撑起身体，拦在毕曜面前单腿而跪，一面抱拳行趋庭之礼对毕曜进行挽留，一面吩咐弟弟洗然，把毕曜马车前面套在马颈上的皮带给解下来，说什么也不让毕曜不吃顿饭就走。

孟浩然让洗然把酒宴摆在南山坡下的葵花园里。

天色向晚时，南山坡下的葵花园中，虽是炎炎盛夏，却也凉风习习。孟浩然请来众人作陪，大家坐在摆满酒菜的桌边，轮流向毕曜敬酒。孟浩然身有病患，本来是不能喝酒的，喝酒尽兴也应在天寒时节，尽管此时是盛夏，但自己病痛缠身，这次与毕曜相见之后，或许明天一死，就没有和他下次再见的机会了。为了表达对故交友情的珍视，孟浩然不顾自己有病在身，依然向毕曜端杯请酒，倾杯而尽。

直到天色渐暗时，酒席方散。送走毕曜之后，孟浩然独自躺卧在南山坡上的草庐里，将毕曜带着厚礼看望他的前后经过，赋诗以记：

家园卧疾毕太祝曜见寻

伏枕旧游旷，笙簧劳梦思。平生重交结，迨此令人疑。
冰室无暖气，炎云空赫曦。隙驹不暂驻，日听凉蝉悲。
壮图哀未立，斑白恨吾衰。夫子自南楚，缅怀嵩汝期。
顾予衡茅下，兼致禀物资。脱分趋庭礼，殷勤伐木诗。
脱君车前鞅，设我园中葵。斗酒须寒兴，明朝难重持。

开元二十七年（739 年）秋，王昌龄被贬岭南，途经襄阳时，来到襄阳城南的涧南园寻见浩然，没想到浩然竟有病在身。好在入秋之后，孟浩然的病情并不特别严重，他不仅时常拄着竹杖拜访故交知己，有时也在自己的竹篱园里灌蔬艺竹，做些力所能及的活计。

与王昌龄在涧南园相见，让孟浩然特别高兴。他不顾身有病痛，依然拄着竹杖带着王昌龄来到自己的竹篱园，让他看自己栽下的瓜，种下的菜。随后他请来襄阳众友人作陪，为王昌龄摆酒设宴，接风洗尘。

在酒宴上，王昌龄与岘山道观的黄道士结识，二人相谈甚欢。

第二天，王昌龄就要离开襄阳动身南去，孟浩然一直把他送到襄阳城南的岘山垭上。孟浩然拉着王昌龄的手，要他在路过荆州时，一定要代他看望张九龄。因为他知道，张九龄在荆州大都督府长史任上干得并不顺心，而自己离开荆州这一年多，他不知道张九龄在那里过得咋样。

为了不让张九龄担心自己，他叮嘱王昌龄，千万不要对张九龄说他在襄阳得了病。望着抱病在身的孟浩然，依然还在记挂着远在荆州的张九龄，王昌龄点头相应，泪花莹莹。

好友离别，难分难舍，望着即将南去的王昌龄，孟浩然情不自禁，赋诗一首：

送王昌龄之岭南

洞庭去远近，枫叶早惊秋。岘首羊公爱，长沙贾谊愁。
土毛无缟苎，乡味有查头。已抱沉痾疾，更贻魑魅忧。
数年同笔砚，兹夕异衾裯。意气今何在？相思望牛斗。

王昌龄离开襄阳后，一路南行，在南楚与李白相遇，李白早就听说了孟浩然的病情，所以，在春初让堂兄李皓代为看望。本来他以为，孟浩然的病早就好了，没想到他病了将近一年，还不见好。

李白从王昌龄这里知道孟浩然的病情后，心急如焚，他马不停蹄地自南楚北上，来襄阳看望。二人在涧南园相见，喜不待言。孟浩然虽在病中，依然摆酒设宴，为李白接风洗尘。

晚上，李白在涧南园的草庐内与孟浩然同榻而卧，共叙诗话到天明。

李白与孟浩然共聚几日，望着躺卧在病榻上的孟浩然，虽已满头白发，但却依然心怀清风傲骨，不改当年气节，让李白在心里对他崇敬不已。临别时，李白满怀深情，向孟浩然赠诗一首：

赠孟浩然

吾爱孟夫子，风流天下闻。红颜弃轩冕，白首卧松云。
醉月频中圣，迷花不事君。高山安可仰，徒此揖清芬。

李白走后，随着天气日渐变冷，孟浩然的病在汤药调理之下，虽然日渐减轻，但长期服药，也让孟浩然的后背上长出了一片片的红疹子。在黄道士和医病郎中的细心调理下，开元二十八年（740 年）春，孟浩然不仅病体痊愈，而且他后背上的疹子也完全消退。不过，黄道士和医病郎中一再告诫他，春季是疾疹易发季节，由于他体质孱弱，体内湿毒未尽，所以，鱼虾水蟹之类的河鲜，是一定不能吃的。

时间转眼便是清明。清明节的前一天禁火寒食，祭祀祖先，所以，又叫寒食节。按照襄阳当地的风俗，寒食节这天禁火祭灶，吃冷食。

寒食节这天一早，襄阳县尉李皓便和王迥再一次来到南山坡上的草庐看望浩然。此时见浩然的病已经完全好了，就非常高兴地约浩然和他们一起外出游玩。

春花初绽，阳光明媚，三人玩得非常尽兴。

和王迥、李皓这次外出游玩，让久病了一年多的孟浩然，重新感受到生活的鲜活和人生的美好。

开元二十七年（739 年），就在孟浩然病情开始好转的时候，张九龄却在荆州生起病来。心怀经邦济世之策的张九龄，此时已经心灰意冷，他打算就此托病，回自己的家乡韶州曲江去。

独自一人站在寂静的园廊内，张九龄突然想到自己小时候，经常和一帮意气风发的少年到与曲江相邻的始兴县城外的南山去玩，在始兴（今广东始兴县）的南山下有一泓林泉，张九龄曾经在那儿住过几宿。那里风清水美，林荫蔽日。张九龄想，等自己回到曲江之后，就在那南山的林泉旁边盖间草庐，然后住到那里去。

张九龄决定还乡之后，他将自己的想法写成奏折上书朝廷，皇上李隆基见张九龄去意已定，于是下旨，为张九龄赐爵始兴县伯，允许他以荆州大都督府长史的身份，还乡养疾。

开元二十八年（740 年）春，接到皇上御旨，张九龄收捡行装离开荆州，一路往岭南而归。他孱弱的身体经过一路颠簸，病情日益加重。等回到韶州曲江时，张九龄已是卧疾车驾，病体不支，他虚弱得连下车都要有人搀扶才行。

开元二十八年（740 年）五月，岭南暑热渐炽，山野里生机勃发，绿意葱茏。然而，回到韶州曲江的张九龄，他的病情不仅没有任何好转，而且还在日益加重。开元二十八年（740 年）五月初七，一代贤相张九龄终因心事积郁，病重不治，在韶州曲江憾然与世长辞，享年六十三岁。

张九龄去世后，被皇上李隆基追赠为荆州大都督，赐谥号曰文献。张九龄死后，人们把他生前的诗作文章整理成集，一共二十卷，取名《曲江集》，流传后世。

就在张九龄病重曲江时，没有了病痛折磨的孟浩然扔掉了竹杖，多数时间都是在他南山下的竹篱园里耕稼下种，栽瓜种菜。

开元二十八年（740年）清明节过后，王昌龄遇赦北归，途经襄阳时，再次来涧南园看望孟浩然。

孟浩然从王昌龄这里知道了张九龄已经离开荆州，动身回韶州曲江养病的消息。虽然现在自己的病已经完全好了，可是襄阳与曲江隔着那么远的距离，自己又不能前去对他的病情进行探望，这让他感到很是难过。

吃过酒饭之后，孟浩然带王昌龄来看他的菜园。阳春时节，南山坡下的菜园里，各种各色的蔬菜青嫩嫩、绿油油的，一片片生长旺盛。

王昌龄没想到，身染病痛的孟浩然，会把菜园里的菜种得这样好。

天晚的时候，孟浩然和王昌龄一起到岘山道观拜访黄道士。黄道士见他们带着丰盛的酒食前来，连忙把他们迎进屋内。

时值春末，三人索性就把酒宴摆在屋外，他们酌霞对饮，好不尽兴。

推杯换盏之余，黄道士一再告诫浩然，他体质孱弱，体内湿毒未尽，宜当忌口，要他千万不要吃鱼虾河鲜之类的发物。

酒过三巡，三人不觉皆有醉意。孟浩然借着酒兴，赋诗一首：

与王昌龄宴黄道士房

归来卧青山，常梦游清都。漆园有傲吏，惠好在招呼。

书幌神仙箓，画屏山海图。酌霞复对此，宛似入蓬壶。

第二天，王昌龄就要离开襄阳向北而去了。孟浩然在家里摆下盛宴，邀来众友人作陪，为即将动身前往长安的王昌龄饯行。

饯行的酒宴非常丰盛，各种河鲜山珍摆满了一大桌，特别是襄阳特产槎（chá）头鳊，过去就是孟浩然的最爱，这次为即将远别的挚友饯行，更是不可或缺。

酒宴上的气氛非常的热烈，众人推杯换盏，孟浩然浪情宴谑（xuè），看到桌上很久都没有吃过的鱼鲜，伸出筷子夹下一块就放进了嘴里，一股鲜香自舌根直入心脾。众友人见孟浩然吃下鱼鲜，连忙劝他忌口，可是，已经喝了不少酒的孟浩然兴味盎然，他觉得，为医为道者，对医疾之人总说忌这忌那，实则不忌，也没有什么大不了的事儿。如今自己病体痊愈，吃些鱼蟹鲜香，不会有事儿。

众人劝不住他，只好任由他的兴致。

酒宴过后，孟浩然一直把王昌龄送过汉江，临别时，二人执手相望，难舍难分。

孟浩然让王昌龄回长安后，一定要代他向王维和他在长安的友人们问好。王维此时已是朝廷的侍御史，一别几年不见，孟浩然对他很是想念。孟浩然请王昌龄转告王维，自己天天都在涧南园里盼着他来。

送走王昌龄后，孟浩然乘船过江，往涧南园而回。

傍晚时分，孟浩然明显感觉到自己的身体不适，他觉得自己整个后背，像千万只蚂蚁爬在上面一样痒痛难受，他的头也又痛又胀。孟浩然自知大事不妙，他让人把弟弟洗然找来。天黑时分，天上又哗哗地下起了大雨。

孟洗然冒着大雨赶到南山坡上的草庐时，孟浩然已经无力地躺卧在床榻上。他上前掀开孟浩然后背的衣服，借着灯烛的光亮细细一看，只见一片一片的红疹子在浩然的后背上长了出来。

雨还在哗哗地下着，子侄们听说浩然病情严重，也连忙冒雨赶到南山坡上的草庐看望。弟弟洗然见浩然病重，急忙吩咐他们去请村外医病的郎中和岘山道观的黄道士来。

子侄们二话没说，就冒雨往村外去了。

持续的高烧让孟浩然呼吸急促，浑身抽搐，他头痛欲裂，几近昏迷。孟浩然自感大限将至，他很是吃力地招手把洗然叫到身边。

洗然见躺卧在床榻上的浩然一脸难受的样子，手足无措，只有静静地守在床边，望着浩然不住地流泪。

外面的雨还在哗哗啦啦地下着，一盏如豆的灯光下，孟洗然把浩然扶坐起来，让他斜靠在床榻上。

孟浩然把目光挪移到屋角的一只木箱上，他用孱弱的声音让洗然把木箱搬到他面前打开。

孟洗然轻轻地打开箱子，只见里面是一摞摞摆放整齐的诗稿。孟浩然用尽全身力气抬起手来，他满含着眼泪，用手轻轻地抚摸着诗稿。这些诗稿里面除了一部分是他人酬赠之外，其余的是自己毕生所赋，孟浩然要洗然在自己死后，替他把这些诗稿好好地保存着。

孟浩然恋恋不舍地用手，轻轻地抚摸着放在木箱里的诗稿，这让他在昏昏沉沉之中，想起了过去的很多往事，想起了他曾经隐居鹿门的很多经历。鹿门山是他心怀鸿愿，意欲救患释纷、兼济天下之地，只无奈功业垂成，流落不遇，以至于毕生未有寸禄，没能为孟家光宗耀祖。所以，他让洗然在他死后不要把他埋入孟家的祖坟。鹿门山山清水秀，乃为佛家净土，他让洗然在他死后，把他埋在那里。

向冼然交代完后事，孟浩然如释重负，他的身体一点点儿瘫软了下去。

春雨潇潇，万花凋残。一代田园诗魂孟浩然，静悄悄地殒落在开元二十八年（740 年）阳春三月的雨夜里，终年五十二岁。

孟浩然去世后，孟家人按照他生前的遗愿，把他安葬在离襄阳三十多里外的鹿门山。

身后之续　流芳千古任评说

孟浩然去世后，他的生前好友刘昚虚听说他去世的消息，向在襄阳做官的好友江滔寄诗，请江滔帮助整理孟浩然的遗文，并要他代表自己对孟浩然的家人进行慰问：

寄江滔求孟六遗文

南望襄阳路，思君情转亲。偏知汉水广，应与孟家邻。
在日贪为善，昨来闻更贫。相如有遗草，一为问家人。

在孟浩然去世后不久，远在长安做殿中侍御史的王维知南选，途经襄阳时，非常高兴地决定与浩然相见，然而，他听到的却是孟浩然已经去世的消息。倍感意外的噩耗，让王维禁不住怆然落泪，哭诗凭吊：

哭孟浩然

故人不可见，汉水日东流。
借问襄阳老，江山空蔡州。

王维是孟浩然最为情深谊厚的挚友，当他听说孟浩然的子孙家人远在郢州时，专门赶到郢州去对他们进行探访慰问，以此来表达对孟浩然这位挚友最沉痛的哀悼。在郢州的刺史亭，王维与孟浩然的家人相见，悲痛万分，回想起昔日孟浩然的音容笑貌，绵绵的哀思让他止不住一边流泪，一边提笔，一笔一画地在刺史亭上为孟浩然画像。正是因为王维在这座亭子里给孟浩然画像，所以，人们便把这座画有孟浩然像的亭子，叫作浩然亭。

唐玄宗天宝四年（745 年），宜城处士王士源在终南山修道，著《亢仓子》九篇，被朝廷下诏征谒长安，王士源在长安与山林之士会聚，方知孟浩然已经病逝乡园，他悲痛万分。王士源四处搜集孟浩然的诗稿，并将所得诗稿整理成集，执笔作序，取名《孟浩然集》，存孟诗二百一十八首。

唐玄宗天宝九年（750 年），太常卿礼仪使兼集贤院修撰韦滔，将王士源整理的《孟浩然集》再作整理，他在《孟浩然集》中增加了条目，并再次作序置于卷首，尔后将重新整理的《孟浩然集》送交秘书省刻版成书。

在孟浩然去世四十多年后的兴元元年（784 年），樊泽被唐德宗李适任命接替贾耽，出任山南东道节度使兼襄州刺史。樊泽能征善战，贞元二年（786年），李希烈叛军部将杜文朝率军进犯襄州，樊泽背水一战，将杜文朝生擒。樊泽战功赫赫，贞元三年（787年）十月，樊泽离开襄阳，接替曹王李皋出任荆南节度使、江陵尹兼御史大夫。贞元八年（792年）三月，山南东道节度使兼襄州刺史李皋病逝，结果引发部将叛乱，抢掠民财。皇上李适认为，只有樊泽才能带领好军队，治理好襄州，于是，李适又再次任命樊泽，出任山南东道节度使兼襄州刺史。

樊泽在襄阳，可谓是德高望重，声名显赫。

在樊泽属下有一个叫符载的官员，他来到襄阳后，前往鹿门山寻访孟浩然的遗迹时，看到孟浩然在鹿门山的坟墓已塌陷，墓碑已经损坏，整个墓地被周围的杂草几乎完全给掩盖了。符载没有想到，曾经知名荆襄的孟浩然，为世间留下了那么多清美绝伦的诗篇，而仅仅在他去世五十多年后，他的坟墓竟会被野草覆盖，遗留在荒野里无人问津。看到这种情形，他感到非常难过。于是，符载就写下了《从樊汉南为鹿门孟处士求修墓笺》：

庐山山人符载顿首顿首死罪。夫仁义扬显朗，德之充也，惠慈被幽昧，仁之原也。窃见故鹿门孟处士浩然，纳灵含粹，仗儒杰立，文宝贵重，价吞连城，一旦殒落，门胤陵蔑。吁嗟丘陇，颓陷荒圃，形或异斧，高不及隐。永怀若人，行路慨然。前日辨觉佛寺岘首亭恭睹明公垂意拳拳，将墓文表隧封起窀穸，合境搢绅，瞥闻嘉声，风动兴感，偕至踊跃。然垂休务当时，从善贵流今，阁下外迫军旅程使之剧，内劳宾客俯仰之勤，牵耗星岁，未遑指顾，常恐旦夕，飞践廊庙，缠绵深旨，郁纡不写，则处士之风流精爽，沉翳厚地矣。

或好事者乘而射之，孤负夙志矣。伏惟阁下醇仁盛德，覆乎草木；除恶彰善，发于乡党。割省庶务，凝神晷刻，眄睐官属，望则（疑）首尾，实足以赴（疑）士林之翘翘，慰羁魂之冥冥。事关教化，不主名誉，伏惟念虑之，始终之。幸甚！幸甚！

《从樊汉南为鹿门孟处士求修墓笺》，其实就是符载向樊泽呈递的请求为孟浩然修墓的一封书信。其内容的大意是：（向樊大人您呈递这封书信），庐山山人符载（向您）叩头叩头还应该是死罪。用仁义扬显朗，使德操变得充实深厚；用惠慈覆盖幽昧，是仁义的根本。窃见过去鹿门的孟处士浩然，纳灵含粹，仗儒杰立，文宝贵重，价值连城。然而，在他死后，他埋在丘陇上的坟墓，颓陷荒废，坟还没有它旁边的草高。永怀若人，让路人慨然。前些日子在辨觉佛寺和岘首亭，看到明公您（对孟浩然）垂意拳拳，准备将（他的）墓文表拓隧封，并（为他）重修坟墓。襄州境内的士绅们听说了这件事，个个风动兴感，表现踊跃。然而阁下政务繁忙，却忙得顾不上这件事。我担心我犹犹豫豫不给您写这封信，孟处士的风流精爽，会就此沉寂而被埋没到地下去了。如果有好事的人追问起这件事，岂不是辜负了您的一腔夙愿。阁下的醇仁盛德，让草木都能感受得到；除恶彰善，连乡里之人都能自发而行。（我希望大人您能从）繁忙的政务中抽出片刻时间，在官属内把我的修墓文书从头到尾都看一遍。（这样做）足以让山林之士感到骄傲，让冥冥幽魂得以安慰。（这样做的目的），事关万民教化，不是为了个人的名誉，希望（樊大人）能认真地加以考虑，有始有终地把为孟浩然修墓这件事做下去。（若能如此，则）幸甚！幸甚！

根据书信的内容我们知道，其实在符载呈递这封书信之前，襄州刺史樊泽已经有过给孟浩然重修坟墓的打算，只不过由于事务繁忙，结果把给孟浩然修墓这件事儿提过之后，又给放下来了。符载呈递这封书信，只是对樊泽进行再一次提醒。

由于樊泽在襄阳德高望重，他看到符载的这封书信之后，感同身受。为孟浩然修墓这件事儿，由此受到了樊泽的高度重视，所以，他决定不仅要举行隆重的仪式对孟浩然进行封宠，而且还要为孟浩然重新修建一座大墓。

孟浩然的坟墓之所以长期没有人管护，是因为他的后世子孙流落在离襄阳较远的郢州。为了解决这一问题，樊泽作出决定，由州府在襄阳辟置土地，将流落在郢州的浩然子孙迁回襄阳，并对他们进行厚抚安置。

襄州州府选址于交通便利并且离襄阳城不远的凤林山南，在那里刻碑石为孟浩然重新修建了一座封宠大墓，以便人们对他进行瞻仰纪念，怀思凭吊。襄州州府又在离鹿门山不远的院岗辟置土地，把流落在郢州的浩然子孙迁回襄阳，从而让孟浩然的后世子孙得以在院岗孟巷繁衍兴盛，生生不息。

襄阳才子皮日休对孟浩然崇敬不已，咸通四年（863年），皮日休为了一睹孟浩然的容貌，在前往江南途中，专门在郢州下船前往浩然亭。皮日休在参访浩然亭的过程中，受到了郢州刺史郑缄的盛情接待，皮日休和刺史郑缄一起来到浩然亭上，看见王维画在浩然亭上的孟浩然像，一如当年，栩栩如生。

郢州刺史郑缄认为，浩然亭这个称谓，直呼孟浩然的名字，这样对孟浩然很不尊敬，他当即做出决定，把“浩然亭”改称为“孟亭”。

皮日休对郑缄的这个决定非常赞同，为了表达对孟浩然的深切怀念和对郑缄佳行善举的称颂，他有感而发，作《郢州孟亭记》一篇，对此以记：

明皇世章句之风大得建安体，论者推李翰林、杜工部为尤。介其间能不愧者，惟吾乡之孟先生也。先生之作，遇思入咏，不抱奇抉异，龌龊束人口者，涵涵然有干霄之兴，若公输氏当巧而不巧者也。北齐美萧悫有“芙蓉露下落，杨柳月中疏”，先生则有“微云澹河汉，疏雨滴梧桐”；乐府美王融“日霁沙屿明，风动甘泉浊”，先生则有“气蒸云梦泽，波撼岳阳城”；谢朓之诗句精者有“露湿寒塘草，月映清淮流”，先生则有“荷风送香气，竹露滴清响”。此与古人争胜于厘毫间也。称是者众，不可悉类。呜乎！先生之道，他复何言耶？谓乎贫，则天爵于身；谓乎死，则不朽于文。为士之道，亦已至矣。

先生襄阳人也，日休襄阳人也，既慕其名，亦睹其貌。盖仲尼思文王则嗜昌歜，七十子思仲尼则师有若。吾于先生见之矣。说者曰：王右丞笔先生貌于郢之亭。每有观型之志。四年，荥阳郑公缄刺是州，余将抵江南，舣舟而诣之，果以文见贵，则先生之貌纵视矣。

先是，亭之名取先生之讳。公曰：“焉有贤者之名为趋厮走养朝夕言于刺史前耶？”命易之以先生姓。日休时在宴，因曰：“《春秋》书纪季公子友、仲孙湫字者，贵之也。故书名曰贬，书字曰贵。况以贤者名署于亭乎？君子是以知公乐善之深也。“百祀之弊一朝而去，则民之弊也去之可知矣。见善不书，非圣人之志。宴豆既撤，立而为文。咸通四年四月三日记。

孟浩然去世后，凭吊孟浩然的唐代诗文还有：

张　宾：《吊孟浩然》每每樵家说，孤坟亦夜吟。若重生此世，应更苦前心。名与襄阳远，诗同汉水深。亲栽鹿门树，犹盖石床阴。

卢延让：《吊孟浩然》高据襄阳播盛名，问人人道是诗星。

白居易：《游襄阳怀孟浩然》楚山碧岩岩，汉水碧汤汤。秀气结成象，孟氏之文章。今我讽遗文，思人至其乡。清风无人继，日暮空襄阳。南望鹿门山，蔼若有余芳。旧隐不知处，云深树苍苍。

陈　羽：《襄阳过孟浩然故居》襄阳城郭春风起，汉水东流去不还。孟子死来江树老，烟霞犹在鹿门山。

施肩吾：《登岘亭怀孟生》岘山自高水自绿，后辈词人心眼俗。鹿门才子不再生，怪景幽奇无管属。

张　祜：《题孟处士宅》高才何必贵？下位不妨贤。孟简虽持节，襄阳属浩然。

朱庆馀：《过孟浩然旧居》命合终山水，才非不称时。冢边空有树，身后独无儿。散尽诗篇本，长存道德碑。平生谁见重？应只是王维。

罗　隐：《孟浩然墓》数步荒榛接旧蹊，寒江漠漠草凄凄。鹿门黄土无多少，恰到书生冢便低。

唐彦谦：《忆孟浩然》：郊外凌兢西复东，雪晴驴背兴无穷。句搜明月梨花内，趣入春风柳絮中。

贯　休:《经孟浩然鹿门旧居二首》

孟子终焉处，游人得得过。檥深黄狖（yòu）小，地暖白云多。孔圣嗟大谬，玄宗争奈何。空馀岘山色，千古共嵯（cuó）峨！

花落谷莺啼，精灵安在哉？青山不可问，永日独裴回。冢穴应藏虎，荒碑祇见苔。伊余亦惆怅，昨日郢城回。

齐　己:《过鹿门作》鹿门埋孟子，岘首载羊公。万古千秋里，青山明月中。政从襄沔绝，诗过洞庭空。尘路谁回眼，松声两处风。

孟浩然作为盛唐山水田园诗派的一代宗师，成为盛唐山水田园诗歌创作的核心和灵魂，为唐代诗坛留下了许多脍炙人口的辞赋华章。孟浩然的诗歌，以不事渲染的白描手法，记述和讴歌自然山水的美丽和田园生活的美好。他的诗以最广大劳动人民熟悉的视角，吟山水，赋田园，得到了最广大劳动人民的喜爱和传诵。历代名人文士站在不同的角度，对孟浩然的诗歌创作成就，以及他的人格品性，都给予了很高的评价。

唐代大诗人李白初次与孟浩然相见时，就对孟浩然“仰观眉睫间”，到了晚年，孟浩然卧病床榻，李白前往探病，更是写下了“高山安可仰，徒此揖清芬”两句赠诗。李白对孟浩然的人格品性和诗歌创作成就，如高山仰止。

唐代大诗人杜甫也为孟浩然留下了“复忆襄阳孟浩然，清诗句句尽堪传”的声声赞叹。唐代诗人陶瀚称孟浩然为诗伯，唐代诗人卢延让称孟浩然为诗星。襄阳才子皮日休在《郢州孟亭记》中，更是把孟浩然的诗歌创作成就，提高到与李白和杜甫齐名的地位。

到了近代，闻一多先生开始对孟浩然及其诗歌进行系统性的研究。闻一多先生认为，孟浩然“诗如其人”，或“人就是诗”。他认为孟浩然的诗境和孟浩然的气质是一样的。

闻一多先生对孟浩然和孟浩然诗歌创作特色的研究，为近现代孟浩然的研究开辟了道路，积聚了人才，从而让他成为近现代孟浩然研究的一面旗帜，召唤着越来越多的有识之士，投身在孟浩然及其诗歌的研究之中，栉风沐雨，薪火相传。

孟浩然是亚圣孟子的后裔，自幼受到儒家思想的熏陶，承传儒世家风，尊崇孔孟。他把报效国家视为自己的理想，把安定天下当作自己的责任，从小就立下了为国家、为社会奉献自己的鸿鹄之志。从他“俱怀鸿鹄志，共有鹡鸰心”的诗句中，可以看到他曾经想要襟怀天下的壮志雄心。所以，孟浩然早年的诗，充满了壮逸之气，满怀着抱负与激情。

然而，当时混乱的政局却让孟浩然心灰意冷，特别是韦后陷害忠良，意欲篡权夺位的奸佞之举，让孟浩然十分愤怒，他挺身而出，参与了谯王李重福准备起兵诛杀韦后的行动。最后因为李旦的登基称帝，却让他一时陷入背井离乡、羁危万里的境地。

后来，孟浩然自洛之越，云游湖湘，在山水自然之间，获得了心灵上的安适与宁静，写下了大量情景交融、文辞优美的山水诗篇。吴越归来，孟浩然寓居田园，又用自己清新灵动的笔触，写下很多充满浓厚生活气息和赞美家乡田园风光的诗句。

孟浩然的诗，如同六朝向盛唐过渡的虹桥，汲取了谢灵运细致刻画景物的优点，扬弃了刻意雕琢和景物堆砌的瑕疵，继承了谢朓诗歌的清丽，结合了陶渊明诗歌意境的自然天成，开创了盛唐山水田园诗派的风气之先。孟浩然的诗，吟山水，赋田园，描画风景优美的自然情境，抒写鲜活质朴的生活气息，他自成一脉的诗风格调，对唐代诗歌的创作产生了深远的影响，取得了唐代诗坛的核心地位，从而让他成为闪耀在华夏文学天幕上一颗璀璨的明星。

孟浩然是襄阳人的骄傲，也是中华民族的骄傲。

附　录

孟浩然集序

宜城　王士源（唐）

孟浩然字浩然，襄阳人也。骨貌淑清，风神散朗。救患释纷，以立义表；灌蔬艺竹，以全高尚。交游之中，通脱倾盖，机警无匿。学不为儒，务掇菁藻；文不按古，匠心独妙。五言诗天下称其尽美矣。间游秘省，秋月新霁，诸英华赋诗作会，浩然句曰："微云淡河汉，疏雨滴梧桐。"举座嗟其清绝，咸搁笔不复为继。丞相张九龄、侍御史京兆王维、尚书侍郎河东裴朏、范阳卢僎、大理评事河东裴总、华阴太守荥阳郑倩之、太守河南独孤册，率与浩然为忘形之交。

山南采访使本郡守昌黎韩朝宗，谓浩然间代清律，置诸周行，必咏穆如之颂。因入秦，与偕行，先扬于朝。与期，约日引谒。及期，浩然会寮友文酒讲好甚适。或曰："子与韩公预诺而怠之，无乃不可乎！"浩然叱曰："仆已饮矣，身行乐耳，遑恤其他！"遂毕席不赴，由是间罢。既而浩然亦不之悔也。其好乐忘名如此！士源他时尝笔赞之曰：

“导漾挺灵，寔生楚英。浩然清发，亦其自名。”

开元二十八年，王昌龄游襄阳，时浩然疾疹发背且愈，相得欢甚，浪情宴谑，食鲜疾动，终于冶城南园，年五十有二。子曰仪甫。

浩然文不为仕，伫兴而作，故或迟；行不为饰，动以求真，故似诞；游不为利，期以放性，故常贫。名不系于选部，聚不盈于担石（dàn），虽屡空不给，而自若也。

士源幼好名山，行年十八，首事陵山，践止恒岳，咨术通玄丈人。又过苏门，问道隐者元知运。太行采药，经王屋小有洞，行太白习隐诀，终南修《亢仓子》九篇。天宝四载徂夏，诏书征谒京邑，与冢臣八座讨论，山林之士麇至，始知浩然物故。嗟哉！未禄于代，史不必书，安可哲踪妙韵从此而绝？故详问文者，随述所论，美行嘉闻，十不纪一。浩然凡所属缀，就辄毁弃，无复编录，常自叹为文不逮意也。流落既多，篇章散逸，乡里购采，不有其半，敷求四方，往往而获。既无他士之传次，遂使海内衣冠搢绅，经襄阳思睹其文，盖有不备见而去，惜哉！

今集其诗二百一十八首，分为四卷，诗或缺逸未成，而制思清美，其他人酬赠，咸录次而不弃耳。

重　序

宜城王士源者，藻思清远，深鉴文理，常游山水，不在人间，著《亢仓子》数篇传之于代。余久在集遗，常与诸学士命，此子不可得见。天宝中，忽获浩然文集，乃士源为之序传，词理卓绝，吟讽忘疲。书写不一，纸墨薄弱。昔虞坂之上，逸驽骀（tái）俱疲；吴灶之中，孤桐与樵苏共爨（cuàn）。遇伯乐与伯喈（jiē），遂腾声于千古。此诗若不遇见王君，乃十数张故纸耳。然则王君之清鉴，岂减孙、蔡而已哉！

余今缮写，增其条目，复贵士源之清才，敢重述于卷首，谨将此本送上秘府，庶久不泯，传芳无穷。

天宝九载正月初三日，特进、行太常卿礼仪使、集贤院修撰、上柱国、沛国郡开国公韦滔叙。

《旧唐书·孟浩然》

孟浩然，隐鹿门山，以诗自适。年四十来游京师，应进士不第，还襄阳。张九龄镇荆州，署为从事，与之唱和，不达而卒。

《新唐书·孟浩然》

孟浩然字浩然，襄州襄阳人。少好节义，喜振人患难。隐鹿门山。年四十乃游京师。尝于太学赋诗，一座嗟伏，无敢抗。张九龄、王维雅称道之。维私邀入内署，俄而玄宗至，浩然匿床下，维以实对。帝喜曰："朕闻其人而未见也，何惧而匿？"诏浩然出。帝问其诗，浩然再拜，自诵所为，至"不才明主弃"之句，帝曰："卿不求仕，而朕未尝弃卿，奈何诬我？"因放还。采访使韩朝宗约浩然偕至京师，欲荐诸朝。会故人至，剧饮欢甚，或曰："君与韩公有期。"浩然叱曰："业已饮，遑恤他！"卒不赴。朝宗怒，辞行，浩然不悔也。张九龄为荆州，辟置于府。府罢，开元末，病疽背卒。

后樊泽为节度使，时浩然墓庳（bì）坏，符载以笺叩泽曰："故处士孟浩然，文质杰美，殒落岁久，门夷陵迟，丘陇颓没。永怀若人，行路慨然。前公欲更筑大墓，阖州搢绅，闻风竦动。而今外迫军旅，内劳宾客，牵耗时岁，或有未遑。诚令好事者乘而有之，负公夙志矣。”泽乃更为刻碑凤林山南，封宠其墓。

初，王维过郢州，画浩然像于刺史亭，因曰“浩然亭”。咸通中，刺史郑諴谓贤者名不可斥，更署曰：“孟亭。”

《唐才子传·孟浩然》

辛文房（元）

浩然，襄阳人。少好结义，诗工五言。隐鹿门山，即汉庞公栖隐处也。四十游京师诸名士间，尝集秘省联句。浩然曰："微云淡河汉，疏雨滴梧桐。"众钦服。张九龄、王维极称道之。维待诏金銮，一旦私邀入，商较风雅。俄报玄宗临幸，浩然错愕，伏匿床下，维不敢隐，因奏闻。帝喜曰："朕素闻其人，而未见也。"诏出，再拜。帝问曰："卿将诗来耶？"对曰："偶不赍（jī）。"即命吟近作，诵至"不才明主弃，多病故人疏"之句，帝慨然曰："卿不求仕，朕何尝弃卿，奈何诬我！"因命放还南山。后张九龄署为从事。开元末，王昌龄游襄阳，时新病起，相见甚欢，浪情宴谑，食鲜疾动而终。

古称祢衡不遇，赵壹无禄。观浩然磬折谦退，才名日高，竟沦明代，终身白衣，良可悲夫！其诗文采丰茸，经纬绵密，半遵雅调，全削凡近。所著三卷，今传。王维画浩然像于郢州，为浩然亭。咸通中，郑諴谓贤者名不可斥，更名曰"孟亭"，今存焉。

《唐摭言》

王定保（唐末·五代初）

襄阳诗人孟浩然，开元中颇为王右丞所知。句有“微云淡河汉，疏雨滴梧桐”者，右丞吟咏之，常击节不已。维待诏金銮殿，一旦，召之商较《风》《雅》，忽遇上幸维所，浩然错愕伏床下，维不敢隐，因之奏闻。上欣然曰：“朕素闻其人。”因得诏见。上曰：“卿将得诗来耶！”浩然奏曰：“臣偶不赍所业。”上即命吟。浩然奉诏，拜舞念诗曰：“北阙休上书，南山归卧庐；不才明主弃，多病故人疏。”上闻之怃然曰：“朕未曾弃人，自是卿不求进，奈何反有此作！”因命放归南山。终身不仕。

《唐诗纪事·孟浩然》

计有功（宋）

卷二三：孟浩然

孟浩然，襄阳人也。骨貌淑清，风神散朗，救患释纷以立义，灌园圃以全高。交游之中，通脱倾盖，机警无匿。学不攻儒，务掇菁华；文不按古，匠心独妙。五言诗天下称其尽善。闲淤秘省，秋月新霁，诸英联诗，次当浩然，句曰："微云淡河汉，疏雨滴梧桐。"举座嗟其清绝，咸以之阁笔，不复为缀。丞相范阳张九龄、侍御史京兆王维、尚书侍郎河东裴朏、范阳卢僎、大理评事河东裴总、华阳太守荥阳郑倩之、太守河东独孤策，率与浩然为忘形交。山南采访使太守昌黎朝宗，谓浩然闲深诗律，置诸周行，必咏穆如之颂。因入奏与偕行，先扬于朝，约日引谒，后期，浩然叱曰："业已饮矣，身行乐耳，遑恤其他！"遂毕饮不赴，由是闲罢，浩然不之悔也。其好学忘名如此。王士源他时尝笔赞之曰："导漾炳灵，实生楚英。浩然清发，亦自其名。"开元二十八年，王昌龄游襄阳，时浩然疾发背且愈，相得欢饮，浩然宴谑，食鲜疾动，终于南园。年五十有二。子仪甫。浩然每为诗，伫兴而故，作或迟成。行不为饰，动求真适，故似诞；游不为利，期以放情，故常贫。名劣系于选部，聚不盈甔室，虽屡空不给，自若也。王士源序。

《传》曰："张九龄为荆州，辟置于府，罢。开元末，病疽背卒。后樊泽为节度使，时浩然墓碑坏，符载以笺叩泽曰：'故处士孟浩然，文质杰美，殒落岁久，门裔陵迟，邱陇颓没，永怀若人，行路慨然。前公欲更筑大墓，阖州搢绅，闻风竦动，而今外迫军旅，内劳宾客，牵耗岁时，或有未遑。诚令好事者乘而有之，负公夙志矣。'泽乃更为刻碑凤林山南，封宠其墓。初，王维过郢州，画浩然像于刺史亭，因曰浩然亭，咸通中，刺史郑诚谓贤者不可斥其名，更曰孟亭。"

王维《忆孟云诗》曰："故人今不见，日夕汉江流。借问襄阳老，江山空蔡州。"

皮日休《孟亭记》云："明皇世，章句之风，大得建安体，论者推李翰林、杜工部为尤。介其间能不愧者，惟吾乡之孟先生也。先生之作，遇景入咏，不拘奇抉异，令龌龊束人口者，涵涵然有干霄之兴，若公输氏当巧而不巧者也。北齐美萧悫'芙蓉露下落，杨柳月中疏'，先生则有'微云澹河汉，疏雨滴梧桐'；乐府美王融'日霁沙屿明，风动甘泉烛'，先生则有'气蒸云梦泽，波动岳阳城'；谢朓之诗句精者，有'露湿寒塘草，月映清淮流'，先生则有'荷风送香气，竹露滴清声'，此与古人争胜于毫厘也。”

明皇以张说之荐召浩然，令诵所作，乃诵“北阙休上书，南山归弊庐。不才明主弃，多病故人疏。白发催年老，青阳逼岁除。永怀愁不寐，松月夜窗虚。”帝曰：“卿不求朕，岂朕弃卿？何不云‘气蒸云梦泽，波动岳阳城’！”因是故弃。

商璠云：“余尝谓祢衡不遇，赵壹无禄，其过在人。及观襄阳孟浩然，磬折谦退，才名日高，天下藉甚。竟沦落明代，终于布衣，悲夫！予方知命矣！且浩然诗文华采丰茸，经缕绵密，半好雅调，全削凡体。至如‘众山遥对酒，孤屿共题诗’，无论兴象，复兼故实。又‘波动岳阳城’，亦为高唱也。”

《诗话总龟》

阮阅（宋）

卷十三：韩襄客者，汉南女子，为歌诗，知名襄汉间。孟浩然赠诗曰："只为阳台梦里狂，降来教作神仙客。"襄客《闺怨诗》曰："连理枝前同设誓，丁香树下共论心。"先公熙宁中迓虏使成尧锡，见遗衣服，刺此联于裹肚上，其下复刺丁香、连理、男女设誓之状。虏人重此句为佳制。《诗史》

卷三十一：孟浩然游京师，张九龄、王维雅称道之。维因邀入内省，俄而明皇至，浩然匿床下，维以实对。帝喜曰："闻其名久矣，而未之见也，何惧而匿！"诏出，问所为诗。浩然自诵云："不才明主弃。"明皇曰："卿自不求仕，非朕弃卿也，奈何诬我！"因放还。并同前

孟浩然曾谒华山李相不遇，因留一绝而去曰："老夫三日门前立，朱箔银屏昼不开。诗卷却抛书袋内，譬如闲看华山来！"一日，明皇召

李对，说及浩然事，对曰："见在臣私第。"急召，俾口进佳句，孟诵："北阙休上书，南山归旧庐。不才明主弃，多病故人疏。"明皇不悦曰："未尝见浩然进书朝廷退黜，何不云'气蒸云梦泽，波动岳阳城'？"由此不遇。与前所言及《摭言》稍异。又《北梦琐言》载玄宗谓浩然何不道"气蒸云梦泽，波动岳阳城"，由是不遇，终于布衣。

襄阳诗人孟浩然，开元中颇为王右丞所知。有"微云淡河汉，疏雨滴梧桐"之句，右丞击节赏之。维待金銮殿，一日召之，商较古今风雅。忽遇明皇幸维所。浩然错愕伏床下，维不敢隐，奏闻。明皇欣然曰："素闻其人。"因得召见。"卿将何诗来否？"浩然曰："偶不将来。"奉诏念诗，曰："北阙休上书，南山归旧间。不才明主弃，多病故人疏。"明皇怃然曰："朕未曾弃人，自是卿不求进，奈何有此作？"因命归终南山。[《摭言》]

后集卷三十一：省题诗自成一家，非他诗比也。首韵拘于见题，则易于牵合；中联缚于法律，则易于骈对。非若游戏于烟云月露之形，可以纵横在我者也。王昌龄、钱起、孟浩然、李商隐辈皆有诗名，至于作省题诗则疏矣。王昌龄《四时调玉烛诗》云："祥光长赫矣，佳号得温其。"钱起《巨鱼纵大壑诗》云："方快吞舟意，尤殊在藻嬉。"孟浩然《骐骥长鸣诗》云："逐逐怀良驭，萧萧顾乐鸣。"李商隐《桃李无言诗》云："夭桃花正发，秾李蕊方繁。"此等句［与］儿童无异。以此知省题诗自成一家也。《丹阳集》[《韵语阳秋》卷三]

后　记

和很多人一样，最初我对孟浩然的了解，是从诵读《春晓》这首诗开始的，又因为孟浩然是襄阳人，我对这位家乡先贤更加多了一份崇敬。从那时候起，我就很想知道，孟浩然究竟是一个什么样的人呢？

2001年，我从搜集、整理孟浩然的历史资料入手，从抄写、理解孟浩然的每一首诗入手，前后用了十年时间，创作出版了长篇历史小说《孟浩然》。2012年底，我有幸入选中国作协“中国历史文化名人传记”的创作招标，负责创作并出版了长篇历史人物传记《梦归田园·孟浩然传》，后来又参与襄阳史志研究中心和文化襄阳研究会主编的《襄阳故事》中，孟浩然故事的创作。在此期间也撰写和发表过多篇与孟浩然相关的论文。

虽然有一些创作基础，但在2018年接到襄阳市政协“一圣两襄阳”中诗襄阳孟浩然的研究编撰任务时，依然深感责任重大，压力重重。市政协文化文史和学习委对这部专辑创作的要求高，起点高。好在有曾玉平、丁曼珞等市政协领导的指导，有编委会赵社教、姚景灿等同志以及高新伟教授的指导和帮助，从创作大纲的编写、审定，到书稿的送审出版，先后历时两年，十易其稿，终于完成了《田园诗魂孟浩然》的创作任务。郑浩、邓耀华、刘国传等对书稿提出许多很有价值的修改意见。《田园诗魂孟浩然》的编撰，主要参阅的书目有《孟浩然集校注》(徐鹏校注)、《唐诗论丛·孟浩然事迹考辨》(陈贻焮著)、《唐诗人行年考·孟浩然行止考实》(谭优学著)、《唐诗丛考·孟浩然生平续考》(王达津著)、《王维新论·关于孟浩然生平事迹的几个问题》(陈铁民著)、《孟浩然研究》(王辉斌著)、《唐代文学研究·孟浩然事迹新考》(李浩著)、《孟浩然研究文集》(刘阳主编)、《孟浩然大辞典》(王辉斌主编)。

《田园诗魂孟浩然》虽然是由本人执笔主创，但它的出版是所有编委会参与人员群策群力的智慧结晶，是整个工作团队呕心沥血、一丝不苟，大家共同努力和艰辛付出的结果。在此，我对编委会整个工作团队致以深深的敬意，并表达真诚的感谢！

曹远超

2020年9月28日

编后记

襄阳人文历史丛书——《千古智圣诸葛亮》《田园诗魂孟浩然》《书画奇才米芾》带着浓浓的墨香，与广大读者见面了。

襄阳历史悠久、文化底蕴深厚。为用活历史资源，擦亮历史名片，助力文化襄阳建设，2017 年 11 月，市政协召集襄阳社科、文史、高校等方面专家学者，聚焦襄阳人文历史中最具代表性的“智圣诸葛亮、诗襄阳孟浩然、书襄阳米芾”开展专题研讨，制定“一圣两襄阳”课题研究工作方案，并成立工作专班，指导开展工作。

2018 年 2 月，专题研究编撰工作正式启动。在市政协组织协调下，委托湖北文理学院襄阳历史文化研究院、湖北文理学院唐诗与襄阳研究所、市书画家联谊会及相关专家学者组成三个团队，确定编撰工作方向，制定专题研究大纲和方案。三年来，市政协多次组织召开会议，听取进展情况汇报，探讨解决丛书研究编撰中遇到的困难和问题。各团队充分吸收历史和当代研究成果，经深入挖掘，潜心钻研，精益求精，由甘忠银执笔撰写的《千古智圣诸葛亮》、曹远超执笔撰写的《田园诗魂孟浩然》、吴新兵执笔撰写的《书画奇才米芾》终于面世，呈现在读者面前。这套丛书定位清晰，特色鲜明，论述详实，雅俗共赏。丛书立足为时代服务，为读者服务，致力凸显襄阳地方特色文化。在丛书编撰中，注重突出重点，把握好宏观布局与微观构思关系、人物主次关系、环境与时空关系、襄阳与外地关系、学术性与可读性关系；以史实为依据，对三位重要历史人物的人生轨迹进行综合分析、合理推演，深入挖掘人物个性魅力，充分展示了三位重要历史人物在智慧文化、诗歌文化、书画文化等方面所取得的成就和人物思想品格带给世人的启迪。

丛书研究编撰工作得到襄阳市社科联、襄阳市民间文艺家协会等单位的大力支持，张灵超为本丛书撰写序言。在此，一并表示衷心感谢！

囿于编撰者水平，丛书虽数易其稿，尚有待商榷之处，恳请读者指正。

编　者

2020 年 12 月

图书在版编目（CIP）数据

田园诗魂孟浩然 / 襄阳市政协文化文史和学习委员会编 . -- 北京 : 中国文史出版社 , 2020.12

ISBN 978-7-5205-2768-2

Ⅰ . ①田… Ⅱ . ①襄… Ⅲ . ①孟浩然（689-740）—传记 Ⅳ . ① K825.6

中国版本图书馆 CIP 数据核字（2020）第 250569 号

责任编辑：梁　洁　　装帧设计：杨飞羊

出版发行：中国文史出版社

社　址：北京市海淀区西八里庄路 69 号　邮编：100142

电　话：010-81136606　81136602　81136603（发行部）

传　真：010-81136655

印　装：廊坊市海涛印刷有限公司

经　销：全国新华书店

开　本：710mm × 1000mm　1/16

印　张：18.75　插页：8

字　数：200 千字

版　次：2022 年 1 月北京第 1 版

印　次：2022 年 1 月第 1 次印刷

定　价：59.00 元